"대학 전공자율선택제의
이해와 실천

Understanding and Practice of University
Autonomous Major Selection System

이석열 · 김누리 · 신재영 · 오세원 · 육진경 · 이영학 · 이인서 · 이종일 · 이훈병 · 최현준 공저

KB192471

학지사

머리말

생성형 AI를 넘어 AGI 확산이라는 거대한 변화 속에서 기술 발전은 직업 구조와 교육 생태계를 새롭게 정의하고 있다. 특히, 지식 기반 사회로의 전환과 함께 고등교육의 중요성이 더욱 커지고 있으며, 대학은 단순한 전공 지식 전달을 넘어 창의성과 비판적 사고를 배양하는 장으로 변화해야 한다.

디지털 전환과 글로벌화가 가속화되는 오늘날, 대학은 단순한 학문적 지식 제공 기관을 넘어, 학생들이 주도적으로 사고하고 혁신적인 아이디어를 실현할 수 있는 플랫폼으로 기능해야 한다. 빠르게 변화하는 사회와 산업 환경 속에서, 고정된 전공과 학습 경로만으로는 미래 사회에 효과적으로 대응하기 어렵다. 이에 따라 대학들은 학생들에게 더 많은 선택권과 유연성을 제공하기 위한 다양한 제도를 도입하고 있다.

이러한 배경에서 '전공자율선택제'가 탄생했다. 기존의 입학 단계에서 특정 전공을 정하는 방식에서 벗어나, 학생들이 대학 입학 후 다양한 학문 분야를 탐색하고, 자신의 적성과 진로에 맞는 전공을 스스로 결정할 수 있도록 지원하는 제도이다. 이는 단순히 학문적 자유를 확대하는 것을 넘어, 변화하는 사회와 산업 환경에 유연하게 대응할 수 있는 창의적이고 융합적인 인재를 양성하는 것을 목표로 한다.

특히, 급격한 사회 변화 속에서 기존의 고정된 전공 구조로는 현대의 복잡한 직업 환경에 효과적으로 대비하기 어렵다는 현실적인 요구가 제도 도입의 주요 배경이다. 이에 따라 대학 교육은 학생들에게 다양한 학문적 경험을 제공하고, 자기 주도적으로 학습 경로를 설계할 수 있는 체계로 변화하고 있다.

2025년부터 대부분의 대학에서 '전공자율선택제'가 본격적으로 시행될 예정이며, 이는 대학 교육의 패러다임을 전환하는 중요한 계기가 될 것이다. 그러나 이 제도의 성공적인 운영을 위해서는 대학 구성원 모두의 이해와 협력이 필수적이다. 특히 교수진과 행정 직원은 학생들이 자신의 학문적 방향을 탐색하고 잠재력을 극대화할 수 있도록 적극적으로 지원하는 역할을 수행해야 한다.

이 책은 '전공자율선택제'를 도입하려는 대학과 이를 준비하는 교수진 및 행정 직원들에게 실질적인 도움을 제공하는 것을 목표로 한다. 학문적·정책적·실무적 관점에서 이 제도를 심층적으로 분석하여, 대학 관계자들이 시행착오를 줄이고 안정적으로 '전공자율선택제'를 정착시킬 수 있도록 실질적인 가이드를 제시한다.

특히, 고등교육 체계 변화의 중심에 있는 '전공자율선택제'는 우리나라 대학 교육의 미래를 결정짓는 중요한 이정표로, 각 분야의 전문가들이 이를 심도 있게 다루었다. 이를 통해 대학 관계자뿐만 아니라 학부모와 학생들도 변화의 의미를 이해하고 효과적으로 활용할 수 있도록 돕고자 한다.

또한, 이 책은 단순한 정보 제공을 넘어, 독자들에게 새로운 아이디어와 영감을 제공하여 각 대학이 자신의 특성과 환경에 맞는 '전공자율선택제'를 설계하고 운영할 수 있도록 지원하는 데 중점을 두었다. 다양한 사례를 통해 제도 도입 과정에서의 시행착오를 줄이고, 보다 효율적이고 성공적인 운영 전략을 수립할 수 있도록 돕는 것이 핵심 목표이다. 이 책이 고등교육의 새로운 방향을 모색하는 과정에서 유용한 나침반이 되기를 기대한다.

이 책은 '전공자율선택제'를 심층적으로 이해하고 효과적으로 운영하는 데 필요한 내용을 체계적으로 정리하였다. 제1부 '전공자율선택제의 이해'는 총 4개 장으로 구성되며, 전공자율선택제의 개요, 학사제도 유연화, 전공자율선택제 도입의 설계, 교육과정 운영을 다룬다. 여기에서는 전공자율선택제의 개념과 필요성을 설명하고, 학사제도 유연화 사례를 분석하며, 다양한 교육과정 운영 형태를 소개한다. 특히 각 대학이 적합한 전공자율선택제 운영 방식을 찾고, 제도 도입을 위한 조직과 규정을 수립하는 데 도움을 주고자 한다.

제2부 '전공자율선택제 길잡이'는 총 6개 장으로 구성되며, 학생지도 준비, 전공결정 단계별 학생지도 계획, 학생의 자기 이해와 탐색, 전공 정보 탐색, 전공 선택 후 학생 지원, 전공자율선택제의 평가 및 개선을 다룬다. 학생들의 특성을 고려하여 단계적이고 실질적인 지원 방식을 제안하며, 흥미와 적성, 미래 비전을 기반으로 전공을 탐색할 수 있도록 다양한 프로그램을 소개한다. 특히, 멘토링 프로그램과 AI 기반 학업 관리 시스템을 활용한 진로 탐색 방법을 구체적으로 제시하여, 학생들이 효과적으로 학습 설계를 할 수 있도록 돕는다. 학생들도 이 내용을 바탕으로 전공자율선택제를 기반으로 자신의 전공과 진로를 어떻게 탐색해야 하는지를 알 수 있을 것이다.

부록에서는 '전공자율선택제' 운영 사례와 미국 Liberal Arts College의 자유전공 사례를 통해 제도 설계 및 실행 과정에서 직면할 수 있는 다양한 문제와 해결 방안을 구체적으로 다룬다. 예를 들어, 전공 쏠림 현상과 비인기 전공 위축 문제를 해결하기 위해 전공 허들 설정, 인기 과목 정원 조정 등의 전략을 소개한다.

이 책이 출간되기까지 함께 고민하고 연구해 주신 집필진께 깊은 감사의 뜻을 전한다. 책의 차례 순서대로 언급하면 이인서 교수님(전공자율선택제를 위한 학사제도 유연화), 신재영 센터장님(전공자율선택제 도입의 설계), 이영학 교수님(전공자율선택제의 교육과정 운영), 이훈병 교수님(전공자율선택제 학생지도 준비), 육진경 교수님(전공결정 단계별 학생지도 계획, 전공자율선택제의 평가 및 개선), 김누리 교수님(전공자율선택제 학생의 자기 이해와 탐색), 오세원 센터장님(전공 정보 탐색), 최현준 교수님(전공 선택 후 학생 지원, 전공자율선택제의 평가 및 개선), 이종일 팀장님(전공자율선택제 운영 사례)께 고마운 마음을 전하고 싶다.

이 책이 교수와 행정 직원뿐만 아니라, 학부모와 학생 등 '전공자율선택제'에 관심 있는 모든 이들에게 유용한 자료가 되기를 바란다. 내용의 충실성을 기하기 위해 노력했으나, 부족한 점이 있을 수도 있다. 하지만 이 책이 대학 관계자들의 적극적인 참여와 협력을 이끌어 내고, 대학 교육의 발전과 성장을 위한 초석이 되기를 기대한다.

끝으로, 이 책의 출간을 허락해 주신 학지사 김진환 사장님과 임직원 여러분께 깊은 감사를 전한다.

2025년 3월
저자들을 대표하여 이석열 씀

차례

제2장 전공자율선택제를 위한 학사제도 유연화   53

제3장 전공자율선택제 도입의 설계   79

제4장 전공자율선택제의 교육과정 운영   113

제2부　전공자율선택제 길잡이

제5장　전공자율선택제 학생지도 준비　143

제6장   전공결정 단계별 학생지도 계획   173

제7장   전공자율선택제 학생의 자기 이해와 탐색   193

제8장 전공 정보 탐색   219

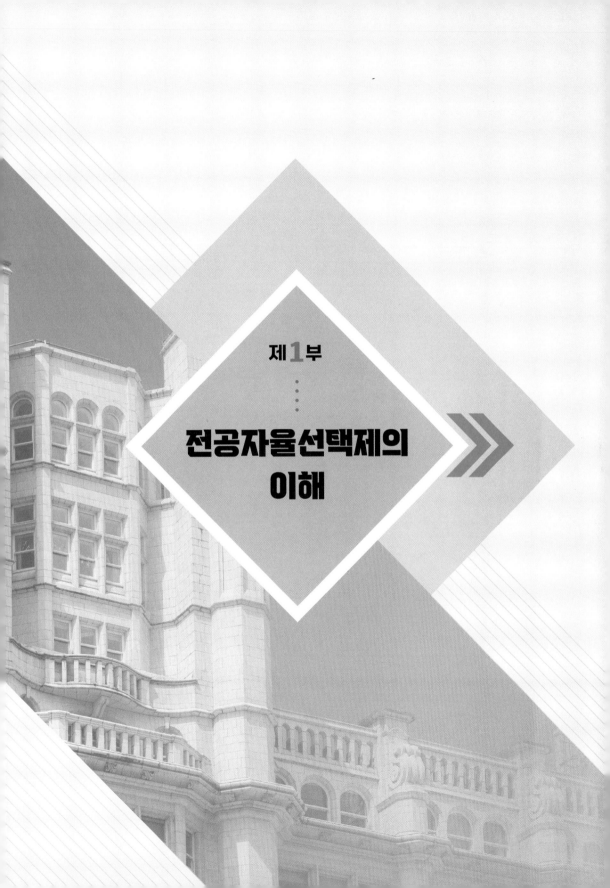

제1부

전공자율선택제의
이해

제1장

전공자율선택제의 개요

이 장에서는 전공자율선택제의 도입 부분으로 대학교육의 변화와 전공자율선택제의 개요 및 주요사항을 다루고 있다. 우선 대학교육에서 전공자율선택제가 왜 필요한지에 대한 필요성과 의미를 제시하고, 전공자율선택제를 추진하기 위해서 대학에서 고려해야할 주요 설계 요소를 제시했다. 이는 전공자율선택제의 체계와도 관련성을 갖고 있다.

다음으로 전공자율선택제를 추진하기 위한 학생지도 실제를 제시하고, 전공자율선택제의 정착 조건과 기대효과를 제시했다. 이 장은 전공자율선택제의 전체의 내용을 전반적으로 소개하는 의미를 갖고 있으며, 제1장을 내용을 읽고 해당 내용의 장을 읽으면 전공자율선택제의 의미와 고려해야할 주요 사항을 이해하는 데 도움이 될 것이다.

1. 전공자율선택제의 이해

1) 전공자율선택제의 필요성

학생들은 대학에 입학한 뒤에 전공에 대한 탐색 과정을 거친 후에 자유롭게 전공을 선택할 수 있게 되었다. 이제 많은 대학은 이른바 '전공자율선택제'를 시행하거나 준비하고 있다. 일부 대학은 이미 무전공 입학을 해서 전공 선택할 수 있도록 추진하고 있다. 전공자율선택제가 본격적으로 논의된 배경에는 21세기의 급격한 사회적, 경제적 요인과 밀접한 관련이 있다. 현대 사회는 4차 산업혁명과 정보화 사회로의 급격한 전환이 이루어지면서, 직업 및 직무의 성격이 과거와 비교해 크게 변화하고 있다. 기술 발전에 따라 새로운 직업이 생겨나고, 기존의 직무도 빠르게 변화하고 있어, 대학에서 특정 전공 하나만을 학습한 학생들이 졸업 후 직업 세계에서 적응하기 어려운 상황이 발생하고 있다. 이에 따라 다학문적 접근과 융합적 사고를 요구하는 직업 환경에 맞춰 학생들이 여러 전공을 자유롭게 탐색하고 선택할 수 있는 교육 제도의 필요성이 대두되었다.

이러한 변화는 단순히 직업 세계에서의 요구를 넘어, 학생들의 자기 개발과 성취를 촉진하는 데에도 중요한 역할을 한다. 학생들은 대학에서 다양한 전공을 경험하며 자신의 적성과 흥미를 발견하고, 이를 통해 장기적인 경력 계획을 세울 수 있게 된다. 따라서 전공자율선택제는 학생들이 미래의 직업 세계에서 필요로 하는 융합적 사고와 적응력을 키울 수 있는 중요한 교육 제도로 자리 잡게 될 것이다.

전공자율선택제는 현대 교육의 중요한 변화 중 하나로, 고정된 전공 선택제도의 한계를 극복하고 학생들에게 학문적 유연성을 제공하는 제도이다. 이는 전통적인 학사제도와 달리, 학생들이 일정 기간 동안 다양한 전공을 경험하고 탐색한 후 자신에게 가장 적합한 전공을 선택할 수 있도록 지원한다. 전공자율선택제의 도입 배경에는 급격한 사회적 변화, 학생 개인의 성장과 자아실현에 대한 요구,

그리고 고정된 전공 선택 구조의 한계 등이 있다.

(1) 사회적 변화와 요구

21세기 들어 급격하게 변화하는 사회적, 경제적 환경은 전공 선택제도의 변화에 큰 영향을 미쳤다. 특히 4차 산업혁명과 정보화 사회로의 전환은 직업 세계의 변화를 촉진하고, 다학문적 융합 능력과 창의적 문제 해결 능력을 요구하는 새로운 직무들이 등장하게 되었다. 이러한 변화는 전통적인 학문 중심의 교육 체계가 빠르게 변화하는 현실에 적응하지 못하게 만들었고, 이에 따라 새로운 학사제도가 요구되었다.

오늘날 많은 학생들은 대학 졸업 후 직업 시장에 진입할 때 하나의 전공에만 의존하는 것이 아닌, 여러 분야의 지식과 융합적 사고를 요구받고 있다. 전공자율선택제는 학생들에게 다양한 분야의 경험을 제공하고, 이로 인해 학생들이 변화하는 직업 세계에 더욱 유연하게 대응할 수 있게 된다는 점을 강조한다. 특히 IT, 데이터 과학, 바이오테크와 같은 첨단 산업 분야의 발달로 인해 전공 간 융합적 사고가 필요하다는 점을 지적하며, 대학교육은 단일 전공 중심에서 다학문적 접근으로 변화하고 있다.

결국, 전공 선택제도의 유연성은 학생들의 창의적 문제 해결 능력과 다학문적 사고를 촉진하는 데 기여한다. 전공자율선택제가 학생들에게 다양한 학문적 배경을 제공함으로써, 단일 전공에 국한된 사고방식에서 벗어나 창의적이고 융합적인 문제 해결 방법을 모색할 수 있는 능력을 키우는 데 기여한다. 이는 학생들이 단순히 지식을 쌓는 것을 넘어, 학문 간 경계를 넘나드는 융합적 사고를 배양하는 데 도움이 된다.

(2) 학생의 자기 성장과 자아실현 요구

학생들의 개별화된 학습 요구와 자기 성장에 대한 관심도 전공자율선택제 도입의 중요한 배경 중 하나이다. 현대 사회에서 학생들은 단순히 학문적 지식을 얻는 것에 그치지 않고, 자신의 흥미와 적성, 장기적 목표에 부합하는 학습 경험을 추구하고 있다. 이는 학생들이 대학에서 학문을 탐구하는 동시에, 자신의 진로와 자아를 탐색하는 기회로 삼기를 원하기 때문이다.

학생들은 대학 입학 시점에서 전공 선택을 강요받는 경우, 흥미와 적성에 맞지 않는 전공을 선택할 가능성이 높다. 이로 인해 학생들은 학업 성취도 저하와 학문적 흥미 상실을 겪게 될 수 있으며, 이는 궁극적으로 졸업 후 직업 만족도와도 연관될 수 있다. 이런 점 때문에 대학에 입학한 학생들이 자신의 적성과 흥미를 충분히 탐색한 후 전공을 선택할 수 있도록 유연한 제도가 필요한 이유이기도 하다.

만약 학생들이 대학에서 자기 주도적으로 학문을 탐구하고 진로를 설정할 수 있는 환경을 제공받는다면, 대학 생활 적응과 학업적 성취도 높아질 수 있다. 따라서 전공자율선택제가 학생들의 자아 탐색 과정에 긍정적인 영향을 미치며, 이를 통해 학생들이 자신의 목표를 명확히 설정하고 장기적 계획을 수립하는 데 도움이 될 수 있다.

(3) 전통적 전공 선택 구조의 한계

전공자율선택제가 도입된 또 다른 이유는 전통적인 전공 선택 구조의 한계에서 기인한다. 전통적인 학사제도에서는 학생들이 입학과 동시에 전공을 선택해야 하며, 이는 후에 전공을 변경하거나 다양한 분야를 탐색할 기회가 부족한 현실이다. 이로 인해 학생들은 자신의 흥미와 적성에 맞지 않는 전공을 선택하게 되고, 이후 학문적 성취도와 직업 만족도에 부정적인 영향을 미칠 수 있다.

선행연구에 따르면, 전공 선택 동기와 전공만족도가 대학 생활 적응에 유의미한 영향을 미치고(송윤정, 2014), 내적 동기와 외적 동기가 모두 높을 때 전공만족도와 대학 생활 적응도가 높고 중도탈락의도가 낮다는 결과가 있다(박우정, 2018). 대학 입학 시점에 전공을 선택해야 하는 제도가 학생들의 자기 탐색 기회를 제한하며, 전공 변경을 어렵게 만들어 학업 성취도 저하와 대학 생활 불만족을 초래할 수도 있다. 결국, 최종 전공을 늦게 선택할 수 있도록 유연한 학사제도를 도입함으로써 학생은 더 많은 기회를 갖게되고, 자신의 전공 선택동기를 높일 수 있음을 시사한다.

왜냐하면 중도탈락하는 학생들 중 상당 수가 전공에 대한 흥미가 떨어지는 경향이 있기 때문이다. 전공자율선택제는 학생들이 다양한 전공을 경험한 후 선택할 수 있는 유연한 학사제도가 필요하다는 맥락에서 이러한 문제를 해결할 수 있는 대안으로 제시될 수 있다.

2) 전공자율선택제의 정의

전공자율선택제는 입학 제도의 한 유형으로 대학 지원 시 전공을 정하는 것이 아니라 대학 입학 후 전공을 자유롭게 선택하는 제도를 뜻한다(윤옥환, 2024). 전통적인 대학 학사제도는 입학과 동시에 전공을 결정하도록 강요하는 구조로, 학생들이 충분한 탐색 기간 없이 전공을 선택하게 되어 학업과 진로 선택에 부정적인 영향을 미칠 수 있다. 전공자율선택제는 이러한 문제를 해결하기 위해 학생들에게 전공 선택의 유연성을 부여하여 보다 융합적이고 창의적인 학문 환경을 제공하려는 의도로 도입되었다.

전공자율선택제는 학생들에게 고정된 전공을 선택하기 전에 여러 전공을 체험하고, 자신의 적성에 맞는 전공을 선택할 수 있도록 돕는 제도이다. 이는 학생들이 전공 선택 전 다양한 교과목을 수강하고, 자신의 진로와 관심사를 탐색할 기회를 제공함으로써 학문적 성취도와 직업적 만족도를 높이는 데 기여할 수 있다. 전통적인 대학 제도에서는 전공을 미리 선택한 학생들이 전공 변경을 원할 때 전과를 할 수 있지만 전공 탐색 기회까지 제공되지 않는다. 전공자율선택제는 이러한 문제를 완화하고, 학생들이 자신에게 맞는 최적의 전공을 찾을 수 있도록 지원한다.

전공자율선택제도는 학문적 유연성을 증대시키고, 학생들이 다양한 학문적 경험을 통해 자신의 적성을 발견할 수 있도록 도와주는 학사제도이다. 전공 선택의 유연성은 학생들의 동기 부여와 학업 성취도에 긍정적인 영향을 미칠 수 있으며, 다양한 분야의 지식과 경험을 통해 융합적 사고를 키우도록 한다. 결국, 전공자율선택제는 학생이 대학 입학 후 특정한 전공에 바로 속하지 않고, 일정 기

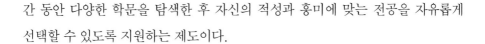

간 동안 다양한 학문을 탐색한 후 자신의 적성과 흥미에 맞는 전공을 자유롭게
선택할 수 있도록 지원하는 제도이다.

2. 전공자율선택제를 위한 기초

1) 전공자율선택제를 위한 대학 학사제도의 유연화

대학에서 전공자율선택제를 시행하기 위한 학사제도는 현대 사회의 변화에 발
맞추어 유연해지고 다각화가 필요하다. 다전공, 자기설계전공, 마이크로디그리
(소학위) 등 다양한 제도는 학생들에게 더 많은 선택권을 제공하여 자신이 원하는
학문적 목표를 달성할 수 있도록 돕고 있다. 이러한 제도들의 변화와 전공자율선
택제는 긴밀하게 연결되어 있다.

(1) 다전공 제도

다전공 제도는 학생이 자신의 주전공 외에 다른 학문 분야에서 추가 전공을 선
택하여 다양한 학문적 배경을 쌓을 수 있도록 하는 제도이다. 예를 들어, 경영학
을 전공하면서 동시에 컴퓨터 과학을 이수하는 방식으로, 학문 간 경계를 넘나들
며 융합적인 사고를 기를 수 있다. 이는 전공자율선택제와도 연관이 있다. 전공
자율선택제는 학생이 여러 학문 분야를 탐구한 후 자신에게 맞는 전공을 자유롭
게 선택할 수 있게 함으로써, 다전공의 융합적 학문 접근을 가능하게 한다.

(2) 자기설계전공

자기설계전공은 기존에 제공되지 않는 학문 분야를 학생 스스로 설계하여 학
위를 이수할 수 있는 제도이다. 예를 들어, 인공지능과 예술을 융합한 학문을 학
과에서 제공하지 않더라도, 학생이 해당 분야에 대한 강의를 조합해 자신만의 전
공을 만들 수 있다. 전공자율선택제는 학생들이 자신의 흥미와 능력에 따라 다

양한 학문을 탐구하고, 궁극적으로 자신에게 맞는 전공을 설계할 수 있는 기회를 제공한다. 이는 자기설계전공과의 시너지 효과를 강화한다.

(3) 마이크로디그리

마이크로디그리는 특정 분야에 대한 집중적인 교육을 통해 단기적인 학습 목표를 달성하는 소학위과정이다. 주로 빠르게 변화하는 기술 분야에서의 수요를 충족하기 위해 도입되었다. 이 제도는 학생이 기존 학사 학위과정 외에도 추가적인 스킬을 습득할 수 있도록 도와준다. 전공자율선택제와 연결되는 부분은 학생이 마이크로디그리를 통해 자신에게 맞는 새로운 학문 분야를 탐색하고, 이를 바탕으로 향후 전공을 선택할 수 있다는 점이다.

(4) 전공자율선택제와의 연관성

전공자율선택제는 학생들이 고정된 커리큘럼에서 벗어나 학문을 자유롭게 선택하고 탐구할 수 있도록 돕는 제도이다. 이 제도는 다전공, 마이크로디그리, 자기설계전공 등과 연계되어, 학생들이 다양한 학문적 경험을 쌓고 자신에게 적합한 전공을 선택할 수 있는 길을 열어준다. 전공자율선택제를 통해 학생들은 다양한 학문을 탐구한 후 전공을 선택하거나, 복수 전공을 통해 융합 학문을 탐구하며, 새로운 시대에 요구되는 창의적 사고와 문제 해결 능력을 기를 수 있다. 결론적으로, 전공자율선택제는 다전공, 자기설계전공, 마이크로디그리와 같은 제도들과 상호작용하며, 현대 대학교육의 유연성과 다양성을 더욱 확대하는 방향으로 나아가고 있다.

2) 전공자율선택제 도입의 설계

(1) 모집단위 설정

전공자율선택제(무전공제)는 학생 중심의 학사제도를 구축하고 학문적 자율성을 확대하기 위한 제도이다. 이를 효과적으로 설계하기 위해서는 정책적 목표를 기반으로 모집단위 설정을 고려해야 한다. 전공자율선택제를 도입하기 위해서는 모집단위를 설정하고, 이를 위한 관리조직 및 인력을 구성해야 하며, 운영과 관련된 규정도 정비해야 한다. 전공자율선택제는 두 가지 유형으로 구분이 되는데, 유형1은 전공을 정하지 않고 모집한 후, 대학 내 보건의료 및 사범계열 등을 제외하고 모든 전공을 자율적으로 선택할 수 있도록 하는 유형이고, 유형2는 계열 또는 단과대학 단위로 모집한 후, 계열 또는 단과대학 내 모든 전공을 자율적으로 선택하거나 계열 또는 단과대학 내 전공·학과를 일부 분리 모집하는 경우이다.

① 학점 이수 구조 개편

전공자율선택제를 운영하려면 학생들이 다양한 학문을 경험할 수 있는 학점 이수 구조가 필요하다. 이를 위해 전공 이수 필수 학점을 줄이고, 전공 탐색 및 자유 선택 학점(교양 및 전공 탐색 과목)을 확대해야 한다.

② 전공 선택 시기 유연화

학생이 전공을 1학년 말(1+3 형태), 2학년 말 또는 3학년 초(2+2 형태)에 선택하도록 설정해, 충분히 탐색한 후에 학생들이 선택할 수 있도록 한다.

③ 학사 상담 제도 도입

전공 선택 전후로 학생들이 학업 및 진로 상담을 받을 수 있는 시스템을 강화해야 한다. 학생들에게 다양한 전공의 특성과 진로 방향을 안내하는 상담 프로그램을 필수적으로 운영할 수 있도록 해야 한다.

(2) 모집단위 명칭
① 학문중심형

기존의 학과 틀을 따르되, 다양한 학문 분야를 자유롭게 결합할 수 있도록 '자율전공학부'와 같은 명칭을 사용한다.

② 융합형 학과 신설

인공지능, 데이터 과학, 예술경영과 같은 신흥 융합 분야에 대응할 수 있도록 '미래융합전공' '창의융합전공' 등 융합전공 학과명을 설계할 수 있다.

③ 맞춤형 전공

특정 학문 영역에 얽매이지 않고 자신만의 전공을 설계하는 학생들에게는 '자기설계전공' '개별설계전공'과 같은 맞춤형 전공 명칭을 도입할 수 있다.

(3) 관리조직 구성

전공자율선택제의 성공적인 운영을 위해서는 체계적인 관리 조직이 필요하다. 우선, 학생들의 진로 탐색과 전공 선택을 지원하기 위해 진로상담센터와 같은 전문 조직을 운영해야 한다. 이 조직은 진로적성검사와 성향검사 등을 통해 학생의 흥미와 적성을 파악하고, 개별화된 진로 상담을 제공하는 역할을 수행한다. 또한, 아카데미 어드바이저를 도입해 전공 선택 시기부터 졸업까지 지속적인 학업 및 진로 상담을 지원해야 한다.

아울러, 전공자율선택제의 운영 성과를 관리하고 개선하기 위해 학사관리팀을 중심으로 학생이력관리 시스템과 성과관리 시스템을 구축하는 것이 중요하다. 이를 통해 학생들의 학사 이력과 상담 기록을 체계적으로 관리하고, 전공 선택과 학업 과정에서 발생할 수 있는 문제를 조기에 파악하여 대응한다. 전공 간 균형 있는 운영을 위해 학사운영위원회나 관련 심의 기구로 자율전공관리위원회를 두어 전공 쏠림 현상 등을 완화하고 제도를 지속적으로 개선해야 한다.

또한, 각 대학에서 교무, 학사 등과 관련된 규정에서 이미 정하고 있는 규정 내에 전공자율선택제와 관련된 사항을 포함하여 규정을 개정하거나, 아니면 전공자율선택제 운영에 관한 사항을 별도로 제정해야 한다.

3) 교육과정 편성

(1) 전공 탐색을 위한 교육과정

전공자율선택제의 운영에 맞게 전공 탐색을 위한 방안을 다음과 같이 고려해 볼 수 있다. 이러한 과정은 전공자율선택제가 아닌 일반 학생들도 대상이 된다는 측면에서 참고로 제시한다.

① 1학년 전공 탐색 과정 강화

학생들이 다양한 학문을 접할 수 있도록 교양 및 전공 탐색 과목을 제공하여 전공 선택 전 학문에 대한 폭넓은 이해를 도울 수 있도록 한다.

② 자아 탐색 교과목 제공

'자기 탐색과 성장'과 같은 과목을 통해 학생들이 자기 성찰과 가치관을 형성하고 자신의 흥미, 적성, 능력, 목표를 명확하게 설정할 기회를 제공한다.

③ 진로 탐색 교과목 운영

'진로 설계와 자기 개발', 세미나 및 인턴십 프로그램 등을 통해 학생들이 다양한 직업군과 전공에 대한 이해를 높이고 실질적인 진로 탐색을 할 수 있도록 지원한다.

④ 전공 탐색 교과목 개설

'전공 탐색 세미나' '학문 기초 개론' 등 전공별 기초 과목을 개설하여 학생들이 여러 전공의 특성과 기초를 탐구할 수 있도록 한다.

⑤ 전공과 연계된 교양과목 개설

전공과 연계된 교양과목을 제공해 학생들이 학문 간 융합을 경험하고 선택한 전공에 필요한 기초 역량을 쌓을 수 있도록 한다.

(2) 자유전공학부를 위한 교육과정

자유전공학부에 소속을 유지하면서 대학에 편성된 전공이나 부전공을 선택적으로 이수할 수 있는 유형에 대해 학과진학형, 전공완성형, 자율설계형으로 접근할 수 있다.

① 학과진학형

자유전공학부로 입학한 학생이 2학년 진입 시 희망 학과로 진입하는 형태이다. 이 유형은 적성과 흥미를 탐색하고 전공을 선택할 수 있는 기회를 제공하지만, 1학년 과정에서 전공필수 교과목을 이수하지 못한 경우 2학년 이후 전공 과정에서 어려움을 겪을 수 있다. 또한 희망 학과에 배정되지 못하거나 수직적 계열화가 강조된 학과에 진입할 때 교과과정 이수의 어려움이 발생하며, 학과 중심의 체제 때문에 융합인재 양성과는 거리가 있다.

② 전공완성형

자유전공학부에 소속된 상태에서 졸업 시까지 전공을 완성하는 형태이다. 첫째, 자유전공학부에 편성된 교과과정을 이수하거나, 둘째, 타 전공을 선택해 단일 또는 다전공으로 이수하며, 셋째, 졸업 시점에 이수한 교과목을 바탕으로 전공을 부여받는 방식이다. 이 과정에서는 전공 교과목 편성 부족, 시간표 중복 등으로 인한 교과과정 이수의 어려움이 존재한다.

③ 자율설계형

학생이 기존에 없는 새로운 전공을 설계하여 이수하는 형태로, 학생의 자율성이 극대화된다. 전문가의 조언과 교육과정 관련 위원회의 승인이 필요하며, 전공설계에 대한 가이드와 체계적인 이수지도가 병행되어야 한다. 단독 운영에는 한계가 있지만 전공자율선택제와 연계할 경우 효과를 극대화할 수 있다.

3. 전공자율선택제를 위한 학생지도 실제

1) 학생지도 준비

전공자율선택제의 성공적 운영을 위해서는 학생들의 대학 생활 적응, 진로 탐색과 선택, 그리고 전공 선택 이후 학업 적응을 체계적으로 지원하는 학생지도 계획이 필요하다. 이를 위해 대학은 전공자율선택제의 운영 모형과 유형에 따라 적합한 지도 방안을 설계해야 한다.

(1) 운영 모형

운영 모형에 따라 학생지도 조직을 달리 구성할 수 있다. 1+3 모형과 같이 1학년 동안 대학 생활 적응과 진로 탐색 후 전공을 선택하는 방식은 기존의 교양대학이나 교학처를 활용할 수도 있고, 필요에 따라 새로운 전담 조직을 신설할 수도 있다. 반면, 2학년 이후에도 학년 구분 없이 전공을 선택하거나 자기설계전공을 허용하는 유연한 모형은 별도의 전담 조직을 구성하는 것이 바람직하다.

(2) 유형별 지도 방안

유형1은 일부 학과를 제외하고 모든 전공에서 100% 자율선택이 이루어지는 형태로, 모집 학생 수와 인력을 고려할 때 기존 교양대학이나 교학처보다는 전문 조직에 의해 운영되는 것이 적절하다. 반면 유형2는 단과대학 내에서 자율선택이 이루어지거나 학과 정원의 150% 이상까지 선택이 허용되는 방식이다. 이 경우, 단과대학의 특성과 독립성을 존중하면서 기존 단과대학 내 인력을 중심으로 지원 조직이나 위원회를 구성해 운영하는 것이 효율적이다.

(3) 아카데믹 어드바이저

전공자율선택제의 성공적 운영을 위해 대학은 아카데믹 어드바이저를 체계적으로 운영해야 한다. 아카데믹 어드바이저는 대학 생활 적응, 학습 지도, 진로 탐색 지원 등을 담당하며, 역할에 따라 대학 생활 적응 및 학습 지도 중심과 진로 지도 중심으로 구분된다. 대학 생활 적응 및 학습 지도 중심의 경우, 전문인력을 선발해 신입생의 중도탈락을 방지하고 학습 역량을 개발하며, 관련 부서(교육혁신원, 교수학습지원센터)와 연계해 프로그램을 제공해야 한다.

진로 지도 중심의 경우, 학생들의 전공 선택과 진로 탐색을 돕는 전문인력을 선발하고 전공자율선택제 학생을 전담하는 부서에 배치한다. 특히 유형1의 학생은 보다 적극적인 진로 지도와 학습 지원이 필요하며, 전공 탐색에 초점을 맞춘 세부적 진로 지도를 아카데믹 어드바이저가 수행해야 한다.

유형2 학생은 이미 진로 방향이 설정된 경우가 많아 단과대학 교수들이 전공 정보와 진로 안내를 제공하는 것이 효과적이다. 중소형 대학은 단과대학 교수들이 아카데믹 어드바이저 역할을 겸임하는 방안을 고려할 수 있다. 대학은 이러한 역할을 명확히 구분하고 부서 간 협력 체계를 강화하여 효과적인 학생지도를 실현해야 한다.

① 전공 탐색 지도

전담 교수 및 전문가들은 학생들이 다양한 전공을 경험하고 탐색할 수 있도록 각 학문 분야의 특성과 진로 정보를 제공한다. 구체적으로 각 전공의 필수 역량, 학습 내용, 졸업 후 진로 등을 상담하며, 학생이 전공을 선택할 때 충분한 정보를 바탕으로 결정할 수 있도록 돕는다. 학문적 고민이나 학업 관련 어려움을 겪고 있는 학생들에게 개별적으로 상담을 제공하며, 필요시 학습 전략이나 학업 계획을 수립을 지원한다.

② 진로 설계 및 멘토링

학생들이 전공을 선택한 이후에도 관련 분야에서의 진로 설계와 졸업 후 계획을 함께 수립할 수 있도록 돕는다. 전문가들은 학생들의 성향과 능력에 맞는 진로 방향을 제시하며, 취업 준비나 대학원 진학에 대한 구체적인 가이드라인을 제공한다. 멘토링 프로그램을 통해 교수 및 전문가와 학생 간의 1:1 상담이나 소규모 그룹 멘토링을 진행하여 학생들이 자신의 목표를 명확하게 설정하고, 이를 달성할 수 있도록 지원한다. 인턴십, 산학 연계 프로그램, 기업 탐방 등을 연계하여 학생들이 실무 경험을 쌓고, 이를 기반으로 학문적 선택을 구체화할 수 있는 기회를 제공한다.

③ 학업 성과 평가 및 피드백 제공

전문가들은 학생들의 학업 진행 상황을 정기적으로 모니터링하고, 그에 따른 피드백을 제공하여 학생들이 학업 목표를 충족할 수 있도록 지원한다. 전공 선택 후에도 지속적인 학업 지도를 통해 학생들이 학업 성과를 향상시킬 수 있는 전략을 제시하고, 학생들이 목표로 하는 학업 수준에 도달할 수 있도록 지원한다.

2) 학생지도 계획

전공자율선택제를 효과적으로 운영하기 위해 대학은 입학 초기 단계, 전공 탐색 단계, 전공 선택 및 진입 단계로 단계별 지원 시스템을 구축한다.

(1) 입학 초기 단계

입학 초기 단계는 학생들이 대학 생활에 원활히 적응하도록 프로그램과 맞춤형 적응 프로그램을 제공한다. 심리적·정서적 지원을 위해 정기 상담을 운영하고, 자아 탐색 및 진로 방향 설정을 위한 심리검사와 자기 탐색 활동을 필수적으로 실시한다.

① 기초 교양 교육 제공

입학 초기에 다양한 기초 교양과목을 제공하여, 학생들이 폭넓은 학문적 배경을 쌓고 자신의 흥미와 적성을 파악할 수 있도록 한다. 예를 들어 인문학, 사회과학, 자연과학 등 여러 분야에서 골고루 교양과목을 개설한다.

② 자기 이해 프로그램 운영

성향 검사(MBTI, Holland 진로 적성 검사 등)와 같은 자기 이해 프로그램을 통해 학생들이 자신의 성향, 흥미, 가치관을 명확히 파악할 수 있도록 지원한다. 학생들은 이를 바탕으로 전공 탐색에 대한 방향성을 잡을 수 있다. 이를 위해 진로 상담센터와 협력하여 자기 이해 워크숍, 상담 프로그램을 운영한다.

③ 신입생 오리엔테이션 및 전공 소개 자료 제공

입학 시 학생들에게 전공 탐색에 필요한 자료를 제공하고, 각 학과의 기초적인 정보를 담은 브로슈어, 학과 소개 영상 등을 활용해 전공 탐색 준비를 할 수 있도록 안내한다. 학과별 신입생 오리엔테이션을 통해 전공에 대한 전반적인 정보(학습 내용, 졸업 후 진로 등)를 소개한다.

(2) 전공 탐색 단계

전공 탐색 단계는 학생이 다양한 학문을 경험할 기회를 제공하고, 지속적으로 심리검사와 적성검사를 통해 자신의 성향을 파악하도록 지원한다. 또한, 전공 설명회와 워크숍을 운영해 각 전공의 특성과 요구 사항을 이해하게 하고, 특정 인기 전공으로의 편중을 방지하며 전공 선택의 다양성을 장려한다.

① 전공 탐색 교과목 제공

1학년 및 2학년 동안 전공 탐색 교과목을 개설하여 학생들이 각 전공의 기초 과목을 경험할 수 있도록 한다. 앞에서도 언급했지만 '전공 탐색 세미나' '학문 기초 개론'과 같은 교과목을 통해 학생들이 다양한 학문 분야를 비교하고 체험할 수 있는 기회를 제공한다. 각 전공별 기초 이론을 다루는 교과목을 수강하게 하여 학문적 흥미를 탐색할 수 있도록 지원한다.

② 전공 박람회 및 설명회 개최

전공 박람회나 전공 설명회를 정기적으로 개최하여 학생들이 각 학과의 교수진, 재학생들과 교류하며 전공에 대한 구체적인 정보를 얻을 수 있도록 한다. 전 공별로 진행하는 오픈 클래스나 실습 체험 프로그램을 통해 학생들이 직접 전공을 경험할 수 있도록 기회를 제공한다.

③ 멘토링 및 상담 프로그램 제공

학생들이 자신에게 맞는 전공을 탐색할 수 있도록 교수, 졸업생, 상급 학년 학생들과의 멘토링 프로그램을 운영한다. 전공 선택 전, 전공에서 요구하는 역량, 졸업 후 진로, 학문적 도전 과제 등을 심층적으로 논의할 수 있는 상담을 제공해야 한다. 진로 상담센터를 통해 학생들의 전공 선택을 돕기 위한 1:1 상담도 적극 운영한다.

(3) 전공 선택 및 진입 단계

전공 선택 및 진입 단계는 전공 선택 시기와 방법을 명확히 안내하고, 전공 진입 후 학습 로드맵을 통해 필수 및 선택 과목을 체계적으로 배정하여 기초 지식부터 심화 학습까지 균형 있게 이수할 수 있도록 한다. 심화 학습과 연구 프로젝트를 통해 독창적인 학문적 성취를 지원하는 것도 하나의 방법이다.

또한, 전공 선택 단계에서 대학은 학생들이 전공을 선택할 때 도움을 줄 수 있는 전공 선택 가이드를 제작하여 제공한다. 이 가이드에는 각 전공의 특성, 학업 내용, 졸업 후 진로 가능성, 취업 시장 전망 등이 포함되어야 한다. 각 전공별 비교 자료를 제공해 학생들이 자신에게 맞는 전공을 객관적으로 선택할 수 있도록 안내한다.

① 전공 상담 프로그램 강화

전공 선택 전, 학생들이 교수와 1:1 상담을 통해 전공 선택에 필요한 구체적인 정보를 얻을 수 있도록 전공별 상담 프로그램을 강화한다. 상담을 통해 전공 선택이 학생의 장기적 목표와 학업 성향에 맞는지 재확인할 수 있도록 한다.

② 복수전공 및 융합전공 안내

학생들에게 복수전공, 부전공, 융합전공 등의 다양한 옵션을 안내하고, 이를 통해 다학문적 학습 경험을 가질 수 있도록 독려한다. 각 전공이 어떻게 융합될 수 있는지, 융합전공의 장점과 요구 사항을 명확히 설명하는 자료와 상담을 제공한다.

전공 진입 단계에서는 선택한 전공에 진입하여 심화 학습을 성공적으로 수행할 수 있도록 체계적인 지원을 제공한다.

③ 전공 이수 로드맵 제공

전공 진입 후 학생들이 전공필수 및 선택 과목을 체계적으로 이수할 수 있도록 전공 이수 로드맵을 제공한다. 로드맵은 학년별로 필수적으로 이수해야 할 과목과 심화 과목, 졸업 논문이나 프로젝트 계획 등을 포함한다. 이 로드맵을 바탕으로 학생들이 학습 계획을 세우고 목표를 달성할 수 있도록 학사 상담을 지원한다.

④ 전공 관련 비교과 프로그램 운영

전공 학습을 보완할 수 있는 비교과 활동(인턴십, 연구 프로젝트, 현장 실습 등)을 적극적으로 운영하여 학생들이 이론 학습뿐만 아니라 실무 경험을 쌓을 수 있는 기회를 제공한다. 기업과의 산학 협력 프로그램이나 연구소와의 연계를 통해 학생들이 전공 분야에서 실질적인 경험을 쌓고, 졸업 후 진로 준비를 구체화할 수 있도록 지원한다.

⑤ 진로 및 취업 지원 프로그램 제공

전공 진입 이후 학생들이 졸업 후 진로에 대한 구체적인 준비를 할 수 있도록 취업 연계 프로그램을 운영한다. 취업 상담, 이력서 작성 워크숍, 모의 면접 프로그램 등을 통해 학생들이 전공을 기반으로 진로 준비를 효율적으로 할 수 있도록 지원한다. 대학원 진학을 고려하는 학생을 위해 연구 프로젝트 기회를 제공하고,

교수진과의 연구 협력을 통해 학문적 역량을 강화할 수 있는 기회를 제공한다. 이러한 지원 체계를 통해 대학은 학생들이 전공 탐색과 선택 과정에서 충분한 정보를 얻고 신중하게 전공을 결정하며, 선택한 전공에서 성공적으로 학업을 이어갈 수 있도록 체계적인 도움을 제공한다.

3) 학생의 자기 이해와 탐색

전공자율선택제에서 학생들이 전공을 탐색하고 선택하기 위해서는 자기 이해와 자기 탐색 과정이 매우 중요한다. 이 과정에서 학생들이 자신의 흥미, 능력, 성향 등을 명확히 파악하고, 이를 바탕으로 학문적 선택을 할 수 있도록 지원하는 체계가 필요하다.

① 자기 성향 진단 도구 제공

학생들이 자신의 성향을 이해할 수 있도록 성격 검사, 진로 적성 검사, 흥미 검사 등의 진단 도구를 제공한다. 예를 들어, MBTI, Holland의 직업 성격 유형 검사, 강점 찾기(Strengths Finder) 등을 통해 자신의 성격 유형, 직업적 흥미, 강점과 약점을 파악할 수 있다. 이러한 진단 결과를 기반으로 학생들이 각 전공이 요구하는 성향과 자신의 특성을 비교하여 어떤 전공이 자신에게 잘 맞을지 판단하는 데 도움이 된다.

② 자기 이해 워크숍 및 세미나

학생들이 자신의 성향, 가치관, 인생 목표를 보다 깊이 이해할 수 있도록 전문가가 진행하는 워크숍이나 세미나를 운영한다. 이 워크숍에서는 학생들이 자신의 경험, 흥미, 능력을 돌아보며 자기 이해를 증진할 수 있는 활동을 진행하고, 이를 통해 자신에게 맞는 전공 탐색에 도움을 준다. '자기 이해와 성찰' '미래의 나를 위한 선택'과 같은 워크숍을 운영하여 학생들이 자신의 미래를 주체적으로 설계할 수 있도록 지원한다.

③ 자기 성찰 일기 및 포트폴리오 작성

학생들이 자기 성찰을 하는 일기나 포트폴리오 작성을 통해 자신의 학습 과정과 성장 과정을 기록하게 한다. 이를 통해 전공 탐색 중 겪은 경험을 되돌아보고, 자신이 무엇에 흥미를 느끼고 있는지 명확히 알 수 있다. 자기 성찰 일기에는 학업적 성취, 대인 관계, 흥미 분야, 새로 알게 된 지식 등을 기록하며, 학업 포트폴리오는 학문적 성과나 프로젝트 경험을 구체적으로 보여 주는 자료로 활용된다.

4) 전공 정보 탐색

전공자율선택제에서 전공 정보 탐색은 학생들이 자신의 진로와 적성에 맞는 전공을 선택하도록 돕는 중요한 과정이다. 이를 위해 대학은 교과과정, 비교과 프로그램, 지원 시스템을 유기적으로 운영해야 한다.

(1) 전공 탐색 교육과정

대학은 1학년 동안 전공 탐색을 위한 별도의 교육과정을 운영해야 한다. '진로 인식 → 진로 탐색 → 진로 결정'의 단계를 체계화한 진로 설계 교과목과 다양한 전공을 소개하는 전공 탐색 세미나 등을 제공하여 학생들이 학문적 기반을 다지고 적성을 파악할 수 있도록 돕는다.

(2) 비교과 진로 탐색 프로그램

비교과 프로그램으로는 진로 탐색 워크숍 및 세미나를 활용할 수 있다. 전문가 초청 강연, 전공별 직업 사례 소개, 졸업생 특강 등을 통해 학생들이 전공과 직업 세계의 연관성을 이해하고 미래 진로를 구체화할 수 있도록 한다.

① 전공 설명회 및 오리엔테이션

각 학과에서 진행하는 전공 설명회나 신입생 오리엔테이션에 참여하여 교수진의 설명을 듣고 전공에 대해 구체적으로 알아볼 수 있게 한다. 전공에서 중요하게 다루는 주제, 연구 분야, 졸업 후 진로 등에 대한 정보를 얻고, 학과에 대해 더 깊이 이해할 수 있는 기회를 제공한다.

② 전공 박람회

대학에서 주최하는 전공 박람회에 참여하여 다양한 학과 부스를 방문하고, 교수 및 학생들과 직접 소통하면서 전공에 대한 구체적인 정보를 수집하게 한다. 박람회에서는 각 학과의 특징, 교육과정, 취업 현황 등에 대한 실질적인 정보를 제공받을 수 있으며, 궁금한 점을 자유롭게 질문할 수 있는 기회를 제공한다.

③ 전공 페스티벌 및 체험 행사

학과별로 진행하는 전공 페스티벌, 체험 행사, 오픈 클래스 등에 참여하여 해당 전공의 학문적 특성과 교수법을 체험하게 한다. 전공별로 학생들이 직접 체험할 수 있는 프로젝트나 실습 과정을 마련해 실질적인 경험을 쌓고 이를 바탕으로 전공 선택에 대한 구체적인 판단을 할 수 있도록 한다.

④ 전공 관련 세미나 및 특강 참여

전공 관련 세미나와 특강에 참석하여 교수진이나 외부 전문가들의 강의를 듣고, 해당 전공 분야의 최신 연구 동향이나 실무 경험에 대한 통찰을 얻게 한다. 이러한 특강에서 얻은 정보를 바탕으로 자신이 관심 있는 분야를 좀 더 구체적으로 탐구할 수 있을 것이다.

⑤ 전공과 관련된 워크숍이나 현장 체험 활동

전공과 관련된 워크숍이나 현장 체험 활동에 참여하여 이론적으로 배운 내용을 실무적으로 체험하도록 한다. 예를 들어, 공학 관련 워크숍에서 기계를 다뤄 보거나, 예술 분야에서 실제로 작품을 만들어 보는 등의 경험을 통해 자신의 흥미와 역량을 테스트할 수 있다.

⑥ 인턴십 및 연구 프로젝트 참여

전공 탐색 과정에서 자신의 진로와 연계된 인턴십에 참여하거나 연구 프로젝트에 참여하여 실질적인 경험을 쌓는다. 이러한 활동은 전공 선택 후에도 진로와의 연계를 더욱 명확히 하는 데 도움이 된다.

⑦ 학생 자치 활동 참여

전공 관련 동아리 및 학술 동아리 참여하게 한다. 전공과 관련된 학술 동아리나 학생 자치 활동에 참여하여 같은 관심사를 가진 학생들과 교류하고, 전공 지식을 넓히는 활동에 참여하도록 한다.

⑧ 선배와의 네트워킹 행사 참여

선배 및 동료와의 교류는 멘토링 프로그램 활용이나 선배와의 네트워킹 행사 참여하게 한다. 대학에서 제공하는 멘토링 프로그램이나 네트워킹 행사는 학년 선배나 졸업생과의 교류를 통해 학과 생활, 수업 정보, 전공 선택에 대한 실질적인 조언을 제공하며, 진로에 대한 고민을 해결하는 데도 도움을 줄 수 있다.

(3) 온·오프라인 지원 프로그램

교과 및 비교과 활동 외에도 온라인 플랫폼과 메타버스를 활용한 전공 정보 탐색 시스템을 구축한다. 선배들이 운영하는 온라인 커뮤니티나 오프라인 네트워크 모임에 참여하여 다양한 정보를 공유하고, 전공 선택 및 학업 과정에서 필요한 정보를 얻게한다. 이를 통해 시간과 장소의 제약 없이 학생들이 필요할 때 전공 정보를 탐색하고 비교할 수 있는 환경을 제공한다.

① 홈페이지 탐색

대학 홈페이지나 학과 홈페이지에서 제공하는 전공 정보, 커리큘럼, 교수진 소개, 졸업생 진로 등을 살펴보고 전공에 대한 기초 지식을 갖게 한다. 각 학과별로 공개된 자료를 통해 전공에서 요구하는 필수 역량과 졸업 후 진로에 대해 깊이 이해할 수 있도록 한다.

② 자료집 및 브로슈어 활용

대학에서 제공하는 전공 탐색 자료집, 학과 브로슈어 등을 통해 전공별 주요 내용, 강의 계획, 교육 목표 등을 살펴보도록 한다. 자료집을 통해 각 전공의 특징과 장단점을 파악하며 자신에게 적합한 전공을 비교해 볼 수 있다.

③ 온라인 포털 및 커뮤니티

학생들이 전공 선택과 관련된 질문을 자유롭게 주고받을 수 있는 온라인 커뮤니티나 포털 사이트를 활용하여 정보 교류할 수 있도록 한다. 졸업생들이 남긴 후기나 전공 관련 자료도 중요한 탐색 자료가 될 수 있다.

이처럼 교과와 비교과 활동, 온라인 지원 시스템을 유기적으로 운영하면 학생들이 체계적으로 전공을 탐색하고 자신의 진로를 설계할 수 있도록 효과적으로 지원할 수 있다.

5) 전공 선택 후 학생 지원

전공자율선택제는 학생들이 적성과 흥미에 맞는 전공을 선택할 수 있는 기회를 제공하지만, 전공 선택 이후의 체계적인 지원이 반드시 필요하다. 이를 통해 학업 성취와 진로 목표를 성공적으로 달성하도록 도와야 한다.

(1) 학업 지원

대학은 필수 과목과 선택 과목을 체계적으로 배정하고, 학습 로드맵을 제공하여 학생들이 기초부터 심화 과정까지 균형 있게 학습할 수 있도록 한다. 대학은 학업에 어려움을 겪는 학생들을 위해 맞춤형 학사 상담, 보충수업, 개별 학습계획 등을 통해 학습 성과를 향상시키고 자신감을 회복할 수 있도록 학업 지원을 한다.

① 전공 이수 로드맵 제공

학생들이 선택한 전공에서 필요한 필수 과목과 선택 과목을 체계적으로 이수할 수 있도록 전공 이수 로드맵을 제공해야 한다. 로드맵에는 학년별 이수 과목, 전공 심화 과정, 졸업 논문 또는 프로젝트 관련 요구 사항이 포함되어야 한다. 이 로드맵을 통해 학생들이 졸업 요건을 미리 파악하고 학습 계획을 세울 수 있도록 학사 상담도 지원한다.

② 학사 관리 및 성취 평가 지원

학생들이 전공 과정을 성공적으로 이수할 수 있도록 정기적으로 학사 상담을 제공하고, 학업 성취도에 따라 추가적인 지원을 받을 수 있도록 한다. 필요에 따라 보충 수업, 학습 워크숍 등을 통해 학생들의 학업 성과를 개선할 기회를 제공한다. 학습 지원 프로그램(예: 튜터링, 스터디 그룹)을 운영하여, 학생들이 전공 학습에서 어려움을 겪을 경우 도움을 받을 수 있도록 한다.

(2) 멘토링 및 상담 프로그램

교수진과 외부 전문가의 멘토링 시스템을 운영해 학업 성과 점검과 진로 계획에 대한 실질적인 조언을 제공한다. 진로 상담센터를 통해 복수전공, 부전공, 융합·연계전공 등 다양한 학문적 선택을 지원하여 학생들의 진로를 구체화해야 한다.

① 교수 및 전문가 멘토링 프로그램 운영

전공을 선택한 후에도 학생들이 학업과 진로에 대한 방향성을 명확히 설정할 수 있도록 교수 멘토링 프로그램을 운영한다. 교수 멘토는 학생들의 학업 성과와 연구 주제에 대해 조언하고, 학생이 선택한 전공 분야에서 필요한 역량을 강화할 수 있도록 도움을 준다. 외부 전문가나 졸업생과의 네트워킹 기회를 제공하여 학생들이 실무와 관련된 조언을 받고, 졸업 후 진로에 대해 구체적인 정보를 얻을 수 있도록 한다.

② 정기적인 진로 및 학업 상담 제공

대학은 진로 상담센터를 통해 학생들이 전공과 관련된 진로를 명확히 설정할 수 있도록 정기적인 상담을 제공한다. 상담을 통해 전공의 학업 목표와 장기적인 진로 계획을 다시 한번 점검하고, 필요에 따라 복수전공, 부전공 등의 선택을 조정할 수 있도록 한다. 상담 프로그램에서는 학생의 흥미, 성취도, 학업 계획 등을 반영한 맞춤형 학업 조언을 제공하여 학생들이 학업을 더욱 성공적으로 이어갈 수 있도록 지원한다.

(3) 심화 학습과 실무 경험 제공

① 전공 심화 학습 프로그램 운영

대학은 전공 학습을 심화할 수 있는 특별 프로그램을 제공한다. 예를 들어, 전공 심화 세미나, 학술 연구 프로젝트, 연구실 인턴십 등을 통해 학생들이 이론적 학문을 심화하고, 실제 연구 활동을 경험할 수 있도록 지원한다. 전공 관련 최신 연구 동향이나 산업 트렌드를 다루는 전문가 초청 강의와 워크숍을 통해 학생들이 학문적 배경을 넓힐 수 있는 심화 학습 기회를 제공한다.

② 산학 연계 프로그램 및 인턴십 제공

대학은 기업 및 연구 기관과의 산학 연계 프로그램을 통해 학생들이 전공과 관련된 실무 경험을 쌓을 수 있는 기회를 제공한다. 산학 연계 인턴십, 현장 실습 프로그램을 통해 학생들이 실제로 전공 지식을 적용해 보는 기회를 가질 수 있도록 지원한다. 인턴십 연계 과정에서 기업과의 협력 네트워크를 구축하고, 학생들에게 맞춤형 인턴십 기회를 제공할 수 있도록 인턴십 매칭 시스템을 운영한다.

③ 해외 연수 및 교환학생 프로그램 운영

전공과 관련된 해외 연수 프로그램이나 교환학생 프로그램을 통해 학생들이 글로벌 관점에서 학문을 탐구하고, 국제적인 경험을 쌓을 수 있도록 기회를 제공한다. 학생들이 해외 대학과 협력하여 전공 관련 연구나 프로젝트를 진행할 수

있도록 지원하고, 교환학생 프로그램을 통해 다양한 학문적 배경을 체험할 수 있
는 환경을 마련한다.

(4) 진로 및 취업 준비 지원
① 취업 연계 프로그램 운영
대학은 전공과 연계된 취업 연계 프로그램을 제공하여 학생들이 졸업 후 바로
취업 시장에 진출할 수 있도록 지원한다. 취업 상담, 이력서 및 자기소개서 작성
워크숍, 모의 면접 등의 프로그램을 운영하여 학생들의 취업 준비를 체계적으로
지원한다. 전공별로 기업 연계 채용 박람회나 취업 설명회를 개최하여 학생들이
관련 기업들과 직접 소통하고, 구직 기회를 모색할 수 있는 환경을 제공한다.

② 진로 탐색 및 취업 정보 제공
학생들이 선택한 전공과 관련된 다양한 취업을 탐색할 수 있도록 취업 탐색 자
료를 제공한다. 자료에는 각 전공별 졸업 후 직업군, 필요 역량, 취업 시장 전망
등이 포함되어 있어야 한다. 졸업생 네트워크를 활용해 동문 멘토링 프로그램을
운영하여, 졸업생들이 실제 현장에서 겪은 경험과 정보를 후배들에게 전달할 수
있도록 지원한다.

③ 대학원 진학 지원
대학원 진학을 고려하는 학생들을 위해 대학원 진학 상담과 연구 기회를 제공
한다. 이를 통해 학생들이 대학원 진학에 필요한 연구 경험을 쌓고, 졸업 후 진로
의 다양성을 확보할 수 있도록 지원한다. 대학원 진학을 위한 학문적 준비(연구
논문 작성, 연구 프로젝트 참여 등)를 지원하고, 국내외 대학원과의 협력 네트워크
를 통해 진학 기회를 마련한다.

이처럼 학업 지원, 멘토링, 심화 학습과 실무 경험 제공을 통해 대학은 학생들
이 전공 선택 이후에도 학문적 성취를 이루고 안정적으로 진로를 설계할 수 있도

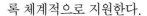

록 체계적으로 지원한다.

6) 지속적 평가와 개선

전공자율선택제는 학생들이 다양한 학문을 탐구한 뒤 적성과 흥미에 맞는 전공을 선택하도록 지원하는 혁신적인 제도이다. AI 기반 학업 성과 관리 시스템과 정기적 상담을 통해 학생들의 학업 성과와 적응 과정을 점검하고, 맞춤형 학습 경로를 제공하여 중도 탈락을 예방하고 학습 성과를 높여야 한다. 또한 정기적인 만족도 조사를 통해 전공 선택 과정, 학업 지원 프로그램 등에 대한 피드백을 수집하고, 이를 바탕으로 진로 상담과 학습 환경을 개선해 지속 가능한 제도를 설계한다.

또한, 전공자율선택제에서 예상 문제와 대응방안을 고민해야 한다. 전공 쏠림, 비인기 전공 위축, 중도 탈락 문제를 해결하기 위해 복수전공이나 부전공 및 마이크로디그리 이수 의무화, 융합전공 개발, 장학금 인센티브 등의 정책적 대안을 마련해야 한다. 이를 위해서 멘토링 및 상담 체계를 갖추어야 한다. 교수진과 외부 전문가의 멘토링을 통해 학습 방법, 진로 계획 등에 실질적인 조언을 제공하고, 학생들의 소속감과 심리적 안정감을 강화한다.

전공자율선택제에서 발생할 수 있는 문제 대처 방안은 학력격차 해소를 위한 지원 방안과 학과별로 쏠림 현상이나 소규모 학과 등의 부작용 등을 고려한 지원 방안을 고려해 볼 수 있다.

(1) 학력격차 해소를 위한 지원 방안
① 기초 학력 보충 프로그램 운영
다양한 전공을 고려하는 학생들의 학력 수준이 고르지 않을 수 있기 때문에, 전공 선택 이전에 기초 학력을 보충할 수 있는 기초 학력 강화 프로그램이 필요하다. 수학, 과학, 영어 등 전공에서 필수적으로 요구되는 기초 과목의 온라인 강의, 보충 수업, 튜터링 프로그램 등을 제공하여 학생들이 기초 역량을 갖출 수 있도록 지원한다. 특히 학업 성취도가 낮은 학생들을 위해 맞춤형 학습 계획을 제공하여, 전공 진입 후에도 지속적인 학업 성과를 낼 수 있도록 한다.

② 학습 지원센터 운영 및 학습 도구 제공

대학 내에 학습 지원센터를 운영하여, 전공 선택 후에도 학업에 어려움을 겪는 학생들을 위한 상담 및 학습 지원을 제공한다. 이를 통해 학업 성취도가 낮은 학생들이 개인적으로 겪는 문제를 해결할 수 있도록 한다. 또한, 학습 도구(예: 온라인 학습 플랫폼, 스터디 그룹, 튜터링 등)를 제공해 학생들이 스스로 학습 격차를 해소할 수 있는 환경을 마련한다.

③ 개별 맞춤형 학습 코칭

학생별로 학습 성취도를 평가한 후 맞춤형 학습 코칭 프로그램을 운영하여, 전공별 필수 지식과 기초 학문을 보충할 수 있는 기회를 제공한다. 예를 들어, 특정 전공에서 필수적으로 요구되는 배경지식(수학, 통계, 프로그래밍 등)을 강화할 수 있도록 추가적인 학습 지원을 제공한다. 학생들에게 정기적으로 피드백을 제공하고, 학습 진도를 점검하는 시스템을 통해 학력 격차를 줄이는 데 초점을 맞춘다.

(2) 쏠림 현상 문제

전공자율선택제는 인기 있는 전공으로 학생들이 몰리는 현상(일명 쏠림 현상)이 발생할 수 있다. 이는 특정 학과(예: 경영학, 컴퓨터 공학 등)에 학생 수가 과도하게 집중되어, 교육 자원이 부족해지고 학업 성취도에 부정적인 영향을 미칠 수 있다. 반대로, 소수 학생만 지원하는 학과는 수업 개설이 어려워지거나 교수 자원이 충분히 확보되지 않아 교육의 질이 저하될 수 있다. 이를 위한 지원 방안은 다음과 같다.

① 교수 인력 확충 및 시설 확장

쏠림 현상이 나타나는 학과에 대해서는 추가 교수 인력 채용과 학습 시설 확충을 통해 학생들이 충분한 교육을 받을 수 있도록 해야 한다. 이를 해결하기 위해서 두 개 이상의 학과나 학부에 소속되며, 특정 학과의 정식 소속 교수이면서도 다른 학과에서도 강의 및 연구를 수행하는 겸무교수(joint professor)를 활용할 수 있다.

② 정원 제한

특정 전공에 학생들이 과도하게 몰리는 것을 방지하기 위해 전공별 정원 제한을 설정할 수 있다. 특정 전공에 정원을 제한하면서, 비인기 전공으로의 유입을 유도할 수 있다. 하지만 전공자율선택제의 기본 취지를 고려하면 바람직한 방안이라고 할 수는 없다.

③ 융합전공 프로그램 확대

특정 학문 분야에 쏠림 현상이 발생하는 것을 막기 위해 융합전공 프로그램을 활성화하여 학생들이 복수전공, 부전공, 마이크로디그리 등을 탐구할 수 있도록 제도적 장치를 두어 유도한다. 다양한 전공의 융합을 통해 새로운 학문적 기회를 제공하며, 쏠림 현상을 완화할 수 있다.

(3) 소규모 학과 문제

소규모 학과 문제는 소수의 학생만 지원하는 전공(예: 순수예술, 고전문학 등)에서는 학생 수가 부족해 개설 과목이 줄어들거나, 과목 개설 자체가 어려워질 수 있다. 또한, 교수진이 충분하지 않거나 자원이 부족할 경우 학습 기회가 줄어들게 된다. 학생 수가 적은 학과에서는 학과의 지속 가능성이 위협받고, 학생들이 충분한 학문적 경험을 쌓지 못할 위험이 있다. 이를 위한 지원 방안은 다음과 같다.

① 소규모 학과 통합 운영

비슷한 학문 분야를 다루는 소규모 학과끼리 통합 운영하여 자원을 효율적으로 활용하고, 다양한 과목을 제공할 수 있도록 한다. 예를 들어, 인문학 관련 학과들을 통합하여 학문적 시너지를 낼 수 있는 교과목이나 프로그램을 설계한다.

② 개별 학습 지원 강화

소규모 학과에 소속된 학생들에게는 교수와의 밀착 학습 지도를 강화하여, 개별 맞춤형 교육을 받을 수 있도록 한다. 이를 통해 교수와 학생 간의 긴밀한 소통을 통해 학습 성과를 높일 수 있다.

③ 비교과 프로그램 지원 확대

소규모 학과의 학생들에게는 비교과 프로그램, 인턴십, 학술 활동을 통해 추가적인 학습 기회를 제공하여, 전공 내에서의 학습 기회가 부족한 것을 보완한다.

4. 전공자율선택제의 안정적인 정착 조건 및 기대 효과

1) 전공자율선택제도의 안정적 정착을 위한 조건

전공자율선택시스템이 기대되는 결과를 성공적으로 달성하려면 시행착오와 지속적인 개선 과정이 필요하다. 사회적 합의와 지원을 바탕으로 시스템이 도입되더라도, 조직 내에서 이를 안정적으로 정착시키기 위해서는 다음과 같은 조건이 필수적이다.

(1) 대학의 역량과 특성을 고려한 입학 정원의 설정

전공자율선택제도가 안정적으로 운영되기 위해서는 학생들이 선택할 수 있는 폭을 넓히면서도, 대학의 자원과 특성에 부합하는 입학 정원과 단위를 설정하는 것이 필수적이다. 유형1과 유형2의 모집단위 설정을 함에 있어 두 가지 유형을 모두 할 것인지 아니면 한 가지 유형으로 접근할지도 고민이 필요하다. 예를 들어, 모대학의 경우는 계열별로 광범위한 입학 단위를 운영(2유형)하다가, 특정 전공으로의 선택이 지나치게 집중되는 문제를 겪었다. 대학의 역량과 특성을 고려해서 각 학문 분야의 균형을 맞추는 동시에 학생들이 다양한 선택을 할 수 있도록 입학 단위의 설정에서 시뮬레이션을 하는 것이 중요하다. 다시 한번 대학이 전공자율선택제도를 소화할 수 있는 범위가 어느 정도인지에 대한 심사숙고가 있어야 한다.

(2) 학생 선택권을 보장하는 교육과정 설계

학생들이 자유롭게 전공을 탐색하고 선택할 수 있도록 지원하기 위해서는 교육과정의 유연성이 중요하다. 특히 학생들은 교양과 전공 교육과정이 연계된 교육과정을 통해 다양한 분야를 경험하고 자신에게 맞는 전공을 선택할 수 있어야 한다. 교육과정에서 가장 고려해야할 점은 핵심역량 기반으로 갖추어야 할 소양도 갖추면서 다양한 전공을 탐색할 수 있도록 교육과정을 구성이 이루어져야 한다. 교양 교육과정에서 전공의 기초 과목을 이수하도록 하면 교양교육이 소홀히 질 수도 있다. 학생들이 기본적으로 갖추어야 할 교양 소양을 갖추면서 전공을 선택할 수 있는 교양교육과정을 설계하고, 전공을 선택한 이후에도 전공에 대한 적응이 잘 이루어지도록 전공교육과정을 편성 및 운영하는 것이 중요하다.

(3) 아카데믹 어드바이저 중심의 학생 지도 시스템 구축

학생들이 전공을 선택하고 학업을 성공적으로 이수하기 위해서는 아카데믹 어드바이저 역할이 중요하다. 아카데믹 어드바이저를 배정하여 정기적인 상담과 진로 계획 수립을 지원하는 시스템을 운영하는 일이 이루어져야 한다. 아카데믹 어드바이저의 역할 여부에 따라서 대학에서는 학생들의 중도탈락율이 감소했으며, 졸업 후 취업률 또한 상승했다는 통계가 보고되었다. 이는 학생 개개인의 특성과 목표를 반영한 맞춤형 지도가 전공 선택 과정에서 중요한 역할을 한다는 점을 보여 준다.

(4) 학생에 대한 지속적인 모니터링 및 성과 관리 시스템 구축

전공자율선택제도가 지속적으로 성공하기 위해서는 학생들의 학업 상황을 모니터링하고 적시에 지원을 제공하는 체계적인 시스템이 필요하다. 대부분의 대학은 학사 관리 시스템을 통해 학생의 이수 학점, 성적, 그리고 상담 내역을 통합 관리하고 있다. 이를 통해 학업 성취도가 낮은 학생들에게는 조기 경고와 보충 학습 기회를 제공하고, 우수 학생들에게는 심화 학습 기회를 확대했다. 이러한 시스템의 도입 후, 학생들의 학업 중도 포기율이 눈에 띄게 감소했으며, 전공 선택 후 학업 만족도가 향상되었다는 분석 결과가 있다.

앞의 네 가지 조건은 전공자율선택제도의 안정적 운영을 위해 필수적인 요소들이다. 이를 통해 학생들이 다양한 선택 기회를 제공받고, 자신의 역량과 흥미에 맞는 전공을 성공적으로 선택하며, 학업과 진로에서 만족스러운 결과를 얻을 수 있다.

2) 기대 효과

현대 사회는 급속한 기술 변화와 다변화된 직업 세계로 인해 대학교육의 패러다임 전환을 요구하고 있다. 전통적인 대학교육은 고정된 전공 선택과 특정 학문 분야의 깊이 있는 학습을 중시했으나, 오늘날에는 학생들이 다양한 학문적 경험을 통해 융합적 사고를 기르고 자신에게 맞는 전공을 선택할 수 있는 시스템의 필요성이 점차 커지고 있다. 이에 따라 많은 대학들이 전공자율선택제도를 도입하고 있으며, 이 제도는 학생들에게 보다 유연한 학습 환경을 제공함으로써 학문적 성취도와 직업 만족도를 높이는 데 기여하고 있다.

(1) 전통적 대학교육과 전공 선택의 한계 극복

전통적인 대학교육 체제는 학생들이 입학과 동시에 특정 전공을 선택하도록 요구한다. 이 과정에서 학생들은 고등학교 교육과정 내에서 대학 전공을 선택하

게 되며, 이는 학문적 탐색의 기회를 제한하게 된다. 특히 대학 입학 시 자신의 적성과 흥미에 대해 명확한 이해가 부족한 학생들이 고정된 전공을 선택하게 되는 경우, 학업에 대한 흥미 저하 및 학업 성취도 하락으로 이어질 수 있다.

전공 선택 시 학생들이 자신의 적성과 흥미를 충분히 고려하지 못하고 외부 요인에 의해 결정하는 경향이 있으며, 이는 학업 만족도와 성취도에 부정적인 영향을 미칠 수 있다. 또한, 특정 전공에 학생들이 몰리는 '전공 쏠림 현상'이 발생하여 일부 전공은 학생 모집에 어려움을 겪는 원인이 된다. 이러한 문제를 해결하기 위해, 대학들은 학생들에게 다양한 학문 분야를 경험할 수 있는 기회를 제공하고, 전공 선택에 대한 충분한 정보와 상담을 제공하는 등의 노력이 필요하다.

(2) 전공자율선택제의 도입과 교육 변화

전공자율선택제는 전통적인 전공 선택 구조의 문제를 해결하기 위한 대안으로 등장하였다. 이 제도는 학생들이 일정 기간 동안 다양한 학문을 탐색한 후 자신에게 맞는 전공을 선택할 수 있도록 유연성을 제공하며, 많은 대학들이 이러한 제도를 도입함으로써 교육의 질을 향상시키고 있다.

전공자율선택제를 도입한 대학의 학생은 학문적 성취도와 직업 준비 능력에서 긍정적인 변화를 경험한다. 학생은 다양한 학문적 경험을 통해 자신에게 가장 적합한 전공을 찾는 과정에서 학업에 대한 동기 부여가 강화되고, 진로 선택에서도 보다 확신을 가지게 된다. 전공자율선택제가 안정적으로 정착한다면 학생들의 자기주도적 학습 능력과 장기적인 진로 계획에 긍정적인 영향을 미치게 된다.

전공자율선택제의 도입은 또한 교과과정의 다양화와 융합 학문에 대한 접근성을 강화하는 역할을 한다. 전통적으로 분리된 학문 분야들이 전공자율선택제를 통해 통합적으로 다루어지며, 학생들은 다양한 학문적 시각을 통해 문제를 해결하는 방법을 배우게 된다. 전공자율선택제는 학생들에게 다학문적 접근과 창의적 문제 해결 능력을 키울 수 있는 기회를 제공한다. 특히 4차 산업혁명의 도래로 인해 융합적 사고가 중요해진 현대 사회에서 전공자율선택제가 그 가치를 더해

갈 수 있다.

(3) 전공자율선택제가 학생들에게 미치는 영향

전공자율선택제는 학생들에게 학문적 유연성뿐만 아니라 개인적 성장과 진로 탐색의 기회를 제공한다. 학생들은 다양한 학문적 경험을 통해 자신의 적성에 맞는 전공을 선택할 수 있으며, 이는 장기적으로 학업 성취도와 직업 만족도를 높이는 데 기여한다. 특히 학생들이 자신의 진로에 대해 더 깊이 생각하고 탐구할 수 있는 시간을 가짐으로써, 졸업 후 직업 세계에서 더 큰 자신감을 갖고 경력을 쌓을 수 있게 된다.

전공자율선택제는 학생들이 자신의 적성을 발견하고, 학문적 흥미를 기반으로 전공을 선택한 결과, 학업 성취도가 높아졌다는 점이 강조되었다. 학생들이 자신의 적성에 맞는 학문을 탐구할 때 학습 동기와 성취도가 강화되며, 이는 궁극적으로 졸업 후 직업 만족도로 이어진다. 또한 전공자율선택제가 학생들에게 다양한 경험을 제공하여 직업 세계에서의 적응력을 높이는 데 기여할 수 있다.

(4) 대학교육의 미래와 전공자율선택제

전공자율선택제는 현대 대학교육에서 중요한 변화의 흐름을 반영하고 있다. 이는 학생들에게 더 큰 학문적 자유를 제공하고, 자신에게 맞는 학문적 경로를 선택할 수 있도록 돕는 제도로 자리 잡고 있다. 특히 4차 산업혁명과 같은 급격한 사회적 변화 속에서 학생들이 다양한 학문적 배경을 바탕으로 창의적 문제 해결 능력을 배양하는 것은 매우 중요한 과제로 부각되고 있다.

대학교육은 더 이상 전통적인 고정된 전공 구조로는 변화하는 직업 세계에 충분히 대응하기 어려울 수 있다. 전공자율선택제는 학생들에게 넓은 학문적 경험을 제공함으로써, 융합적 사고와 적응력을 배양할 수 있는 제도이다. 또한 대학이 전공자율선택제를 통해 학생들의 학습 요구를 충족시키고, 급변하는 직업 세계에서 경쟁력을 갖춘 인재를 양성할 수 있다.

결론적으로, 전공자율선택제는 대학교육에서의 중요한 변화이며, 학생들에게 다양한 학문적 경험을 제공하고, 자기주도 학습 능력을 강화하는 데 기여하는 제도이다. 이를 통해 학생들은 학문적 유연성을 바탕으로 자신의 적성과 진로에 맞는 전공을 선택할 수 있으며, 이는 장기적으로 학업 성취도와 직업 만족도를 높이는 데 기여한다. 앞으로의 대학교육은 이러한 유연성을 바탕으로 더 많은 학생들에게 다양한 학문적 기회를 제공하고, 창의적이고 융합적인 사고를 배양할 수 있는 교육 환경을 마련해야 할 것이다.

5. 이 책의 구성

제2부 전공자율선택제의 길잡이

제5장	제6장	제7장
학생지도 준비	단계별 학생지도 계획	자기 이해와 탐색
학생지도 필요성	입학 초기	자아탐색
전담조직과 전담인력	전공 탐색	흥미와 적성
아카데믹 어드바이저	전공 선택	목표설정
	전공 진입	

제8장	제9장	제10장
전공 정보 탐색	전공 선택 후 학생지원	평가 및 개선
교과 정보 탐색	학업지원	학업모니터링
비교과 정보 탐색	멘토링 및 상담	학생만족도
전공 탐색 지원 프로그램	전공 전환 지도	대응방안

제2장

전공자율선택제를 위한 학사제도 유연화

이 장은 전공자율선택제의 배경이 되는 학사제도의 유연화에 대해 제시한다. 지난 30여년 간 대학 학사제도 유연화 정책이 실시되며 대학에서의 전공을 이수하는 방법이 점차 다양해지고 있다. '전공자율선택제'라는 큰 틀 아래에서도 다양한 방식으로 전공을 이수할 수 있도록 법적인 근거가 마련되었다.

이 장에서는 대학 학사제도 유연화의 정책적 배경을 알아보고, 전공 이수와 관련된 그동안의 학사제도 유연화 정책의 변화 과정을 살펴보며, 실제 대학 현장에 학사제도 유연화 정책이 적용되고 있는 사례를 살펴보고자 한다. 이를 통해 전공 이수 제도와 관련된 학사제도 유연화 정책에 대한 이해도를 높일 수 있을 것이다.

마지막으로 대학 현장에서 전공자율선택제를 위한 학사제도 유연화 차원에서 거시적 측면(대학의 정책과 시스템)과 미시적 측면(학생과 교수진의 실질적 경험)에 대한 사항을 제시하였다.

1. 대학 학사제도 유연화의 필요성

우리나라 고등교육은 급격한 사회 변화 속에서 대대적인 혁신의 필요성을 마주하고 있다. 디지털 신기술 분야의 발전은 고등교육 전반에 걸쳐 학문 간 융합과 인공지능 기술의 혁신을 가속화하고 있다. 이는 노동시장에서 창의융합형 및 지식창출형 인재에 대한 수요를 증가시키며, 대학교육의 패러다임 변화를 요구하고 있다. 예를 들어, 4차 산업혁명 시대의 도래는 전공 분야에 관계없이 인공지능(AI), 빅데이터, 사물인터넷(IoT) 등 다양한 첨단 기술을 중심으로 하는 융합적 사고를 요구한다. 이에 따라 공학, 인문학, 경영학 등 다양한 전공에서 새로운 기술과 교수법을 활용한 융합적 학습 기회를 제공하고 있다. 이는 단일 전공 중심의 전통적 교육 방식에서 벗어나 복합적이고 융합적인 역량을 갖춘 인재를 양성하는 데 기여하고 있다.

또한, 학령인구 감소로 재정적 위기를 겪는 대학들이 대학 간 공유와 협력을 통해 위기를 극복하려는 시도를 하고 있으며, 대학 간 교육과정 공유를 위한 학사제도 혁신도 추진되고 있다(채재은, 이인서, 2023). 예를 들어, 최근 증가하고 있는 '공유대학'은 여러 대학이 협력하여 4차 산업혁명 시대에 필요한 융합전공을 개설하고, 각 대학의 학생들이 이를 이수할 수 있도록 하는 시스템을 운영하고 있다. 이러한 제도는 교육 자원의 효율적 활용과 더불어 학생들에게 더 다양한 학습 선택권을 제공한다. 이와 같이 교육과정 공유를 위한 학사제도 혁신은 대학 간의 협력을 강화하고 고등교육의 질적 향상을 목표로 한다. 특히 지역 대학들이 특정 전공이나 특성화 분야에서 공동 교육과정을 설계하고, 학생들이 여러 대학에서 학습한 내용을 통합적으로 학점화할 수 있도록 지원할 수 있다. 이는 지역 대학 간 경쟁을 줄이고 상호 보완적 발전을 가능하게 하는 사례로 평가받고 있다.

학사제도 유연화는 사회 변화에 대응해야 하는 대학의 책무성 측면에서도, 고등교육 시장에서 다양한 학습자의 요구를 충족하는 측면에서도 필수적인 과제가 되었다. 전통적인 대학교육은 4년 단위의 학위과정으로 묶여 있었으나, 개별 학습자의 요구에 맞게 하나의 묶음(bundle)으로 제공되던 교육과정을 분리하여 제공한다는 의미에서 '고등교육의 언번들링(unbundling)' 현상도 나타나고 있다.

2. 전공이수와 관련된 학사제도 유연화 정책의 흐름

1) 대학교육 혁신과 학사제도 유연화 정책의 배경

(1) 사회 환경의 급격한 변화와 융합형 인재의 필요성

대학교육의 혁신이 요구되는 상황에 대해서는 정부와 대학 모두 그 필요성에 공감하고 있으며, 최근 10여 년간 이를 실현하기 위한 정책과 제도적 노력이 꾸준히 이루어져 왔다. 사회 변화의 속도에 따라 매번 대학의 구조를 변경하기 어렵기 때문에 기존의 구조 내에서 다양한 방식으로 인재를 양성하기 위해 다양한 학사제도 유연화 정책들이 있었다. 학사제도 유연화의 목적 중 한 가지는 학생들에게 다양한 전공과 학문을 공부할 수 있는 기회를 제공하는 것도 포함되었다.

이러한 맥락에서 전공자율선택제는 단순히 대학 진학 후 전공을 선택한다는 것을 의미하기보다, 학생들이 급변하는 사회적 환경과 산업적 요구에 부응하는 역량을 갖추는 데 필요한 교육을 받을 수 있는 기회를 제공한다는 의미로 해석할 수 있다. 대학은 학생 개인별로 원하는 교육을 받을 수 있도록 다양한 선택권을 제공하고, 학생들은 이러한 제도를 활용하여 다양한 학문적 경험을 통해 융합적 사고와 창의성을 개발할 수 있다. 더불어 졸업 후 노동시장에서도 경쟁력을 갖춘 인재로 자리 잡을 가능성을 높인다. 사회 환경의 변화와 더불어 학사제도의 유연화의 전공자율선택제를 통해 대학교육의 경직성을 해소하고, 변화하는 사회적 요구와 학생들의 다양성을 반영하는 것이 중요한 과제라고 볼 수 있다.

(2) 학사제도의 의미

'학사제도'라는 용어는 여러 선행연구와 정책 문건에서 자주 사용되고 있지만,

이 용어의 정확한 정의에 대한 사회적·학문적 합의는 아직 부족하다. 일반적으로 '학사'는 '학문에 관련된 모든 일' 또는 '학생을 선발하여 교육하고 평가하여 졸업시키기까지의 전 과정을 포괄하는 개념'으로 정의된다(주삼환, 2007). 이에 따라, 학사제도란 학생이 대학에 입학해 졸업하기까지의 전 과정에서 적용되는 다양한 규정과 운영 제도를 의미한다고 볼 수 있다.

학사제도의 영역에 대한 구체적인 구분은 드물지만, 최근의 연구들은 학사제도의 영역을 더 체계적으로 분류하고 있다. 조옥경 등(2022)은 학사제도를 학기 운영, 전공 이수, 학점 취득, 학위 관련 제도로 구분했으며, 채재은과 이인서(2023)는 교육과정 운영, 학점 교류 및 인정, 학기 운영 등으로 학사제도 영역을 제시했다. 이를 종합하면, 학사제도 유연화란 학생의 전공, 학점, 학위 취득 등 전반적인 학업 과정에서 대학의 자율성을 확대하거나 규제를 완화하는 정책으로 해석할 수 있다.

2) 학사제도 유연화 정책의 흐름

(1) 전공 이수와 학사제도 유연화의 역사적 배경

① 1998년 「고등교육법」 시행령 제정

1952년 「교육법 시행령」이 제정된 시점부터 대학은 학과 또는 학부를 기본 조직으로 두는 것을 원칙으로 운영해왔다. 1998년 「고등교육법 시행령」이 처음 제정되던 시기에도 이러한 원칙은 지속되었다. 또한 「고등교육법 시행령」 제19조(학생의 전공이수 등)는 대학의 학과 또는 학부에서 제공하는 전공을 제1전공으로 이수해야 한다는 원칙을 한동안 지속하였다. 대학의 전공 이수에 대한 원칙을 정하는 「고등교육법 시행령」 제19조(학생의 전공이수 등)는 제정된 이후 학사제도 유연화 정책에 따라 여러 차례 개정되었다. 학사제도 유연화의 주요 흐름을 이해하기 위해 「고등교육법 시행령」 제19조의 주요 개정 내용을 살펴보고자 한다.

(2) 주전공 이수 원칙과 부 · 복수전공 제도

1998년 「고등교육법 시행령」 제정 이후 최근까지 학생들은 학과 또는 학부에서 제공하는 전공을 주전공(제1전공)으로 이수하도록 규정되었다. 이와 함께, 대학 학칙에 따라 다른 학과의 전공을 복수전공이나 부전공 형태로 이수할 수 있는 제도가 운영되었다. 부전공은 주전공 외의 학문에서 일정 학점을 이수하고 이를 졸업증명서에 기재하는 방식으로 운영된다. 복수전공은 별도의 학위과정을 이수한 것으로 인정되며, 학생들에게 폭넓은 학문적 기회를 제공한다.

(3) 연계전공과 학생설계전공의 도입

1998년 「고등교육법 시행령」 제19조를 제정 당시 유연한 학사구조를 위한 기반으로 연계전공과 학생설계전공에 대한 내용이 있었다. 연계전공과 학생설계전공은 전공 선택의 다양성을 확대하는 대표적인 제도로 자리 잡았다.

① 연계전공

연계전공(Interdisciplinary Major)은 기존에 존재하는 두 개 이상의 전공(학과)의 교육과정에 개설된 과목들을 하나의 교육과정으로 연결하여 새로운 전공을 구성하는 방식이다. 기존에 개설되어 있는 두 '전공 간 연계'에 초점을 둔 제도이다. 연계전공으로 개설된 교육과정 내에서 일정 기준 이상의 학점을 이수하면 제2전공(부전공 또는 복수전공)으로 인정된다.

예를 들어, 연세대학교에는 법학, 경영학, 정치학 등이 연계하여 개설한 '공공리더십', 심리학, 경영학, 의학 등이 연계하여 개설한 '인지과학'전공 등이 있다. 서울대학교에는 인문학과 언론정보학, 통계학이 연계하여 개설한 '인문데이터과학'전공, 교육학과 심리학이 연계하여 학습의 원리를 탐색하는 '학습과학' 전공 등이 개설되어 있다. 이처럼 연계전공 제도를 활용하여 기존의 학과들이 연합하여 새로운 교육과정을 개설하고, 학생들에게 다양한 전공 선택지를 제공할 수 있다.

② 학생설계전공

학생설계전공은 학생이 자신의 학문적 필요와 진로 목표에 맞게 교육과정을 스스로 설계하고, 학교의 승인을 받아 이수하는 제도이다. 1998년 서강대학교는 학생설계전공 관련 학칙을 마련하며 제도를 운영하기 시작했다. 학생들은 '디지털 인문학' '스마트 헬스케어'와 같은 창의적이고 융합적인 전공을 직접 설계하여 이수할 수 있었다. 이 제도는 해외 대학의 'independent major' 또는 'student designed major'와 유사하며, 학생들의 학문적 자율성을 극대화하는 데 중요한 역할을 하고 있다.

(4) 본격적인 학사제도 유연화 정책의 발단

1998년 「고등교육법 시행령」 이후 약 20년 동안 학사제도 유연화는 꾸준히 추진되었다. 특히 2016년 교육부가 발표한 '창의혁신인재 양성을 위한 대학 학사제도 개선방안'은 학사제도 유연화의 전환점을 마련한 정책으로 평가받는다. '창의혁신인재 양성을 위한 대학 학사제도 개선방안'은 교육과정 운영, 학기 운영, 학위 제도 등 다양한 분야에서 학사제도의 탄력성과 자율성을 확대하기 위한 구체적인 방안을 제시했다. 이를 통해 대학에서 모집단위가 없이 가상의 학과를 개설하거나, 서로 다른 분야의 학과가 융합하여 교육과정을 개설하는 것이 가능해졌다. 구체적인 내용은 다음과 같다.

① 주요 목표

이 정책은 학사제도의 유연성을 강화하기 위해 다음 네 가지 목표를 제시했다. 첫째, 학사제도(학기제도) 유연화로 1년 2학기제에서 벗어나 다양한 학기제를 도입하여 학생들의 학업 부담을 조정한다. 둘째, 다양한 학습 기회 보장을 위해 정규 교과 외에도 비교과 활동, 현장 실습, 온라인 학습 등을 통해 폭넓은 학습 경험을 제공한다. 셋째, 시공간 제약 없는 학습 환경 구축을 위해서 원격수업과 온라인 학습을 통해 학습 접근성을 확대한다. 넷째, 국내 대학의 글로벌 경쟁력 강화를 위해서 국내 대학이 해외에서도 교육과정을 운영할 수 있는 기반을 마련한다.

② 주요 특징과 의의

2016년 학사제도 개선방안은 학사제도의 경직성을 해소하고, 학생 중심의 학습 환경을 조성하기 위해 광범위한 학사 영역의 변화를 시도했다. 2016년에 발표된 '창의혁신인재 양성을 위한 대학 학사제도 개선방안'의 주요 내용을 살펴보면 다음 표와 같다.

→ 표 2-1   창의혁신인재 양성을 위한 대학 학사제도 개선방안의 주요 내용

구분	제도명	의미	법적 근거
학기 관련	다학기제	매 학년도를 2학기 이상으로 운영하는 제도	고등교육법 제20조, 동법시행령 제10조
	유연학기제	대학이 전공, 학년 또는 학위과정별로 학기를 달리 정해서 운영하는 제도	고등교육법 제20조, 동법시행령 제10조
	집중이수제	교과목의 학점 당 수업 시간은 동일하게 유지하되, 수업 기간을 15주보다 짧게 운영하는 제도	고등교육법 제20조, 동법시행령 제11조, 제14조
학점 관련	학습 경험 인정제	소속 대학 또는 협정대학의 정규 교육과정으로 개설된 교과목 이수가 아닌 다른 학교, 연구기관, 산업체 등에서의 학습 · 연구 · 실습, 그리고 근무 경험을 학점으로 인정하는 제도	고등교육법 제23조, 동법시행령 제15조
전공 관련	융합전공제	둘 이상의 학부 또는 학과가 융합하여 독립된 교육과정을 편성 및 운영	고등교육법 시행령 제19조
	연계전공제	둘 이상의 학부 또는 학과가 각 전공에 개설된 교과목을 선택하여 교과과정을 편성 및 운영	고등교육법 시행령 제19조
학위 관련	졸업유예제	학사학위 취득에 필요한 모든 과정을 마친 학생이 학적을 유지하면서 졸업을 유예하는 제도	고등교육법 제23조 의5, 동법시행령 제15조의 2
	동시학위취득	학 · 석사, 석 · 박사 통합과정에서 두 학위를 모두 취득할 수 있도록 허용하는 제도	고등교육법 제31조
	국내대학 간 복수학위 운영	국내외 대학이 교육과정을 공동으로 운영하고, 참여학교의 공동명의 혹은 참여학교별 복수학위를 수여하는 제도	고등교육법 제21조, 동법시행령 제13조

출처: 교육부(2020).

2016년에 발표된 '창의혁신인재 양성을 위한 대학 학사제도 개선방안'에서 제시한 여러 혁신 제도 중 '전공 이수'와 관련된 제도들은 학생의 선택권을 확대하고, 융합형 인재를 양성하기 위해 전공자율선택을 강화하는 취지로 개편되었다. 이전에는 새로운 전공을 개설하려면 대학 조직을 개편하고 학과(부)를 조정해야 하는 번거로운 절차가 필요했다. 그러나 이 방안의 시행으로 기존 학과(부)는 그대로 유지하면서 편제정원이 없는 새로운 전공을 설치하고 운영할 수 있게 되었다. 이를 통해 대학들은 기존 조직의 변동 없이도 빠르게 새로운 전공을 신설할 수 있는 유연성을 확보하게 되었다.

③ 융합전공의 도입과 특징

개편된 학사제도는 기존의 연계전공을 심화·확대하여 융합전공을 도입하는 데 중점을 두었다. 융합전공은 2개 이상의 학과나 대학이 협력하여 새로운 전공과 교과목을 운영할 수 있는 구조로, 대학 간 교육과정 공유를 촉진하며, 다양한 학문 간 융합을 가능하게 했다.

④ 융합전공과 연계전공의 차이

연계전공은 기존 학과(부)의 교과목을 조합하여 새로운 교육과정을 구성하는 방식이다. 예를 들어, 인문학과 데이터사이언스의 과목을 결합하여 새로운 전공을 제공하는 경우가 이에 해당한다. 연계전공은 기본적으로 편제정원이 있는 기존 학과(부)의 교과목을 활용하는 경우가 많다. 융합전공은 이와 달리, 편제정원이 없는 상태에서 새로운 전공 교과목을 신설하고 운영할 수 있는 형태이다(교육부, 2020). 이는 대학들이 기존의 학문적 경계를 넘어 완전히 새로운 교육과정을 설계할 수 있도록 지원한다. 융합전공은 동일 학위과정이라면 국내외 '대학 간' 협력을 기반으로 새로운 전공을 만들 수 있는 형태로, 글로벌 협력의 가능성도 열었다. 예를 들어, 한국의 대학과 해외 대학이 공동으로 설계한 전공을 통해 학생들은 두 대학에서 학점을 이수하며 융합적 교육을 받을 수 있다.

실제로 각 대학에 개설된 연계전공 혹은 융합전공을 살펴보면 두 개념 간 구분이 명확히 되지 않은 채 대학의 해석에 따라 전공이 개설되어 있다. 그러나 제도 도입 당시에 발표된 각 제도의 의미를 고려하면 다음과 같이 차이점을 구분할 수 있다.

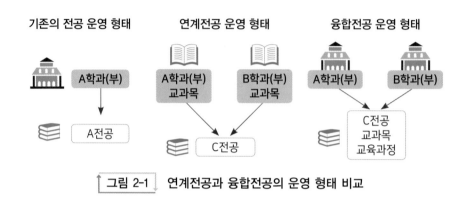

기존의 전공 운영 형태   연계전공 운영 형태   융합전공 운영 형태

그림 2-1   연계전공과 융합전공의 운영 형태 비교

⑤ 새로운 교육과정 구성의 가능성

융합전공 도입으로 인해 학문 분야가 다른 학과 또는 전공들이 연합하여 새로운 교육과정을 구성할 수 있는 길이 열렸다. 이는 기존의 전공 중심적 구조에서 벗어나 학생들이 다학문적·융합적 역량을 개발할 기회를 제공한다. 다만, 법적인·허가 취득 관련 교육과정은 예외로 한다. 교사, 의사, 한의사, 간호사, 치과위생사, 약사, 응급구조사, 사회복지사 등 특정 자격증 취득과 관련된 법정 교육과정은 융합전공이나 새로운 교육과정으로 대체할 수 없다. 이는 해당 자격증을 부여받기 위해 반드시 충족해야 하는 교육 요건이 법으로 정해져있기 때문이다. 그러나 이외의 경우에는 학문 분야와 관계없이 새로운 전공을 설계할 수 있는 유연성이 보장되었다. 예를 들어 공학부와 경영학부가 협력하여 '스마트 제조와 경영'이라는 융합전공을 설계하거나, 인문학부와 데이터사이언스 학과가 협력하여 '디지털 인문학' 전공을 신설하고, '디지털 인문학' 전공 교과목을 개발·개설할 수 있다. 이러한 사례는 다양한 학문적 요구와 사회적 필요를 반영한 결과이다.

⑥ 주전공 선택의 자율성 확대

기존에는 학생이 자신이 소속된, 즉 '학적'을 두고 있는 학과에서 개설된 전공을 주전공으로 이수해야 하고, 연계전공은 제2전공으로 이수할 수 있었다. 그러나 2017년 '전공자율선택제'라는 이름으로 '주전공' 선택권이 넓어지는 제도가 새롭게 도입되어, 학생이 소속학과에서 제공하는 전공을 주전공을 이수해야 한다는 원칙이 폐지되었다(교육부, 2017. 5. 2.). 이때부터는 학생이 소속학과에서 제공하는 전공, 대학 내에 마련된 연계전공, 대학 내 혹은 국내외 대학 간 공동으로 운영하는 융합전공, 학생이 자신의 진로에 맞게 학내에 마련된 교과목을 조합하여 교육과정을 구성하는 학생설계전공 중에서 주전공을 선택할 수 있게 되었다.

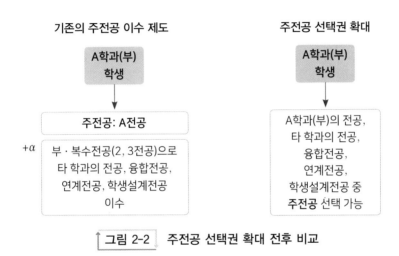

그림 2-2   주전공 선택권 확대 전후 비교

(5) 현 정부의 학사제도 유연화 과제

현 정부의 국정과제에도 대학의 학사제도 유연화가 주요 내용으로 포함되어 있다. 특히, 2025학년도 입시부터 시행될 예정인 '전공자율선택제(무전공제)'는 전공 간의 경계를 허물고, 학생들에게 전공 선택의 자율성을 부여하는 방향으로 추진되고 있다. 이를 통해 학생들은 특정 전공에 얽매이지 않고, 다양한 학문적 경험을 쌓은 후 적성과 진로에 맞는 전공을 선택할 수 있는 환경이 조성될 전망이다. 예를 들어, 학생들이 1학년 동안 다양한 기초 과목을 이수한 뒤 2학년부터 전공을 선택하도록 할 수 있다. 이를 통해 학생들은 자신의 진로와 적성을 심도 있게 고민한 후 전공을 결정할 수 있는 시간을 가질 수 있다.

(6) 전공 선택권 확대를 위한 제도 개편

학생들의 전공 선택권 확대를 위한 현 정부의 노력은 법적·제도적 변화에서도 확인할 수 있다(교육부, 2022. 7.). 2024년 2월, 「고등교육법 시행령」(대통령령 제34227호)이 개정되어, 대학이 학사제도를 유연하게 운영할 수 있도록 법적 근거를 강화하였다. 이 개정안은 전공 탐색 기회를 확대하고, 학생 맞춤형 학습 경로를 설계할 수 있는 환경을 마련하는 것을 목표로 하고 있다. 예를 들어, 개정된 시행령은 대학들이 복수전공, 부전공, 자기설계전공뿐 아니라 마이크로디그리와 모듈형 교육과정 운영을 통해 학생들이 다양한 학문적 경험을 쌓을 수 있도록 장려하고 있다. 대학들은 이에 발맞춰 기존 전공 간의 협업을 강화하고 학생들이 여러 학문을 결합하여 창의적인 역량을 개발할 기회를 제공하고 있다.

① 디지털 분야 인재 양성을 위한 학사제도 개편

디지털 분야의 첨단 인재를 양성하기 위해 정부는 첨단 분야 학과의 신설 및 증설을 지원하고, 대학원 정원의 유연화를 통해 더 많은 학생들이 첨단 분야 교육을 받을 수 있도록 했다. 유연학기제와 집중이수제를 활용해 대학 간 공동 교육과정 운영을 확대하고 있다. 이는 전공과 관계없이 누구나 첨단 분야 교육과정을 이수할 수 있도록 지원하며, 학생들이 다양한 학문적 경험을 쌓을 기회를 제공한다.

2021년부터 시작된 첨단 분야 혁신융합대학(Convergence-Oriented Specialized School: COSS) 사업은 대학 간 협력을 통해 첨단 분야 중심의 융합교육을 제공하는 사업이다(교육부, 2024. 3.). 이 사업은 전공 간 경계를 허물고, 학생들이 산업과 연계된 첨단 분야의 역량을 빠르게 습득할 수 있도록 돕는다.

② 학생 중심의 학사제도 유연화

정부는 학생들이 자신의 진로와 목표에 맞는 학습 경로를 설계할 수 있도록 다양한 학사제도를 도입하거나 개선했다. 일반대학의 온라인 학사과정을 확대해 학생들이 시간과 공간의 제약 없이 학업을 이어갈 수 있도록 했다. 학·석사 패스트트랙과 학·석·박사 통합과정을 통해 우수한 인재들이 학업 기간을 단축하고, 빠르게 전문성을 키울 수 있는 환경을 제공하고 있다.

③ 소단위 학위과정(마이크로·나노디그리)

소단위 학위과정은 최소 단위의 학점을 이수하여 학위를 취득하는 제도로, 6~12학점의 소규모 학점 이수로도 교육과정 이수 내역을 인정받을 수 있다. 기존의 복수전공(약 36~42학점)이나 부전공(약 21학점)과 비교해, 학위 취득에 필요한 학점이 훨씬 적다. 사회와 산업계에서 요구하는 역량과 자격은 빠르게 변화하고 있다. 기존의 복수전공이나 부전공으로는 이러한 변화에 신속히 대응하기 어려운 경우가 많다. 소단위 학위과정은 학생들이 특정 분야의 역량을 단기간에 집중적으로 학습하고, 취업 및 경력 개발에 활용할 수 있도록 설계되었다. 2023년 「고등교육법 시행령」 개정을 통해 그간 대학에서 법적 근거 없이 운영되던 소단위 학위과정(마이크로·나노디그리)에 대한 명확한 법적 기반이 마련되었다(교육부, 2022. 12. 9.). 「고등교육법 시행령」 제12조의2는 소단위 전공과정을 운영할 수 있도록 하며, 세부 사항은 대학 학칙으로 자율적으로 정하도록 규정했다.

소단위 학위과정을 통해 학생들은 대학 재학 기간 동안 희망하는 첨단 분야의 학위를 최소한의 학점으로 취득할 수 있다. 예를 들어, AI, 빅데이터, 바이오헬스와 같은 첨단 기술 분야에서 필요한 핵심 역량을 빠르게 습득할 수 있으며, 이수한 학위는 학문적 경로뿐만 아니라 산업 현장에서의 경쟁력 강화로 이어진다. 소단위 학위과정 운영의 구체적인 사항은 대학의 학칙으로 자율적으로 정하도록 규정되었으나, 운영 방식의 표준화와 질 관리가 필요하다. 소단위 학위과정의 학문적 깊이와 산업 연계성을 유지하기 위해 대학의 지속적인 노력이 요구된다. 소단위 학위과정은 비전공자나 직장인 등 다양한 학습자에게도 적합한 제도인 만큼, 원격 학습 시스템과 연계하여 더욱 폭넓은 접근성을 보장해야 한다. 소단위 학위의 학문적·산업적 가치를 높이고, 기업 및 산업계에서 이를 정규 학위와 동등하게 인정받도록 홍보와 협력을 강화해야 한다.

④ 전공 간 벽 허물기와 학과(부) 설치 요건 폐지

2024년 고등교육 분야에서 가장 주목받는 학사제도 유연화 정책 중 하나는 '대학 내 전공 간 벽 허물기'를 목표로 하는 제도들이다. 대표적으로「고등교육법 시행령」(대통령령 제34227호, 2024. 2. 20. 일부개정)이 개정되면서 대학에 학과와 학부를 기본조직으로 둬야 하는 원칙이 70년 만에 폐지되었다. 학과나 학부 없이 교육과정만 개설된 형태로 대학 운영이 가능해진 것이다. 이러한 개정은 대학 내 벽 허물기를 촉진하기 위한 목적으로 시행되었다. 이에 따라 대학에서는 융합학과 전공을 신설하거나 학생을 학과(부) 소속으로 선발하지 않고 통합 선발하는 등 다양한 방식으로 조직을 운영할 수 있게 되었다.

대학에서 학과 또는 학부를 반드시 두어야 한다는 원칙이 폐지됨에 따라, 전공 이수와 관련된 내용도 개정되었다. 기존에는 학과 또는 학부에서 전공 교육과정을 제공하는 것이 원칙이었지만, 학과 또는 학부를 두지 않아도 되는 구조로 변화하면서, 전공 이수를 위한 요건 역시 대학이 학칙으로 자유롭게 정할 수 있도록 간소화되었다.

⑤ 1학년 전과 기준 완화

학생들의 전공 선택권을 확대하기 위한 또 다른 변화는 1학년 학생의 전과 금지 규정 폐지이다. 기존에는 2학년 이상의 학생만 다른 모집단위로 전과할 수 있었지만, 이번 개정을 통해 '2학년 이상'이라는 제한이 삭제되면서 전 학년 학생이 전과를 신청할 수 있도록 규정이 완화되었다.

학생의 전공 선택권을 확대한다는 원칙에 따라, 대학 학칙에 따라 1학년 1학기부터 여러 차례 전과하는 '무제한 전과'도 사실상 가능해졌다. 「고등교육법 시행령」 개정 이후, 2024년 11월 현재 삼육대학교, 세명대학교, 오산대학교, 한경국립대학교, 한라대학교 등 일부 대학은 1학년 1학기를 이수한 학생도 전과를 신청할 수 있도록 제도를 변경한 상태이다. 이러한 변화는 학생들의 학문적 자율성을 보장하고, 적성과 흥미에 맞는 학문을 선택할 수 있는 기회를 제공한다.

3. 학사제도 유연화 정책의 적용 사례

학사제도 유연화 정책을 통해 대학에서의 전공 이수 방식이 다양화되고 있다. 이러한 변화는 학생들에게 더 많은 선택권과 유연성을 제공하고 있다. 그러나 대학 현장에서는 학사제도 개편이 여전히 어려운 과제로 남아 있다. 그 이유 중에 하나가 대학들이 이를 해석하고 적용하는 과정에서 혼란이 발생하는 경우가 있기 때문이다(조옥경 외, 2022; 지은림, 2018). 전공자율선택제를 효과적으로 시행하기 위해서는 학사제도 유연화에 대한 정확한 이해가 선행될 필요가 있다.

1) 유연 학사제도의 운영 현황

조옥경 등(2022)의 연구에 따르면, 2022년 국내 4년제 일반대학 대부분이 학사제도 유연화와 관련된 규정을 마련하고 있으나, 실제로 이를 운영하는 비율은 상대적으로 낮은 것으로 나타났다. 융합전공제와 연계전공제는 모집단위 조정이나 학사 일정의 변경 없이 비교적 쉽게 운영할 수 있는 제도로, 대학 현장에서 운영 비율이 상대적으로 높다(조옥경 외, 2022). 융합전공제는 두 개 이상의 학문을 결합하여 새로운 전공을 설계하고 운영하는 방식이며, 연계전공제는 기존 전공의 교과목을 조합해 학문 간 융합적 접근을 제공한다. 두 제도 모두 기존의 모집단위 조정 없이 추가로 개설할 수 있는 교육과정이며, 타 대학 사례가 많기 때문에 운영 비율이 높다고 해석할 수 있다.

반면, 다학기제와 유연학기제와 같은 학기 관련 제도는 학사 운영 전반에 영향을 미치기 때문에 운영 비율이 매우 낮았다. 학기 관련 제도가 활성화되지 못하는 주요 원인으로는 구체적인 운영 모델이나 가이드라인의 부재가 지적되었다. 또한 다학기제를 운영하는 경우 등록금 책정과 운영 기준이 불명확하며, 일부 학년만 학기를 다르게 운영할 경우 학사 행정이 과도하게 가중된다는 점도 문제로 도출되었다.

한편, 국내 대학 간 복수학위제나 공동학위제는 대학 간 학사 운영 방식의 차이와 구체적인 운영 모델 부족으로 인해 활성화되지 못하고 있다. 공동 교육과정을 통해 학위를 수여하기 위한 대학 간 협력은 높은 행정적·운영적 장벽을 가지고 있어 이러한 제도의 도입을 가로막는 요인으로 작용하고 있다.

2) 다전공 제도의 운영 현황

전공 선택권 확대를 위한 다전공 관련 제도는 많은 대학에서 운영되고 있으며, 대학별로 학칙을 통해 다양한 방식으로 해석되고 있다. 김선영 등(2023)의 연구에 따르면, 2022년 국내 4년제 대학의 평균 졸업이수학점은 약 129.42학점으로 나타났으며, 이 중 전공 교육과정 이수 학점(단일전공 기준)은 약 65.48학점, 교양 교육과정 이수 학점은 약 34.60학점이었다. 일반적으로 대학에서 부전공을 이수하기 위해서는 약 21학점을 추가로 이수해야 하며, 복수전공이나 다중전공을 이수하기 위해서는 약 36~45학점의 학점을 추가로 이수해야 한다. 다중전공을 이수할 경우 주전공의 졸업이수학점은 약 36학점 수준으로 조정된다. 많은 대학에서 주전공과 부전공 또는 복수전공을 이수하기 위해 이수해야 하는 교과목이 중복될 경우, 6~9학점까지는 중복으로 인정해주어 학생의 교과목 이수 부담을 줄여 주고 있다.

3) 전공자율선택제 관련 학사제도 유연화 정책의 운영 사례

전공자율선택제와 관련된 학사제도 유연화 정책이 개별 대학에 적용될 때, 제도명이나 세부 사항은 대학별 학칙으로 정하도록 되어 있다. 대학별 구체적인 사례를 통해 전공 이수와 관련된 학사제도 유연화 정책의 적용 현황을 살펴볼 수 있다.

(1) 한양대학교의 다전공 이수 제도 운영 사례

한양대학교는 다전공과 관련된 다양한 제도를 운영하고 있다. 이 대학에서는 마이크로전공, 부전공, 다중전공, 융합전공, 복수전공 등 여러 제도를 통해 학생들이 다양한 학문적 경험을 쌓을 수 있는 환경을 제공하고 있다. 한양대학교의 다중전공은 재학 중인 학생이 타 전공을 최대 2개까지 추가로 이수하여 학위를 취득할 수 있는 제도로, 졸업증명서에 주전공과 다중전공이 함께 표기된다. 반면, 복수전공은 졸업 예정자가 졸업을 미루고 타 전공을 추가로 이수하는 경우에 해당하며, 복수전공 이수 시에는 각각의 전공에 대해 별도의 졸업증명서가 발급된다. 일반적으로 대학에서 다중전공과 복수전공 제도를 같은 의미로 사용하는 반면, 한양대학교는 이를 명확히 구분하여 운영하고 있다. 전공 선택과 관련된 제도가 법적으로 정해져 있으나 구체적인 사항은 학칙으로 정하도록 하기때문에, 제도의 명칭이 같더라도 세부적인 사항은 대학별로 다를 수 있다. 한양대학교에서 운영하는 다전공제도는 다음과 같다.

표 2-2　한양대학교의 다전공 제도 운영 현황

구분	마이크로전공	부전공	다중전공	융합전공	복수전공
의미	주전공 외 전공의 소정 학점을 이수하고 졸업증명서에 **전공명이 표기**되는 제도		주전공 외 전공의 소정 학점을 이수하여 **주전공 외 학위를 취득**하는 제도	2개 이상의 전공이 **융합하여 만들어진 독립된 교육과정**을 이수하여 **학위를 취득**하는 제도	주전공 **졸업요건을 충족**한 학생이 졸업을 유보하고 다른 전공을 이수하여 **학위를 취득**하는 제도
A (주전공) (1)	A	A B (1 + α)	A B C (1 + 1~2)	A B+C (1 + 2in1)	A B (1 after 1)
학위 취득 여부	X	X	○	○	○

졸업 증명서	통합 1부				총 2부
신청 자격	별도 신청 자격 없음	1학기 이상의 유효한 성적이 있는 재학생, 학업연장자(휴학생, 학위취득유예자 등 제외) 매 학기 신청 가능			재학생 중 졸업예정자, 최종 학기 신청 가능
신청 가능 전공 수	최대 3개	1개	최대 2개	다중전공으로 이수: 최대 2개, 복수전공으로 이수: 1개	1개
이수학점	12학점	24~30 학점 (건축학 54학점)	36~39학점 (건축학 108학점)	36학점	36~39학점 (건축학 108학점)
다전공 이수 시 주전공 이수 학점	단일전공 이수 학점과 동일(54~75 학점, 건축학 108학점)	36~45학점 (건축학 108학점)	36~45학점 (건축학 108학점)	36~45학점 (건축학 108학점)	단일전공 이수 학점과 동일 (54~75학점, 건축학 108학점)

출처: 한양대학교(2024. 11.).

(2) 강원대학교의 융합전공과 연계전공 운영 사례[1]

① 강원대학교의 다전공 이수 제도

강원대학교는 마이크로디그리와 부·복수전공 제도를 운영하여 학생들이 주전공 외에 추가로 전공을 이수할 수 있는 기회를 제공하고 있다. 이 제도를 통해 학생들은 다양한 학문적 배경을 갖추고 융합적인 사고를 기를 수 있다. 강원대학교의 마이크로디그리와 부·복수전공 제도는 다음과 같이 운영된다.

---

1) 강원대학교 다전공 홈페이지(https://multimajor.kangwon.ac.kr/)를 참조하여 작성함

표 2-3 강원대학교의 다전공 제도 운영 현황

구분	마이크로전공	부전공	복수전공
의미	주전공 외 전공의 소정 학점을 이수하고 졸업증명서에 전공명이 표기되는 제도		주전공 졸업요건을 충족한 학생이 졸업을 유보하고 다른 전공을 이수하여 **학위를 취득**하는 제도
학위 취득 여부	X	X	O
신청 자격	별도 신청 자격 없음	2개 이상의 정규학기를 이수하였거나 이수중인 재학생 또는 휴학생(졸업예정자 또는 학사학위취득유예 학생 제외) 학기별로 각 전공의 선발 인원 및 선발기준 공지	
신청 가능 전공 수	제한 없음	1개 이상	1개
이수학점	12학점	21학점 이상	전공별 최소전공학점 이수 (전공별 36~42학점)
다전공 이수 시 주전공 이수 학점	변동 없음	전공별 최소전공학점 (주전공의 기본전공학점 + 주전공의 심화전공학점 12학점)	전공별 최소전공학점 (주전공의 기본전공학점)

출처: 강원대학교 다전공 홈페이지(https://multimajor.kangwon.ac.kr/).

② 강원대학교의 융합전공과 연계전공

부전공 또는 복수전공으로 선택할 수 있는 전공에는 일반 학과에서 제공하는 전공 외에도 다음과 같은 다양한 선택지가 포함된다. 강원대학교의 미래융합가상학과는 편제정원이 없는 학과이며, 여러 학문을 결합하여 새로운 학문적 접근을 제공하는 융합전공을 운영한다. 현재 미래융합가상학과는 강원형반도체융합학과, 차세대발전공학과, 예비교원을위한AI융합교육과, 정밀의료융합학과, 공공건강보험융합학과 등 35개의 융합전공을 운영하고 있다. 이 중 정밀의료융합학과는 강원지역 7개 대학(강원대학교, 가톨릭관동대학교, 강릉원주대학교, 상지대학교, 연세대학교 미래캠퍼스, 한라대학교, 한림대학교)이 연합하여 만든 강원형 반도체 공유대학의 '대학 간' 융합전공 사례이다.

강원대학교의 연계전공은 학제성을 바탕으로 2개 이상의 학과나 전공이 연계하여 교육과정을 구성하는 방식이다. 현재 문화콘텐츠연계전공, 바이오소프트웨어연계전공, 자연생태복원연계전공, 자연치유연계전공, 통합과학연계전공 등이 운영되고 있다.

③ 강원대학교의 학생설계전공

재학생이 직접 설계하는 학생설계전공은 학생 개인의 학문적 목표와 진로에 맞춰 전공을 설계하여 이수한다. 재학생이 기존 교과목을 바탕으로 교육과정을 구성하여 학생설계전공 설치 허가 신청서를 제출하면, 이를 다전공위원회에서 심의하여 개설하게 된다. 개설 후 학생모집을 통해 전공 당 최소 5명 이상이 해당 전공을 신청하면 해당 전공이 개설되고, 최소 정원이 미충족되면 신청이 취소되는 형태로 운영된다.

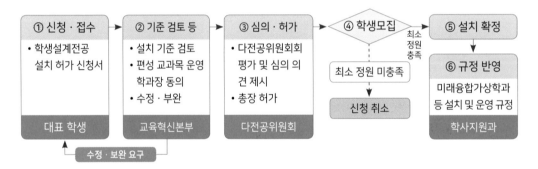

┌ 그림 2-3 ┘ **강원대학교 학생설계전공 개설 절차**

(3) 한성대학교의 트랙제 교육과정[2]

한성대학교는 2017년 대학의 중장기 발전계획에 따라 국내 최초로 학과제를 폐지하고 트랙제를 도입하였다(이훈병, 2020). 트랙제는 학생들의 전공 선택권을 강화하고 사회 수요에 부합하는 융합형 인재를 양성하기 위해 설계되었으며, 4개

---

2) 한성대학교 교육정보 홈페이지(https://www.hansung.ac.kr/eduinfo)와 이훈병(2020)을 참조하여 작성함

단과대학(크리에이티브 예술대학, 미래융합 사회과학대학, 디자인대학, IT공과대학) 내
10개 학부와 45개 트랙으로 구성되었다. 학생들은 졸업까지 2개 이상의 트랙을
이수하며, 심화형(단과대학 내) 또는 융합형(단과대학 간) 전공을 설계할 수 있다.
트랙은 필수과목과 취·창업과목으로 구성되어 있으며, 최소 전공 이수학점은
78학점이다. 또한, 학생들의 선택권을 더욱 강화하기 위해 마이크로 컬리지를 운
영하여 21학점의 단기 집중 교육과정을 제공하고 있다. 서로 다른 학부에서 개설
한 트랙을 이수하면서 추가적으로 제3트랙을 선택하거나 마이크로 컬리지의 학
점을 이수하여 부전공으로 이수할 수도 있다. 한성대학교에 개설되어 있는 트랙
제 교육과정은 다음과 같다.

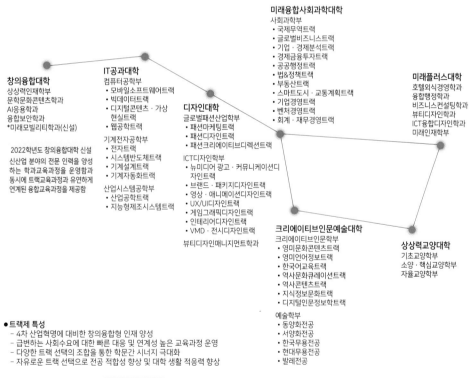

그림 2-4　한성대학교 트랙제 교육과정 운영 현황

트랙제의 성공적인 운영을 위해 한성대학교는 산업계 및 인력수급 동향 분석을 3년 주기로 실시하고, 진로 적성 탐색을 위한 1학년 트랙 탐색 기간을 운영한다. 또한, 창의융합교육원을 설립해 융합교과목과 비교과 프로그램을 지원하고 있으며, 교수 간 협업을 통한 Co-teaching을 활성화하여 학문 간 융합교육의 지속 가능성을 높이고 있다. 한성대학교는 트랙제의 질 관리를 위해 트랙인증제를 준비 중이며, 다양한 융합기초과목을 개설해 트랙 간 이해도를 높이는 등 지속적인 교육혁신을 추진하고 있다.

4. 전공자율선택제에서 학사제도 운영을 위한 제언

1) 현장의 문제와 개선 과제

신기술이 적용되는 노동시장의 변화와 급격한 학령인구 감소로 인해 대학교육의 혁신은 피할 수 없는 과제가 되었다. 이 과정에서 학사제도 유연화는 대학교육의 변화를 주도하는 핵심 전략으로 자리 잡고 있다. 학사제도 유연화 정책은 시대적 필요에 따라 점진적으로 시행되었으며, 약 20년 전과 비교하면 대학의 학사제도는 크게 변화했다고 평가할 수 있다. 그러나 대학 현장에서는 여전히 다음과 같은 개선 과제가 있는 상황이다.

(1) 구체적인 운영 모델과 가이드라인 부족

정부 차원에서 학사제도 유연화를 추진할 때, 대학이 참고할 수 있는 명확한 가이드라인과 운영 모델이 부족하다는 점이 주요 과제로 지적된다. 이는 대학 현장에서의 혼란을 초래하며, 정책의 효과적인 도입을 어렵게 한다. 이를 보완하기 위해 정부에서도 학사제도 가이드북 등을 제공하고 있으나, 대학별 상황에 맞게 적용하기 위해서는 현장의 고민이 필요하다. 학사제도 유연화 정책을 적용한 사례가 공유되어 대학 간 상호 학습이 될 필요도 있다.

(2) 구성원의 공감대 부족

대학 차원에서는 새로운 제도를 도입할 때, 구성원의 공감대를 형성하고 대학 자체적인 모델을 개발하려는 노력이 필요하다. 대학 구성원들이 정책의 필요성을 이해하고 협력하지 않는다면, 제도가 실질적인 효과를 발휘하기 어렵다. 일부 대학은 정부의 재정지원사업과 연계된 정책 목표를 맞추기 위해 무리하게 제도를 도입하고 있다. 이는 재학생 간 갈등을 초래할 가능성이 있고, 정책의 원래 취지를 왜곡할 위험이 있다.

(3) 교육의 질 저하 우려

특히 무전공제(전공자율선택제)의 경우, 정원 제한 없이 학생들이 인기 학과로 몰리는 현상이 발생할 가능성이 크다. 이는 해당 학과의 교수진, 실험·실습 공간, 학습 시설의 부족으로 이어지며, 결과적으로 교육의 질이 낮아지는 문제를 초래할 수 있다. 2025학년도부터 전공자율선택제를 대규모로 운영하는 대학에서 고민이 많은 부분이기도 하다.

2) 전공자율선택제를 위한 학사제도 유연화에 대한 제언

학사제도 유연화는 변화하는 사회적 요구와 학생 중심의 학습 환경을 조성하기 위한 중요한 정책 방향이다. 이를 성공적으로 운영하기 위해서는 거시적 측면(대학의 정책과 시스템)과 미시적 측면(학생과 교수진의 실질적 경험)을 균형 있게 고려해야 한다. 다음은 학사제도 유연화 운영을 위한 구체적인 제언이다.

(1) 거시적 측면: 대학의 정책과 시스템
① 중장기적 계획 수립

대학은 학사제도 유연화를 대학의 비전과 연계하여 중장기적으로 운영 계획을 수립해야 한다. 융합전공, 다학기제, 유연학기제, 마이크로디그리 등 다양한 학사제도를 통합적으로 운영할 수 있는 기반을 마련해야 한다. 전공자율선택제를 운영한다는 것은 단순히 학생이 2학년 진입 시 자신의 주전공을 선택하도록 제도를 만드는 것을 의미하지 않는다. 학생들이 다양한 방식으로 자신에게 맞는 전공을 선택할 수 있도록 대학 전체 차원에서 교육과정과 전공 이수 제도 정비가 필요하기도 하다. 이를 위해 장기적인 관점에서 교육과정을 파악하고 개선할 필요가 있다.

② 학사 규정 정비 및 유연성 확대

기존의 경직된 학사제도를 유연하게 개편하고, 전공 탐색 학기, 복수·부전공, 학생설계전공, 연계전공 등 다양한 이수 방식을 학칙에 반영해야 한다. 학기 단위의 학점 이수 규정을 완화하고, 모듈형 학습, 집중이수제 등 유연한 학점 이수 방식을 도입해야 한다. 또한 졸업이수요건에서 특정 교과목을 이수하도록 되어 있는 경우, 전공 선택권을 확대하더라도 결국 학생이 해당 교과목을 이수할 수밖에 없다. 전공이수와 관련된 다양한 규정을 파악하고, 전공 선택권 확대를 위한 개선이 필요하다.

③ 교직원 및 인프라 지원 강화

학사제도 유연화로 인해 발생하는 행정적 업무 부담을 경감하기 위해 디지털 학사관리 시스템(LMS 등)을 강화해야 한다. 학사제도 운영을 지원할 전문 인력을 충원하고, 행정 및 학사 관련 업무의 효율성을 높이기 위한 재정적 지원이 필요하다.

④ 대학 간 협력 및 학점 교류 확대

대학 간 협력 체계를 강화하여 학점 교류, 공동 교육과정 운영, 융합전공 개발 등을 촉진해야 한다. 예를 들어 지역 내 대학 연합체를 구성하여 특정 전공이나 첨단 기술 관련 과정을 공유한다.

(2) 미시적 측면: 학생과 교수진의 실질적 경험
① 학생 중심의 맞춤형 지원 체계 구축

학생들이 전공 탐색, 복수·부전공 선택, 유연학기제 활용 등 다양한 학습 경로를 설계할 수 있도록 전문 상담 시스템을 강화해야 한다. 전공 선택과 진로 탐색을 지원하는 워크숍, 멘토링 프로그램, 진로 지도 과정을 정기적으로 운영해야 한다.

② 교육과정의 융합과 다양성 확대

학문 간 경계를 허물고 융합전공, 연계전공, 모듈형 학습 등을 활성화하여 학생들이 폭넓은 학문적 경험을 쌓을 수 있도록 해야 한다. 예를 들어, 데이터사이언스와 인문학, 공학과 경영학 간 융합전공 개설과 같이 사회적 필요성이 높은 교육과정을 다양하게 제공할 필요가 있다.

③ 학생의 학습 데이터 분석 및 활용

학생들의 학업 성취도와 선택 경향에 대한 데이터를 분석하여 학사제도 운영의 효과성을 평가하고 개선해야 한다. 예를 들어 전공 변경 빈도, 학점 취득 패턴, 학업 성과 데이터를 통해 특정 제도의 문제점을 파악하고 보완한다.

④ 학생 의견 반영 및 피드백 체계 구축

학사제도 유연화 과정에서 학생들의 의견을 수렴하고 이를 반영할 수 있는 체계를 마련해야 한다. 정기적인 설문조사, 학생 면담 또는 인터뷰 등을 통해 학생들이 제도에 대해 느끼는 장점과 문제점을 파악하고 개선점을 도출해야 한다.

⑤ 학생의 학습 자율성과 책임 강화

학사제도 유연화를 통해 학생들이 자신만의 학습 경로를 설계할 수 있는 환경을 조성하되, 스스로 책임감을 가지고 학업을 수행할 수 있도록 유도해야 한다. 예를 들어 학업 계획서를 작성하고 이를 정기적으로 점검하는 과정을 도입한다.

전공자율선택제에서 학사제도 유연화는 고등교육의 질적 향상을 위해 필수적인 변화이며, 이를 성공적으로 운영하기 위해서는 거시적 차원에서 대학의 체계적 정책 설계와 자원 배분, 미시적 차원에서 학생과 교수진 중심의 실질적인 지원 체계가 조화를 이루어야 한다. 궁극적으로 학사제도 유연화는 학생들에게 더 많은 선택권과 자율성을 제공함으로써 창의적이고 융합적인 인재를 양성하는 데 기여할 것이다. 이를 위해 지속적인 피드백과 개선을 통해 학사제도를 고도화하고, 변화하는 사회적 요구에 부응하는 체계를 구축해야 한다.

표 2-4 전공자율선택제를 위한 학사제도 유연화를 위한 체크리스트

단계	점검사항	점검 내용	수행 여부 (Y/N)
1. 거시적 측면	중장기적 계획 수립	학사제도 유연화를 대학의 비전과 연계하여 중장기적으로 운영 계획을 수립하였는가?	
	학사 규정 정비 및 유연성 확대	학기 단위의 학점 이수 규정을 완화하고, 모듈형 학습, 집중이수제 등 유연한 학점 이수 방식을 도입하였는가?	
	교직원 및 인프라 지원 강화	학사제도 운영을 지원할 전문 인력을 충원하고, 행정 및 학사 관련 업무을 지원하였는가?	
	대학 간 협력 및 학점 교류 확대	대학 간 협력 체계를 강화하여 학점 교류, 공동 교육과정 운영, 융합전공 개발 등을 촉진하였는가?	
2. 미시적 측면	교육과정의 융합과 다양성 확대	학문 간 경계를 허물고 융합전공, 연계전공, 모듈형 학습 등을 활성화하였는가?	
	학생의 학습 데이터 분석 및 활용	학생들의 학업 성취도와 선택 경향에 대한 데이터를 분석하여 학사제도 운영의 효과성을 평가하고 개선하였는가?	
	학생 의견 반영 및 피드백 체계 구축	학사제도 유연화 과정에서 학생들의 의견을 수렴하고 이를 반영할 수 있는 체계를 마련하였는가?	
	학생의 학습 자율성과 맞춤형 지원	학사제도 유연화를 통해 학생들이 자신만의 학습 경로를 설계하였는가?	

제3장

전공자율선택제 도입의 설계

이 장에서는 대학의 자율적인 학사 구조 운영을 허용하면서 전공 간 벽을 허물고 학생의 전공 선택권을 확대하기 위한 전공자율선택제(자유전공학부, 자율전공학부 등) 도입의 설계를 위한 모집단위 설정, 관리조직 및 인력 배정, 2학년 진급 시 전공 배정 원칙 및 방법 등의 내용을 담은 운영 규정 등을 중심으로 살펴보았다.

첫째, 전공자율선택제를 위한 모집단위 설정은 전공을 정하지 않고 2학년 진급 시 모든 전공을 선택할 수 있도록 하는 유형1과 계열 또는 단과대학 단위로 모집하여 계열 또는 단과대학 내 모든 전공을 자율적으로 선택할 수 있도록 하는 유형2로 구분한다.

둘째, 전공자율선택제 관리조직 및 인력 구성은 유형별로 자유전공학부를 부총장 산하 또는 학장 산하에 설치하고, 행정지원 조직으로 행정실(교학지원팀)을 두며, 학생의 전공설계를 돕는 전공설계지원센터를 설치한다. 이 센터에 아카데믹 어드바이저 등을 배치하여 학생의 학업과 진로 상담을 체계적으로 지원한다.

셋째, 전공자율선택제 운영 규정은 대학별 학칙 및 학사 관련 규정의 근거를 두고 별도의 규정 제정을 통해 전공자율선택제 운영 방침을 마련하도록 한다. 주요 내용으로는 자유(자율)전공학부 및 계열별 또는 단과대학별 자유(자율)전공학부의 운영 조직, 운영위원회, 학생의 전공 배정 절차, 학점인정, 비교과 프로그램 이수 등이 포함된다.

　교육부는 2023년「고등교육법 시행령」을 개정 공포함에 따라 대학에 학부(과)를 설치하여 운영하도록 되어 있는 것을 대학이 자율적으로 운영할 수 있도록 학부(과) 설치 및 운영 사항을 삭제하였다. 이는 학부나 학과, 전공 단위로 설치하여 각 대학에서 운영하는 것이 이제 안정적으로 정착되었기 때문에, 대학이 자율적으로 운영할 수 있는 조직으로 성숙하였음을 인정하는 것이다. 한편, 대학혁신의 장애 요소라고 판단하고 있던 학부(과) 운영 원칙을 폐지함으로써 대학 학사제도 및 학사구조의 유연화, 전공 선택권 확대 등을 대학이 자율적으로 학칙 및 규정 등에 담아 운영하는 것을 허용하겠다는 내용이 핵심이다.

　최근 교육부(2024)가 주요 정책 추진계획에 학생의 전공 선택권을 확대해 나가는 방향을 제시하면서 대학들이 2025학년도 입시부터 '전공 간 벽 허물기(無학과)'인 전공자율선택제를 최대 입학정원의 25% 이상을 모집하도록 하는 등 국립대학 육성사업, 대학혁신지원사업, 정부 일반재정지원사업과 연계하여 추진하고 있다. 모집단위 혁신 성과인 전공자율선택제를 두 가지 유형으로 구분하였고, 유형1은 전공을 정하지 않고 모집한 후, 대학 내 보건의료 및 사범계열 등을 제외하고 모든 전공을 자율적으로 선택할 수 있도록 하는 유형이고, 유형2는 계열 또는 단과대학 단위로 모집한 후, 계열 또는 단과대학 내 모든 전공을 자율적으로 선택하거나 전공·학과를 일부 분리 모집하는 경우를 인정하고 있으며, 학과별 정원의 150% 이상 범위 내에서 전공을 선택할 수 있도록 하는 유형이다.

　전공자율선택제로 자유전공학부를 기존에 운영하던 대학은 서울대학교, 한동대학교 등이 있었고, 수도권 대학과 국립대학, 그리고 글로컬대학30 선정 대학에서 주도적으로 전공자율선택제를 도입하는 등 각 대학의 학칙 개정과 함께 모집요강에 반영하면서 2025학년도부터 본격화되기 시작하였다.

　이 장에서는 전공자율선택제 도입 설계 시에 중점적으로 고려해야 할 사항으로 전공자율선택제를 위한 모집단위 설정, 전공자율선택제 관리조직 및 인력 구성, 전공자율선택제 운영 절차 등을 담은 규정 제정 등 크게 세 가지 관점에서 살펴보고자 한다.

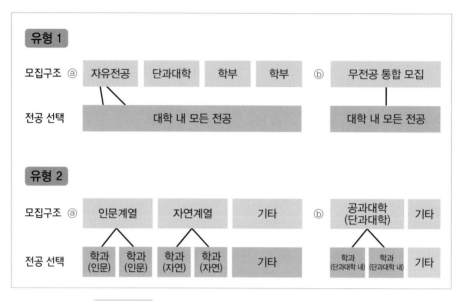

↑ 그림 3-1 │ 전공자율선택제(모집단위 혁신성과) 유형

출처: 교육부(2024).

1. 전공자율선택제를 위한 모집단위 설정

전공자율선택제를 성공적으로 운영하기 위해서 학생이 두 개 이상의 학문을 접할 수 있도록 전공 교육과정의 필수 이수학점을 감소시키고, 전공 탐색을 위한 교양 교육과정이나 자유선택 교과목의 이수학점을 확대하는 방향으로 학사 이수 구조를 개편하는 것을 고려해 볼 필요가 있다.

한편, 전공자율선택제로 입학한 학생의 전공 선택 시기는 크게 세 가지 정도로 구분해 볼 수 있다. 첫째, 국립대학 육성사업, 대학혁신지원사업을 통해 추진하고 있는 전공자율선택제는 1학년 시기에 전공 탐색을 위한 충분한 교과를 이수하고, 2학년 진급 시 전공을 선택하도록 하는 것이다.

둘째, 서울대학교 자유전공학부와 같이, 4학년 졸업 시까지 자유전공학부 소속으로 하되, 두 개 이상의 전공을 이수할 수 있도록 하는 것이다.

셋째, 1학년 시기에 전공 탐색을 하고 1차로 전공을 선택한 이후 전공이 맞지 않아 전공을 변경하는 경우 2학년 말 또는 3학년 진급 시까지 선택할 수 있도록 하는 것이다.

전공자율선택 모집단위로 입학한 학생은 1학년에 입학 시 진로적성검사 프로그램(Holland) 또는 성향검사 프로그램(MBTI) 등의 자가 진단을 통해 진로 탐색 방향에 대한 상담과 학업 상담을 1학년 시기에 필수적으로 시행하는 것이 요구된다. 입학에서 졸업, 졸업 이후까지 진로 지도가 이루어질 수 있도록 체계적인 학사지도시스템 또는 학생이력관리시스템 등을 구축하여 학생에게 단계별로 필요한 진로 상담 및 학업 상담이 적기에 이루어질 수 있도록 추진해야 한다.

이 장에서는 앞서 제시한 전공 선택 시기를 일반 학부(과), 전공 체제로 모집단위를 운영하던 학사 구조가 통합된 모집단위로 학사 구조를 개편하고, 1학년 과정을 운영한 뒤에 2학년 진급 시 기존의 학부(과), 전공으로 배정되는 체계로 개편한다는 관점에서 살펴보고자 한다.

한국대학교육협의회(2024)의 '2025학년도 대학별 전공자율선택 모집단위 운영 계획'에 따르면, 전공자율선택제 유형1의 모집단위 수는 동일 명칭을 하나의 명칭으로 간주하면 총 96개 모집단위에서 21,719명을 모집한다. 대표적으로 사용하는 모집단위 설정으로는 자유전공학부, 자율전공학부, 자기설계전공학부, 자율융합계열, 자율융합전공학부, 학부대학, 대학 특성을 반영한 학부명(사림아너스학부, 퇴계혁신칼리지, 휴먼케어서비스학부, 쿰칼리지 등을 사용하는 모집단위), 대학의 이니셜이나 대학명을 반영한 학부명(한양인터칼리지학부, HK자율전공학부, KU자유전공학부 등을 사용하는 모집단위), 계열이나 학부 명칭을 그대로 사용하는 경우(공학계열, 자연계열, 사회계열, 글로벌학부, 운동레저학부 등), 캠퍼스별 자유(자율)전공학부 등을 사용하는 경우가 있다.

전공자율선택제 유형2의 모집단위 수는 동일 명칭을 하나의 명칭으로 간주하고 수시이월인원을 활용한 모집단위를 포함하면 총 343개 모집단위에서 30,715명을 모집한다. 대표적으로 사용하는 모집단위 설정으로는 단과대학명, 계열명이나 학부명을 그대로 사용하는 경우가 대다수이고, 단과대학, 계열, 학부 명칭 뒤

에 자유전공학부, 자율학부 등의 명칭을 사용하는 경우가 있으며, 자유전공학부
(대학명), 자율전공학부(대학명) 등을 사용하는 경우가 있다.

2025학년도 전공자율선택제 유형1의 모집단위 명칭

공학계열, 글로벌자율전공학부, 글로벌학부, 글로컬융합인재학과, 글로컬인재학부, 다
문화융합학부, 단일계열, 미래대학(자유전공학부), 미래융합대학, 미래융합자유전공학
부, 미래융합자율전공학부, 미래융합전공, 바이오산업학과, 본부 융합자율전공학부1,
본부 융합자율전공학부2, 사림아너스학부, 사회계열, 상상력인재학부, 서울캠퍼스자율
전공(인문·예능), 서울캠퍼스자율전공(자연·예능), 세종캠퍼스자율전공(인문·예능),
세종캠퍼스자율전공(자연·예능), 스크랜튼학부, 스포츠경영학부, 스포츠융합자유전공
학부, 열린전공학부(인문), 열린전공학부(자연), 운동레저학부, 율곡혁신칼리지, 인문계
열, 인문사회자율전공, 인문사회자율전공계열, 인문학기반자유전공학부, 자기설계전공
학부, 자연계열, 자연과학자율전공, 자연과학자율전공계열, 자유전공, 자유전공(경영경
제계열), 자유전공(공학계열), 자유전공(아트&컬처), 자유전공(예체능계열), 자유전공(이
공계열), 자유전공(인문사회계열), 자유전공(IT계열), 자유전공계열, 자유전공대학, 자유
전공융합학부, 자유전공학과, 자유전공학부, 자유전공학부(공학적성), 자유전공학부(글
로벌), 자유전공학부(사회적성), 자유전공학부(서울), 자유전공학부(수원), 자유전공학부
(이학적성), 자유전공학부(인문·자연계열), 자유전공학부(인문), 자유전공학부(인문계
열), 자유전공학부(자연), 자유전공학부(자연계열), 자유전공학부(자유전공), 자율미래인
재학부, 자율설계전공학부, 자율융합계열, 자율전공융합학부, 자율전공학부, 자율전공
학부(1년), 자율전공학부(4년), 자율전공학부(공주캠퍼스), 자율전공학부(산업과학대학),
자율전공학부(인문), 자율전공학부(자연), 자율전공학부(천안공과대학), 전 학부(자율전
공), 전공자유선택학부, 전기반도체컴퓨터공학과, 종교문화학부, 창의융합자유전공학
부, 창의융합학부, 쿰칼리지(정시), 통합모집(자유전공), 퇴계혁신칼리지, 학부대학, 학
부대학 광역, 학부대학 자유전공학부, 한양인터칼리지학부, 혜화리버럴아츠칼리지, 휴
먼케어서비스학부, AI기반자유전공학부, HK자율전공학부, KU자유전공학부, LIONS자율
전공학부(전계열), SCIENCE기반자유전공학부, ST자유전공학부, UCC자율전공학부

※ 모집단위 명칭 가나다 순

전국 122개 대학의 모집단위에서 유형1로 모집하는 학생 수는 21,719명이고, 유형2로 모집하는 학생 수는 30,715명으로 총 52,434명이 전공자율선택제로 모집하는 인원으로 전년 대비 약 10배 가깝게 늘어난 셈이다.

설립유형별로 살펴보면, 국공립대학의 경우 유형1로 모집하는 학생 수가 3,880명이고, 유형2로 모집하는 학생 수는 8,764명으로 총 12,644명(전체 인원의 24.1%)을 전공자율선택제로 모집한다. 사립대학의 경우에는 유형1로 모집하는 학생 수가 17,839명이고, 유형2로 모집하는 학생 수는 21,951명으로 총 39,790명(전체 인원의 75.9%)을 전공자율선택제로 모집한다.

권역별로 살펴보면, 수도권 대학의 경우 유형1로 모집하는 학생 수가 11,444명이고, 유형2로 모집하는 학생 수는 15,001명으로 총 26,445명(전체 인원의 50.4%)을 전공자율선택제로 모집한다. 비수도권 대학의 경우에는 유형1로 모집하는 학생 수가 10,275명이고, 유형2로 모집하는 학생 수는 15,714명으로 총 25,989명(전체 인원의 49.6%)을 전공자율선택제로 모집한다.

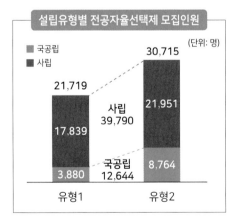

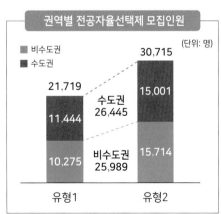

그림 3-2　2025학년도 설립유형별 권역별 전공자율선택제 모집인원

1) 국공립대학 전공자율선택제 운영 현황

2025학년도 수도권 국공립대학에서 운영하는 전공자율선택제를 살펴보면, 총 5개 대학에서 유형1로 모집하는 학생 수는 762명이고, 유형2로 모집하는 학생 수는 841명으로 총 1,603명이다. 반면, 비수도권 국공립대학에서 운영하는 전공자율선택제를 살펴보면, 총 20개 대학에서 유형1로 모집하는 학생 수는 3,118명이고, 유형2로 모집하는 학생 수는 7,923명으로 총 11,041명이다.

표 3-1   권역별 국공립대학 전공자율선택제 유형별 모집인원 및 모집단위 수

(2025학년도 기준)

권역	대학명	정원내 모집단위					
		합계		유형1		유형2	
		인원(명)	수(개)	인원(명)	수(개)	인원(명)	수(개)
총계		12,644	167	3,880	40	8,764	127
수도권	서울과학기술대학교	502	8	203	1	299	7
	서울대학교	546	5	160	2	386	3
	서울시립대학교	78	2	78	2	–	–
	인천대학교	216	2	216	2	–	–
	한경국립대학교	261	14	105	1	156	13
	소계	1,603	31	762	8	841	23
비수도권	강원대학교	267	7	143	4	124	3
	경북대학교	810	13	374	2	436	11
	경상국립대학교	857	12	41	2	816	10
	국립강릉원주대학교	62	1	62	1	–	–
	국립공주대학교	523	7	180	3	343	4
	국립군산대학교	621	7	188	1	433	6
	국립금오공과대학교	325	1	325	1	–	–
	국립목포대학교	833	15	114	2	719	13
	국립부경대학교	915	9	332	2	583	7

국립순천대학교	1,082	5	108	1	974	4
국립안동대학교 (국립경국대학교)	996	10	149	1	847	9
국립창원대학교	367	6	134	1	233	5
국립한국교통대학교	94	7	30	1	64	6
국립한밭대학교	487	4	163	1	324	3
부산대학교	159	3	–	–	159	3
전남대학교	1,102	9	165	3	937	6
전북대학교	160	2	160	2	–	–
제주대학교	78	1	78	1	–	–
충남대학교	853	6	147	1	706	5
충북대학교	450	11	225	2	225	9
소계	11,041	136	3,118	32	7,923	104

※ 국공립대학 : 국립대학, 공립대학, 국립대법인

2) 수도권 사립대학 전공자율선택제 운영 현황

2025학년도 수도권 사립대학에서 운영하는 전공자율선택제를 살펴보면, 총 48개 대학에서 유형1로 모집하는 학생 수는 10,682명이고, 유형2로 모집하는 학생 수는 14,160명으로 총 24,842명이다.

표 3-2 수도권 사립대학 전공자율선택제 유형별 모집인원 및 모집단위 수

(2025학년도 기준)

대학명	정원내 모집단위					
	합계		유형1		유형2	
	인원(명)	수(개)	인원(명)	수(개)	인원(명)	수(개)
총계	24,842	237	10,682	72	14,160	165
가천대학교	916	4	321	1	595	3
가톨릭대학교	602	4	221	1	381	3

강남대학교	411	4	148	2	263	2
건국대학교	729	7	308	1	421	6
경기대학교	1,598	18	269	2	1,329	16
경희대학교	406	2	406	2	–	–
고려대학교	196	3	131	2	65	1
광운대학교	408	2	408	2	–	–
국민대학교	1,140	6	828	2	312	4
단국대학교	1,041	8	440	2	601	6
대진대학교	250	2	65	1	185	1
덕성여자대학교	259	1	259	1	–	–
동국대학교	325	4	229	2	96	2
동덕여자대학교	261	3	93	1	168	2
루터대학교	75	1	75	1	–	–
명지대학교	1,092	11	446	2	646	9
삼육대학교	235	2	235	2	–	–
상명대학교	874	11	530	8	344	3
서강대학교	469	6	157	3	312	3
서경대학교	720	3	76	1	644	2
서울신학대학교	95	2	31	1	64	1
서울여자대학교	428	8	138	1	290	7
성결대학교	250	6	100	1	150	5
성균관대학교	280	1	280	1	–	–
성신여자대학교	467	3	–	–	467	3
세종대학교	930	6	223	1	707	5
숙명여자대학교	381	2	303	1	78	1
숭실대학교	439	2	439	2	–	–
신한대학교	360	2	–	–	360	2
아주대학교	454	5	166	2	288	3
안양대학교	230	5	92	1	138	4

연세대학교	480	6	–	–	480	6
을지대학교	373	3	71	1	302	2
이화여자대학교	532	5	364	3	168	2
인천가톨릭대학교	23	1	23	1		
인하대학교	808	8	270	1	538	7
중앙대학교	389	7	–	–	389	7
차의과학대학교	374	1	374	1	–	–
추계예술대학교	48	1	–	–	48	1
한국공학대학교	400	7	131	1	269	6
한국성서대학교	50	1	–	–	50	1
한국외국어대학교	835	18	324	2	511	16
한국항공대학교	682	9	149	4	533	5
한성대학교	973	7	175	1	798	6
한신대학교	534	6	100	1	434	5
한양대학교	250	1	250	1	–	–
한양대학교(ERICA)	659	5	223	1	436	4
홍익대학교	1,111	7	811	4	300	3

※ 캠퍼스 자료는 본교 기준으로 권역 구분에 반영하여 산출
※ 수시 이월자료를 활용하는 대학의 자료는 미합산

3) 비수도권 사립대학 전공자율선택제 운영 현황

　2025학년도 비수도권 사립대학에서 운영하는 전공자율선택제를 살펴보면, 총 50개 대학에서 유형1로 모집하는 학생 수는 7,157명이고, 유형2로 모집하는 학생 수는 7,791명으로 총 14,948명이다.

표 3-3 비수도권 사립대학 전공자율선택제 유형별 모집인원 및 모집단위 수

(2025학년도 기준)

| 대학명 | 정원내 모집단위 | | | | | |
| | 합계 | | 유형1 | | 유형2 | |
	인원(명)	수(개)	인원(명)	수(개)	인원(명)	수(개)
총계	14,948	140	7,157	50	7,791	90
가톨릭꽃동네대학교	30	1	−	−	30	1
건국대학교(글로컬)	359	2	210	1	149	1
경남대학교	69	1	69	1	−	−
경일대학교	365	12	30	1	335	11
계명대학교	220	1	220	1	−	−
고신대학교	20	1	20	1	−	−
광주여자대학교	412	3	−	−	412	3
나사렛대학교	22	1	22	1	−	−
대구가톨릭대학교	169	9	61	1	108	8
대구대학교	262	9	262	1		8
대구한의대학교	48	4	−	−	48	4
대전대학교	330	4	140	1	190	3
동국대학교(WISE)	150	1	150	1	−	−
동명대학교	120	2	−	−	120	2
동서대학교	248	2	88	1	160	1
동신대학교	167	3	95	2	72	1
동아대학교	50	1	50	1	−	−
동양대학교	50	1	−	−	50	1
동의대학교	341	2	36	1	305	1
목원대학교	83	2	53	1	30	1
배재대학교	30	1	30	1	−	−
백석대학교	187	2	137	1	50	1
부산가톨릭대학교	20	1	20	1	−	−
부산외국어대학교	1,276	1	1,276	1	−	−

선문대학교	1,558	6	114	1	1,444	5
세명대학교	40	1	40	1	–	–
연세대학교(미래)	697	1	697	1	–	–
영남대학교	362	1	362	1	–	–
영산대학교	314	1	314	1	–	–
우석대학교	270	3	–	–	270	3
우송대학교	136	2	73	1	63	1
울산대학교	2,079	12	–	–	2,079	12
원광대학교	607	4	200	1	407	3
인제대학교	484	6	40	1	444	5
전주대학교	608	3	176	1	432	2
조선대학교	94	2	–	–	94	2
중부대학교	177	1	177	1	–	–
중원대학교	259	7	259	7	–	–
청운대학교	80	2	80	2	–	–
청주대학교	45	1	45	1	–	–
초당대학교	25	1	25	1	–	–
포항공과대학교	320	1	320	1	–	–
한국기술교육대학교	217	2	217	2	–	–
한남대학교	110	1	110	1	–	–
한동대학교	737	1	737	1	–	–
한라대학교	23	1	23	1	–	–
한림대학교	65	1	–	–	65	1
한서대학교	255	5	55	1	200	4
호남대학교	188	5	109	1	79	4
호서대학교	170	2	15	1	155	1

※ 캠퍼스 자료는 본교 기준으로 권역 구분에 반영하여 산출
※ 수시 이월자료를 활용하는 대학의 자료는 미합산

2. 전공자율선택제 관리조직 및 인력 구성

전공자율선택제의 관리조직은 대학에서 운영하는 유형별로 달리 운영할 수 있다. 전공자율선택제는 전공을 정하지 않고 모집한 후, 보건의료, 사범계열 등을 제외하고 대학 내 모든 전공을 자율적으로 선택할 수 있도록 하는 유형1의 경우와 계열 또는 단과대학 단위로 모집한 후, 계열 또는 단과대학 내 모든 전공을 자율적으로 선택하거나 학과 정원의 150% 이상 범위 내에서 전공을 선택할 수 있도록 하는 유형2의 경우에 관리조직 및 인력 구성 등 운영 체계를 다르게 접근해야 한다.

1) 전공자율선택제 유형1 관리조직 구성

전공자율선택제 유형1은 자유(자율)전공학부 위에 단과대학이 없는 경우와 상위에 단과대학을 설치하여 학장 체제하에 학부를 운영하는 구조이다. 단과대학이 없는 경우에는 자유(자율)전공학부의 장을 학장급으로 대우하여 교무위원으로 보임하여 대학 내 의사결정구조에 포함하는 방식이다. 단과대학 체제로 운영되는 경우 부학장제도가 있는 대학은 단과대학의 규모에 따라 학장 산하에 다양한 기능(교무, 학생 등)의 부학장을 두고 아카데믹 어드바이저(Academic Advisor) 역할을 수행하도록 하며, 부학장제도가 없는 대학은 아카데믹 어드바이저를 전공설계지원센터(Academic Advising Center) 또는 학사지도센터에 배치하여 센터장을 보좌하고, 학생의 전공 설계와 상담이 체계적으로 이루어질 수 있도록 운영하도록 하는 방식이다.

행정적인 지원을 위해 학장(급) 산하에 행정(지원)실 또는 교학지원팀을 설치하고, 자유전공학부를 운영함에 있어 발생할 수 있는 다양한 의사결정이 필요한 사안에 대한 논의 및 심의·의결을 위한 기구로 '자유(자율)전공학부운영위원회'를 설치한다. 이를 통해 학생이 최적의 전공을 선택할 수 있도록 하는 가이드라인을 제공하며, 각 전공 간 학사 협력 및 교류가 이루어질 수 있도록 관리하는 역할을 수행한다. '자유(자율)전공학부운영위원회'의 위원장은 전(全) 대학을 총괄할 수 있도록 부총장이 맡고, 부위원장은 자유전공학부장을 보임한다. 그리고 다양한 전공을 이수할 수 있도록 전(全) 단과대학의 학장 또는 학부(과)장, 전공설계지원센터장 등을 위원으로 구성하고, 간사는 행정(지원)실장 또는 교학지원팀장으로 보한다.

전공설계지원센터의 권한과 위상은 대학에 따라 차이가 있을 수 있다. 센터의 중요성을 어느 정도로 인식하는가에 따라 전공설계지원센터를 부총장 직속기구로 설치할 수 있고, 교육혁신원 또는 교무처 내에 설치할 수 있으며, 전공자율선택제 유형1에 해당하는 자유전공학부 산하에 설치하여 운영할 수 있다.

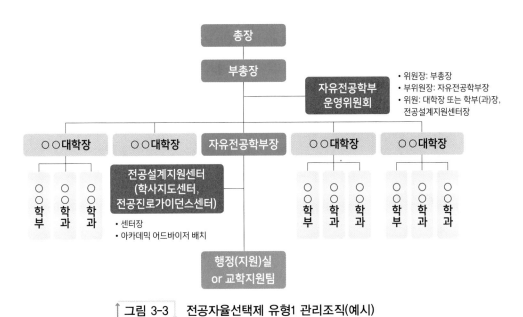

그림 3-3　　전공자율선택제 유형1 관리조직(예시)

2) 전공자율선택제 유형2 관리조직 구성

계열 또는 단과대학 내에서 전공을 선택할 수 있도록 하는 계열 또는 단과대학자유(자율)전공학부의 경우에는 단과대학장 산하에서 1학년 과정을 이수하고,

2~4학년 과정은 단과대학 내 학부(과)를 선택하여 전공을 이수하게 된다. 그 과정에서 전공 탐색, 전공설계, 복수·부·융합·연계전공 등 다전공에 대한 이해를 돕고 학생 전공 및 진로 상담을 전공설계지원센터(학사지도센터, 전공진로가이던스센터)을 통해 지원한다.

'단과대학자유(자율)전공학부운영위원회'를 설치하여 해당 단과대학의 자유전공학부로 입학한 학생이 전공을 선택하는 데 필요한 의사결정 사항에 대한 논의 및 심의·의결 기구로 운영한다. '단과대학자유(자율)전공학부운영위원회'의 위원장은 학장이, 부위원장은 자유전공학부장이 맡고, 단과대학 내 학부장, 학과장, 전공 주임(책임)교수, 전공설계지원센터장 등을 위원으로 구성하며, 간사는 행정(지원)실장 또는 교학지원팀장으로 보한다.

계열 또는 단과대학자유(자율)전공학부를 2개 이상 운영하는 대학에서는 교육혁신원 또는 교무처 내에 전공설계지원센터를 설치하여 운영하는 것이 적절하다. 여러 단과대학에서 각각 전공설계지원센터를 설치하는 것보다 여러 단과대

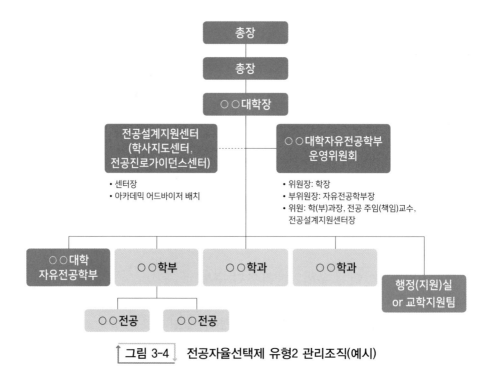

그림 3-4 전공자율선택제 유형2 관리조직(예시)

학자유(자율)전공학부 학생을 대상으로 전공설계 및 진로 상담 등을 총괄적으로 수행하고 관련 프로그램을 운영하는 것이 효율적이기 때문에, 대학본부 산하기구로 설치·운영하도록 한다.

3) 전공자율선택제 관리조직의 지원 기구 설치

학생의 전공 탐색 및 진로 상담을 수행하는 프로그램 운영 부서나 센터를 자유(자율)전공학부가 소속된 단과대학 또는 학부 내에 설치하여 학생들의 전공 선택을 돕는 탐색 프로그램을 기획하고 운영한다. 서울대학교 전공설계지원센터(Academic Advising Center), 목원대학교 전공설계지원센터, 중앙대학교 전공진로가이던스센터, 경남대학교 학사지도센터 등이 이에 해당한다.

이 센터에서는 전공에 대한 이해와 학업 설계, 다양한 전공제도에 대한 구체적인 정보 제공, 희망 진로 진출을 위한 효과적인 학업과 전공 이수 계획 등 전체적인 전공설계 로드맵을 제시하고, 학생이 자신의 적성과 관심에 따라 학업 계획을 수립하며, 전공 선택을 통해 희망 진로로 나아갈 수 있도록 설계 및 진로 상담을 실시한다(서울대학교, 2024). 또한, 학생의 융복합 역량과 창의적인 사고를 개발하기 위해 전문적인 전공 탐색 및 진로 상담을 수행한다. 입학부터 졸업까지 학생의 전공 선택 및 진로 설계를 지원하고, 학생 자기주도적 진로 설정 및 단계별 역량을 향상시킬 수 있도록 도모한다(중앙대학교, 2024).

4) 전공자율선택제 관리조직의 인력 배치

자유(자율)전공학부 학생에게 학사 및 행정을 지원할 수 있는 전담교수 및 행정인력을 확보하고, 자유(자율)전공학부 학생을 위한 분야별 전문가, 즉 아카데믹 어드바이저를 배치하여 학문적 조언 및 학사 지도를 제공한다. 또한 자유(자율)전공학부 학생에게 학사 및 생활 지원 등을 위해 전담 행정인력은 실장 또는 팀장 1인과 직원 및 조교 등을 배치해야 한다.

전공별로 멘토 교수를 배정하여 정기적인 상담을 통해 학생이 전공을 탐색하고 선택하는 데 중요한 역할을 수행할 수 있도록 하고, 학업 지원 및 진로 지도를 위한 멘토링이 이루어질 수 있도록 그 기회를 제공한다.

학생이 원활하게 전공을 탐색하고 선택할 수 있도록 학생지원 및 학사관리 시스템을 구축하는 것도 필요하다. 예를 들면, 중앙대학교 학생역량개발시스템(Rainbow System & e-Advisor)과 같이 교과, 비교과, 학사관리 등 학생이 입학에서 졸업까지 필요로 하는 학생역량을 관리하고 개발할 수 있는 시스템을 구축하여 학생을 지원할 수 있으면 더욱 효과적이다. 학생이 이수한 과목과 관련된 전공을 쉽게 탐색할 수 있도록 인공지능 기반 또는 데이터 기반 학사관리 및 진로 추천 시스템을 구축하여 맞춤형 서비스를 제공함으로써 학생이 전공 및 진로 설계를 한층 수월하게 할 수 있도록 지원한다.

3. 전공자율선택제 운영 규정

대학에서 자유(자율)전공학부를 설치·운영하기에 앞서 가장 먼저 해야 할 일 중에 하나가 바로 관련 규정을 정하는 것이고, 이는 크게 두 가지 정도로 분류할 수 있다. 하나는 각 대학에서 교무, 학사 등과 관련된 규정에서 이미 정하고 있는 학칙이나 규정 내에 자유(자율)전공학부와 관련된 사항을 포함하여 개정하는 것이고, 다른 하나는 자유(자율)전공학부를 설치·운영에 관한 사항을 별도 규정으로 제정하는 것이다. 이 장에서는 학사 운영 규정 또는 시행세칙 등이 대학별로 규정하고 있는 내용이 상이하고 관련 내용에 대한 개정도 대학마다 다르기 때문에, 후자에 해당하는 규정의 제정과 관련된 사항을 중심으로 제시하고자 한다.

자유(자율)전공학부 운영 규정은 각 대학의 학칙과 학사 운영 규정 또는 시행세칙에 따라 정하고 있는 학과 운영 및 배정에 관한 사항을 위임받아 규정하고 있다. 자유(자율)전공학부 운영 및 학과 배정 등에 관한 사항을 담는 자유(자율)전공학부 운영 규정, 시행세칙, 내규, 지침 등에는 크게 다섯 가지 사항을 담을 수 있다.

1) 자유(자율)전공학부 운영 조직

운영 조직으로 자유(자율)전공학부와 단과대학별 또는 계열별 자유(자율)전공학부의 업무를 총괄하기 위해 단과대학장 또는 학부장을 두도록 하고, 산하 행정지원 조직으로 행정(지원)실, 행정지원팀, 교학지원팀 등을 둘 수 있으며, 각 학부 내에 학사관리 및 학생지도 등을 위해 아카데믹 어드바이저, 책임교수, 주임교수 등을 둘 수 있다는 내용을 담는다. 단과대학장 또는 학부장의 추천 및 임명 절차, 그리고 임기 및 연임 여부 등을 제시한다. 그리고 자유(자율)전공학부 학생에게 전공별 기초 교과목, 교육과정 안내 및 전공 상담 등을 위한 관련 지원센터(전공설계지원센터, 학사지도센터, 전공진로가이던스센터 등)를 설치하고, 센터장의 추천 및 임명 절차, 그리고 임기 여부 등과 센터 내 운영 인력을 둘 수 있도록 정하는 내용을 담는다.

2) 자유(자율)전공학부 운영위원회

자유(자율)전공학부 운영에 관한 주요 사항을 심의·의결하기 위한 위원회에 관한 사항으로 위원장의 위촉 사항, 위원 구성 인원 수를 정한다. 다시 말해, 위원장과 부위원장에 대한 추천 및 임명에 관한 사항을 정하고, 위원 중 당연직 위원, 임명직 위원에 대한 추천 및 임명에 관한 사항을 정하며, 위원의 임기와 연임 여부, 그리고 심의·의결 사항에 대해 구체적으로 제시한다. 또한 위원회의 회의 개회 및 찬성 의결 요건, 회의록 공개 여부 등에 관한 사항을 정한다.

3) 단과대학별 또는 계열별 자유(자율)전공학부 운영위원회

단과대학별 또는 계열별 자유(자율)전공학부 운영위원회 운영에 관한 주요 사항을 심의·의결하기 위한 위원회에 관한 사항으로 인원 구성 인원 수와 위원장은 소속 단과대학장으로 하고, 부위원장은 자유(자율)전공학부장으로 하며, 위원

중 당연직 위원은 단과대학별 또는 계열별 자유(자율)전공학부장과 아카데믹 어드바이저, 책임교수, 주임교수 등으로 구성할 수 있다는 내용을 담는다. 임명직 위원은 대학 내 전임교원과 교외 전문가를 단과대학장의 추천으로 구성하는 등에 대한 내용과 임명에 관한 사항을 정하고, 위원의 임기와 연임 여부, 그리고 심의·의결 사항에 대해 구체적으로 명시한다. 또한 위원회의 회의 개회 및 찬성 의결 요건, 회의록 공개 여부 등에 대해 정한다.

4) 자유(자율)전공학부 재적생의 학과 배정 수요조사, 범위 및 인원, 신청 및 방법

자유(자율)전공학부 2학년 진급 시 학과 선택 및 선택 불가 학과에 대한 사항을 구체적으로 명시하고, 학과 선택의 범위와 입학정원 내 선택 가능한 인원 범위를 정한다. 학과 배정 신청의 기준, 신청 기한, 신청서 제출 등에 대한 사항을 포함하고, 학과 배정 방법은 자유(자율)전공학부 운영위원회, 계열별 또는 단과대학별 자유(자율)전공학부 운영위원회의 심의 기준에 따른 심의 절차를 거쳐 최종 결정하도록 하는 등의 내용을 포함한다. 또한 학과 배정을 1차에 희망 학과로 배정받지 못한 경우에 대한 후속 조치 사항을 포함한다.

5) 자유(자율)전공학부 재적생의 학과 배정에 따른 소속 변경 및 학점인정

자유(자율)전공학부로 입학한 학생의 학과 배정 학과(전공)로의 소속 변경에 관한 사항, 학생증 발급 등에 대한 내용을 포함한다. 또한 학과 배정 이전에 이수한 학점에 대한 교양 필수 및 선택, 전공 기초 및 선택, 자유선택 등에 대한 학점 인정 방법의 내용을 포함한다.

이제 막 새롭게 자유(자율)전공학부를 도입하는 대학을 위해 운영상의 절차 등에 대한 내용을 명문화하는 것이 반드시 필요하다. 이를 위해 이미 시행하고 있거나 시행을 준비하는 대학이 자유(자율)전공학부 운영에 필요한 사항을 명문화한 내용을 참고하여 대학의 '자유(자율)전공학부 운영 규정' 제정(안)을 예시로 제시하면 다음과 같다(강원대학교, 2021; 고려대학교, 2022; 국립목포대학교, 2024; 경희대학교, 2020; 서울시립대학교, 2024; 원광대학교, 2023; 전남대학교, 2023; 중앙대학교, 2018; 충북대학교, 2024; 한국교통대학교, 2016; 한국항공대학교, 2023; 한서대학교, 2024). 다만, 자유(자율)전공학부의 배정 가능 학부(과), 전공은 각 대학마다 다르다는 점을 감안해야 한다.

➔ 표 3-4 ○○대학교 자유(자율)전공학부 운영 규정 (예시)
<hr>

○○대학교 자유(자율)전공학부 운영 규정

제1조(목적) 이 규정은 「○○대학교(이하 '본교'라 한다) 학칙」 제○○조에 따라 자유(자율)전공학부 운영에 관한 사항을 규정함을 목적으로 한다.

제2조(정의) 이 규정에서 사용하는 용어의 정의는 다음 각 호와 같다.
1. '자유(자율)전공학부'란 본교에 설치된 자유(자율)전공학부를 통칭하는 것을 말한다.
2. '학과 배정'이란 자유(자율)전공학부 재적생이 정규학기 2개 학기 이상을 이수하고 다른 학부(과) 또는 전공의 2학년으로 진급하는 것을 말한다.
3. '○○자유(자율)전공학부'란 2학년 진급할 때 대학 내 모든 학과로 100% 자율선택을 보장하는 학부를 말한다. 다만, 보건의료 및 사범계열 등의 학과 또는 전공은 선택할 수 없다.
4. '○○대학자유(자율)전공학부'란 2학년 진급할 때 소속 단과대학 내 학과를 선택할 수 있는 자유(자율)전공학부를 말한다. 다만, 보건의료 및 사범계열 등의 학과 또는 전공은 선택할 수 없다.

제3조(조직 등) ① 자유(자율)전공학부에는 학부장을 둔다.
② 학부장은 본교 전임교원 중에서 부총장 또는 소속 단과대학장(교양대학장)의 제청으로 총장이 임명하고, 임기는 2년으로 하며, 연임할 수 있다.
③ 자유(자율)전공학부의 학사 관리 및 지원을 위해 행정(지원)실 또는 교학지원팀을 설치하고, 5급 이상으로 실(팀)장을 보하며, 직원 및 조교를 둘 수 있다.

제4조(자유(자율)전공학부 운영위원회) ① 자유(자율)전공학부 운영에 관한 주요 사항을 심의 · 의결하기 위하여 자유(자율)전공학부 운영위원회(이하 '위원회'라 한다)를 두며 15명 이내로 구성한다.

② 위원장은 부총장으로 하고, 부위원장은 자유(자율)전공학부장으로 하며, 위원장을 포함하여 학생이 선택할 수 있는 학부(과)의 소속 단과대학장, 교무처장, 교육혁신원장, 전공설계지원센터장을 당연직으로 한다. 그 밖의 임명직 위원은 본교 전임교원 중에서 자유(자율)전공학부장의 추천하고 부총장이 제청하여 총장이 임명한다.

③ 임명직 위원의 임기는 2년으로 하되 연임할 수 있다.

④ 위원회는 다음 각 호의 사항을 심의한다.

1. 자유(자율)전공학부 운영의 기본계획에 관한 사항

2. 자유(자율)전공학부 교육과정에 관한 사항

3. 학과(전공) 배정에 관한 사항

4. 그 밖에 위원장이 필요하다고 인정하는 사항

⑤ 회의는 위원장이 필요하다고 인정하거나 재적위원 3분의 1 이상의 요구에 따라 위원장이 소집하며, 재적위원 과반수의 출석으로 개회하고 출석위원 과반수의 찬성으로 의결한다.

⑥ 위원회의 사무를 처리하기 위해 간사를 두며, 간사는 행정(지원)실장 또는 교학지원팀장이 된다.

제5조(○○대학자유(자율)전공학부 운영위원회) ① ○○대학자유(자율)전공학부 운영에 관한 주요 사항을 심의 · 의결하기 위하여 ○○대학자유(자율)전공학부 운영위원회(이하 '○○대학 위원회'라 한다)를 두며 15명 이내로 구성한다.

② 위원장은 ○○대학장으로 하고, 부위원장은 자유(자율)전공학부장으로 하며, 위원장을 포함하여 학생이 선택할 수 있는 교무처장, 교육혁신원장, 전공설계지원센터장을 당연직으로 한다. 그 밖의 임명직 위원은 본교 전임교원 중에서 자유(자율)전공학부장이 추천하고 학장이 제청하여 총장이 임명한다.

③ 임명직 위원의 임기는 2년으로 하되 연임할 수 있다.

④ ○○대학 위원회는 다음 각 호의 사항을 심의한다.

1. ○○대학자유(자율)전공학부 운영의 기본계획에 관한 사항

2. ○○대학자유(자율)전공학부 교육과정에 관한 사항

3. 학과(전공) 배정에 관한 사항

4. 그 밖에 위원장이 필요하다고 인정하는 사항

⑤ 회의는 위원장이 필요하다고 인정하거나 재적위원 3분의 1 이상의 요구에 따라 위원장이 소집하며, 재적위원 과반수의 출석으로 개회하고 출석위원 과반수의 찬성으로 의결한다.

⑥ ○○대학 위원회의 사무를 처리하기 위해 간사를 두며, 간사는 행정(지원)실장 또는 교학지원팀장이 된다.

제6조(학과 배정 대상) ① 자유(자율)전공학부의 재적생이 선택할 수 있는 학과 배정 대상 학부

(과), 전공은 〈별표 1〉과 같다.

② 자유(자율)전공학부장은 진급하는 학년도를 기준으로 매년 다음 각 호의 요건을 충족하는 학과 · 전공을 대상으로 학과 배정 대상 학과, 전공을 정하여야 한다.

1. 학과: 모집단위로서 입학정원이 책정되어 있을 것

2. 전공: 학부 내 소속 전공으로서 전공별 입학정원 또는 배정정원이 책정되어 있을 것

제7조(학과 배정 등의 수요조사) ① 자유(자율)전공학부장은 매학기 수업일수의 3분의 2 이내에 각각 소속 재적생을 대상으로 〈별표 1〉의 학과 배정 대상 학과 · 전공 중에서 희망하는 학과 · 전공을 조사하여 교무처장에게 제출하여야 한다.

② 교무처장은 제1항에 따라 제출받은 조사 결과를 학과 배정 대상 학과 · 전공에 미리 제공하여 학과 배정 정원에 반영하도록 요청한다.

제8조(학과 배정 범위 및 인원) ① 자유(자율)전공학부 학생은 2학년으로 진급할 때 대학 내 모든 학과를 선택할 수 있고, ○○대학자유(자율)전공학부 학생은 소속 단과대학 내의 학과를 선택할 수 있다. 다만, 자유(자율)전공학부 학생은 보건의료 및 사범계열 등의 학과를 선택할 수 없다.

② ○○대학자유(자율)전공학부 학생은 매학년도 2학기에 학과 배정 대상 학과 · 전공의 장은 진급하는 학년의 입학정원 또는 전공 배정정원을 기준으로 100분의 50 이내의 범위에서 학과 배정 정원을 정하여야 한다. 다만, 최소 학과 배정 정원이 소수점 이하로 산출되는 경우에는 절상한다.

③ 학과 배정 대상 학과 · 전공의 장은 학과 배정 정원을 정할 때에는 제6조제2항에 따라 자유(자율)전공학부장이 제공한 학과 배정 희망 조사 결과를 반영하도록 노력한다.

제9조(학과 배정 등의 신청) ① 학과 배정은 다음 각 호의 요건을 모두 갖춘 자유(자율)전공학부 재적생을 대상으로 신청 · 접수한다. 다만, 정규학기에 재학 중인 학생으로서 수업일수의 3분의 2 이후부터 성적 확정일 이전에 휴학한 학생도 그 대상에 포함한다.

1. 정규학기 2개 학기 이상 이수할 것

2. 해당 학기 계절학기 성적 확정일까지 27학점 이상 취득할 것

② 제1항의 단서에도 불구하고, 당초 학과 배정 대상이 되었던 휴학생이 병역 의무 수행 또는 질병으로 인한 휴학으로 수강과목을 철회한 경우에는 학과 배정 신청 대상에서 제외할 수 있다.

③ 자유(자율)전공학부장은 학과 배정 신청 기간을 14일 이내로 정하되, 그 마감일은 매학기 종강일로부터 5일 이내로 한다.

④ 학과 배정을 신청할 수 있는 자유(자율)전공학부 재적생은 입학한 계열에 따라 〈별표 1〉에서 정한 학과 · 전공 중 서로 다른 학과 · 전공을 본인이 희망하는 우선순위에 따라 반드시 제5

지망까지 정한 후, 별지 제1호 및 제2호 서식의 학과 · 전공 배정 신청서를 작성하여 제3항에
따라 지정된 기간 중에 자유(자율)전공학부 장에게 제출하여야 한다.

제10조(학과 배정 방법) ① 자유(자율)전공학부장은 제9조제4항에 따른 신청 결과에 따라 학과 ·
전공 배정을 실시하며, 위원회와 ○○대학 위원회의 심의를 거쳐 최종 결정한다. ○○대학자
유(자율)전공학부장은 제9조제4항에 따른 접수 결과를 토대로 신청 학생이 1지망으로 신청한
학과 · 전공부터 순차적으로 학과 · 전공 배정을 실시한다.

② 자유(자율)전공학부 학생은 본인이 선택한 학과로 배정하며, ○○대학자유(자율)전공학부
학생은 제1지망 학과 · 전공부터 순차적으로 배정한다.

③ ○○대학자유(자율)전공학부 학과 · 전공 배정 정원보다 신청한 학생 수를 초과하는 경우에
는 다음 각 호의 합계 점수가 높은 학생 순으로 배정한다.

1. 별지 제3호 서식의 지망학과 소속 전임교원의 심층면접 평가점수(합계) 50%

2. 성적(총평점평균 백분율) 50%

④ ○○대학자유(자율)전공학부장은 제1지망 신청 학과 · 전공에 배정되지 못한 학생을 대상으
로 제2지망부터 제5지망까지 우선순위에 따라 학과 배정을 실시한다.

⑤ 제3항에 따른 성적 평점 평균점수를 산출 시 매 학기 정규 및 계절학기 성적을 모두 포함한다.

⑥ ○○대학자유(자율)전공학부장은 다음 각 호의 어느 하나에 해당하는 경우 학과 배정 학
과 · 전공을 임의로 지정할 수 있다.

1. 제9조제4항에 따른 학과 배정 신청서를 지정된 기간 내에 제출하지 않은 학생

2. 제8조제4항에 따른 학과 배정 신청서에 지망하는 학과 · 전공을 제5지망까지 기재하지 않거
나 동일한 학과 · 전공을 여러 지망에 중복 기재하여 제출한 학생

3. 제1항부터 제3항까지 정한 절차에 따라 학과 배정을 실시하였음에도 불구하고 지망한 학
과 · 전공에 배정되지 않은 학생

⑦ 자유(자율)전공학부와 ○○대학자유(자율)전공학부의 장은 별지 제4호 서식의 학과 · 전공
배정 결과 보고서 및 관련 증빙자료를 교무처에 제출한다.

제11조(학과 배정에 따른 소속 변경) ① 총장은 학과 배정이 완료된 자유(자율)전공학부 재적생을
진급 대상 학년도부터 학과 배정 학과 · 전공으로 소속을 변경한다.

② 총장은 제1항에 따라 소속을 변경한 재적생에게 학과 배정 학과 · 전공 소속이 명기된 학생
증을 재발급한다.

③ 제1항에 따라 소속이 변경된 재적생은 학과 배정 학과 · 전공을 기본전공으로 하고 교육과정
을 이수하여야 한다.

제12조(학과 배정에 따른 학점인정) ① 학과 배정 이전에 이수한 학점은 학과 배정 학과 · 전공의

교육과정에 따라 교양 또는 전공 학점으로 인정하고, 그 외 학점은 자유선택 학점으로 인정한다.

② 학과 배정 학과·전공의 장은 제1항에 따른 인정 결과를 별지 제2호 서식에 따라 학점인정 내역서에 작성하여 보관하여야 한다.

③ 학과 배정 학과·전공의 장은 제2항에 따른 학점인정 내역서를 해당 학생에게 사본으로 교부하고, 수강지도 근거자료로 활용한다.

제13조(비교과 프로그램 이수) ① 자유(자율)전공학부 소속 학생은 각 부서에 운영하는 비교과 프로그램을 이수할 수 있다.

② 비교과 교육 프로그램 및 이수기준은 각 부서에서 정하는 기준에 따른다.

제14조(기타) ① 이 규정에서 정한 사항에 관한 사무는 본교 포털 시스템으로 처리할 수 있다.

② 이 규정에 의하여 작성하는 문서는 전자문서로 작성하여 본교의 포털 시스템에서 유지 및 보관할 수 있다.

③ 이 규정에 명시하지 아니한 사항은 본교 학칙 및 학사 관련 규정 등을 따른다.

부 칙

(시행일) 이 규정은 공포일부터 시행한다.

6) 자유(자율)전공학부 학과·전공 배정 신청

전공자율선택제로 입학한 학생이 희망하는 대학 내 모든 학과·전공을 선택할 수 있도록 하는 유형1에 해당하는 경우로 각 대학에서 활용할 수 있는 학과·전공 배정 신청서를 예시로 제시한다. 전공자율선택제 운영에 필요한 자유(자율)전공학부 학과·전공 배정 신청서 서식은 전공자율선택제 유형1에 해당하는 대학에서 활용하기 위해 〈표 3-5〉와 같이 예시로 제시하고, 단과대학별 또는 계열별 자유(자율)전공학부를 운영하는 전공자율선택제 유형2를 시행하는 대학에서 활용할 수 있도록 ○○대학자유(자율)전공학부 배정 신청서 서식을 〈표 3-6〉와 같이 예시로 제시한다(강원대학교, 2021; 국립창원대학교, 2024).

표 3-5　자유(자율)전공학부 학과·전공 배정 신청서 서식(예시)

[별지 제1호 서식]

자유(자율)전공학부 학과·전공 배정 신청서

1. 소　　속:
2. 학　　번:
3. 성　　명:
4. 생년월일:
5. 주　　소:
6. 연 락 처: (전화)　　　　　　　　　(e—mail)
7. 이수학기 / 취득예정학점:　　　　　학기 /　　학점
8. 지망 학과·전공

단과대학명		학과(전공)명	

「○○대학교 자율전공학부 운영 규정」제○○조제○○항에 따라
위와 같이 학과(전공) 배정을 신청합니다.

년　　월　　일

신청인:　　　　　　　(인 또는 서명)

○○대학교 자유(자율)전공학부장 귀하

7) ○○대학자유(자율)전공학부 학과·전공 배정 신청

　　단과대학이나 계열로 모집해서 해당 단과대학이나 계열의 학과·전공으로 배정되는 단과대학별 또는 계열별 자유(자율)전공학부의 경우에는 2학년 진급을 위해 1학년 말에 그동안에 이수한 전공과목, 전공 탐색 관련 비교과 프로그램 이수 내역, 그리고 지망하는 학과·전공을 5개 내외로 작성하여 제출하면 대학별 특성에 따른 평가방식으로 학과·전공을 배정한다. 이 경우 학생이 제출하는 배정 신청서 서식을 예시로 제공하니 적절하게 수정하여 활용한다.

| 표 3-6 | ○○대학자유(자율)전공학부 학과 · 전공 배정 신청서 서식(예시) |

[별지 제2호 서식]

○○대학자유(자율)전공학부 학과 · 전공 배정 신청서

1. 소　　속:

2. 학　　번:

3. 성　　명:

4. 생년월일:

5. 주　　소:

6. 연 락 처: (전화)　　　　　　　　　　(e-mail)

7. 이수학기/취득예정학점(총평점평균 백분율):　　학기/　　학점(　/100)

8. 지망학과(전공) 관련 전공과목 이수내역

학년도/학기	과목명	학점	성적

9. 전공 탐색 관련 비교과 프로그램 이수내역

프로그램명	이수시간	비고

10. 지망 학과 · 전공

지망 우선순위	학과(전공)	비고
제1지망		
제2지망		
제3지망		
제4지망		
제5지망		

「○○대학교 자율전공학부 운영 규정」제○○조제○○항에 따라

위와 같이 학과(전공) 배정을 신청합니다.

년　　월　　일

신청인:　　　　　　　(인 또는 서명)

○○대학교 자유(자율)전공학부장 귀하

8) ○○대학자유(자율)전공학부 심충면접

앞서 '○○대학교 자유(자율)전공학부 운영 규정'(예시) 제10조제3항제1호에서 제시한 ○○대학자유(자율)전공학부 심충면접표 서식은 평균평점의 성적만으로 학과·전공을 배정하는 대학에서는 필요하지 않겠지만, 1학년의 성적에 대한 변별력 이슈를 해결하고 학생을 실제 인터뷰를 통해 전공 관련 핵심역량 함양 수준, 교과 이수 노력 정도, 전공 탐색 활동과 경험, 그리고 전공 관련 학업 의지 등을 살펴보고 학생의 학과·전공을 배정할 수 있는 방안을 제시하는 데 중요한 평가 방법이므로 〈표 3-7〉과 같이 그 예시로 활용할 수 있도록 제공한다(국립창원대학교, 2024).

▶ **표 3-7**   **○○대학자유(자율)전공학부 심충면접표 서식(예시)**

[별지 제3호 서식]

○○대학자유(자율)전공학부 심충면접표

소속		학번		성명	
지망학과					
평가요소				평가점수	
전공 관련 핵심역량 함양 수준(00점) 전공 교육과정에서 필요로 하는 핵심 및 기초적 역량 보유 정도					
전공 관련 교과 이수 노력(00점) 지망하는 학과에 필요한 전공과목을 선택하여 이수한 정도					
전공 탐색 활동과 경험(00점) 자신의 전공을 탐색하는 과정에서 이루어진 활동이나 노력 정도					
전공 관련 학업 의지(00점) 전공 관련 학업을 수행하고 학습해 나가려는 의지 정도					
합계(100점)					

20 .   .

면접자(지망학과 소속 전임교원) : 직위   성명   (서명)

※ 등급별 배점 기준

구분	탁월	우수	보통	미흡	매우미흡
30점 기준	30	29~25	24~20	19~15	14~0
25점 기준	25	24~21	20~17	16~13	12~0
20점 기준	20	19~17	16~14	13~11	10~0

※ 면접자는 3명으로 하는 것을 원칙으로 하되, 지망학과 소속 전임교원이 2명 이하일 경우 전체 인원으로 함
※ 지망 학생의 최종 면접점수는 참여 전임교원의 평균값으로 하며, 소수점 둘째자리에서 반올림함

9) 학과 · 전공 배정 결과 보고

지금까지 학생이 학과 · 전공 배정을 신청하여 학업 성적과 심층 면접 등의 절차를 거쳐 최종적으로 2학년 진급 시 학과 · 전공을 배정한 결과를 정리하여 자유(자율)전공학부장이 교무처로 제출해야 하는 보고서로, 'OO대학교 자유(자율)전공학부 운영 규정(예시)'에서 제시하고 있는 자유(자율)전공학부와 OO대학자유(자율)전공학부 학과 · 전공 배정 결과 보고서 서식을 예시로 활용할 수 있도록 〈표 3-8〉과 같이 제시한다(국립창원대학교, 2024).

표 3-8　학과 · 전공 배정 결과 보고서 서식(예시)

[별지 제4호 서식]

학과 · 전공 배정 결과 보고서

연번	모집단위	학번	성명	배정학과(전공)	비고

20 ．　　．　　．

확인자(학부장): 직위　　　성명　　　(서명)

4. 전공자율선택제 도입 설계 시 제언

전공자율선택제를 도입 설계 시에 학생이 피해를 입지 않도록 하는 학생 우선 정책을 시행할 수 있도록 해야 할 것이다. 이 제도를 도입하는 과정에서 시행착오를 겪지 않도록 전공자율선택제의 모집단위 설정에 관한 사항, 관리조직 및 인력 배정에 관한 사항, 그리고 충분하고 상세하게 운영될 수 있는 절차를 담아서 대학 구성원이 전공자율선택제를 쉽게 받아드릴 수 있도록 하는 운영 규정 제정에 관한 사항 등 전공자율선택제 도입 설계 시에 고려해야 할 사항을 몇 가지 추가적으로 제시해 보고자 한다.

1) 전공자율선택제 모집단위 유형 결정

전공자율선택제의 모집단위 설정에 있어 대학, 학과(전공) 간의 입학정원에 대한 충분한 논의와 의견수렴 절차를 거쳐 전공자율선택제 유형을 결정하는 것이 필요하다. 2024년 대학혁신지원사업과 국립대학 육성사업의 성과평가 시 가산점을 부여한다는 내용으로 대학에서 전공자율선택제를 도입함으로써 진통을 겪은 대학도 다수 나타났다(EBS뉴스, 2024. 4. 19.). 이와 같은 모집단위를 개편하는 데 해당 학문단위와의 충분한 소통과 의견수렴이 부족하거나 해당 학문단위의 이익에 위배되는 상황이 발생한다면 상당한 저항이 발생할 수밖에 없기 때문이다.

2) 전공자율선택제 유형별 관리조직 신설 및 적정 인력 배정

전공자율선택제 유형별로 관리조직을 신설하고 그에 부합한 적정 인력 배정이 필요하다. 전공자율선택제 유형1에 해당하는 보건의료 및 사범계열을 제외한 전(全) 학과·전공을 선택할 수 있는 관리조직은 신설하여 규모 면에서 전체 학사조직을 포괄할 수 있는 형태로 조직해야 하고, 배치해야 하는 인력을 적정 규모로 배정하며, 대학 의사결정 구조의 스펙트럼이 상당히 넓게 형성될 수 있도록 해야 한다. 반면, 단과대학별 또는 계열별로 학생을 모집하고 해당 단과대학 내 또는 계열 내로 학과·전공을 선택할 수 있는 전공자율선택제 유형2의 관리조직은 유형1에 비해서 관리조직 및 인력배정에 있어서 기존 조직의 활용성이 높고, 의사결정 구조가 단순하며, 발생될 수 있는 문제가 상당히 줄어들 수 있다.

3) 전공자율선택제 운영 절차를 담은 규정 제정

전공자율선택제 운영에 필요한 절차 등을 담은 규정, 시행세칙, 내규, 지침 등을 제도 시행에 앞서 선행적으로 제정하여 대학 내 혼란을 최소화해야 할 것이다. 전공자율선택제에서 가장 중요한 이슈가 2학년 진급 시에 학생의 전공 선택권을 어떻게 얼마만큼 확보해 줄 수 있는지가 관건이다. 학생의 전공 선택권에 대한 절차와 방법 등을 상세하게 명시하지 않으면 상당한 혼란과 문제가 야기될 수 있기 때문에 충분한 정보를 학생과 교직원에게 제시하고 공유할 수 있도록 규정, 시행세칙, 내규, 지침 등을 통해 명시하고 설명해야 한다.

4) 전공자율선택제 지원 시설 및 공간 확보

전공자율선택제 시행 시 인프라 차원에서 지원해야 할 시설과 공간을 적정하게 확보하는 것이 필요하다. 전공자율선택제로 입학한 학생의 학습과 상담 및 활동 공간을 제공하는 것이 필요하다. 전(全) 대학에 걸쳐지는 자유(자율)전공학부와 단과대학별 또는 계열별 자유(자율)전공학부를 운영하기 위한 지원 시설 및 공간을 확보하는 범위를 달리 운영해야 할 것이다. 자유(자율)전공학부 학생을 위해 필요한 공간으로는 교수연구실, 학부사무실, 강의실(전담 및 공용), 강사실(공용), 진로 탐색 상담실, 학생회실, 회의실 등을 제공한다. 단과대학별 · 계열별 자유(자율)전공학부 학생을 위해 학생회실 1실이 필요하고, 강의 규모 인원에 따라 공동 활용 가능한 강의실을 제공해야 한다.

표 3-9   자유(자율)전공학부 지원 시설 및 공간 확보 계획(예시)

구분	교수 연구실	학부 사무실	강의실	강의실 (공용)	강사실 (공용)	진로 탐색 상담실 (세미나실)	학생회실	회의실	총합계
실	3~5	1	3~5	1	1	1	1	1	12~16

5. 전공자율선택제 도입 설계 시 체크리스트

전공자율선택제 도입 설계 시 체크해야 할 사항을 크게 네 단계로 구성하여 점검해 볼 수 있다.

첫째, 준비 단계로 주요 점검 사항이 모집단위 설정, 관리조직 및 인력 구성, 지원 시설 및 공간 확보가 주된 점검 내용으로, 이에 대한 수행 여부를 확인하여 향후 추진 방향을 판단해야 한다.

둘째, 실행(운영) 단계로 주요 점검 사항이 관리조직 및 인력 구성, 운영 규정이 주된 점검 내용으로, 이에 대한 수행 여부를 확인하여 향후 개선 방향을 점검하도록 한다.

셋째, 평가 단계로 주요 점검 사항은 중간 점검, 만족도 관리가 주된 점검 내용으로, 이에 대한 수행 여부를 확인하고 향후 추진 방향을 수립한다.

넷째, 환류 단계로 평가 단계에 이루어진 내용에 대한 피드백 반영이 주된 점검 사항으로 수행 여부를 확인한다.

 표 3-10   전공자율선택제 도입 설계 시 체크리스트

단계	점검 사항	점검 내용	수행 여부 (Y/N)	판단
준비	모집단위 설정	전공자율선택제의 유형에 따른 모집단위를 도입 2년 전(익익년도 4월 말 전)까지 대학의 학칙 개정 완료 등을 통해 신설하였는가?		
	관리조직 및 인력 구성	전공자율선택제 운영을 지원하기 위한 별도 센터(전공설계지원센터, 학사지도센터, 전공진로가이던스센터 등)를 설치하고 있는가?		
		전공자율선택제 운영을 지원하기 위한 별도 센터(전공설계지원센터, 학사지도센터, 전공진로가이던스센터 등)에 적정한 아카데믹 어드바이저를 배정하였는가?		

		전공자율선택제 운영을 지원하기 위한 별도 센터(전공설계지원센터, 학사지도센터, 전공진로가이던스센터 등)에 적정한 규모의 행정지원 인력을 배정하였는가?		
		전공자율선택제 운영 지원을 위한 행정지원 조직(행정실, 교학지원팀 등)을 설치하고 적정 규모의 행정지원 인력을 배정하였는가?		
	지원 시설 및 공간 확보	전공자율선택제 유형별로 운영에 필요한 지원 시설(강의실, 세미나실, 진로 탐색 상담실 등)을 확보하였는가?		
		전공자율선택제 학생 활동을 지원하기 위한 공간(학생회실 등)을 확보하였는가?		
실행 (운영)	관리 조직 및 인력 구성	전공자율선택제 운영 지원을 위한 별도 센터(전공설계지원센터, 학사지도센터, 전공진로가이던스센터 등)의 아카데믹 어드바이저는 학생의 전공 진로 탐색을 위한 상담을 체계적으로 실시하고 있는가?		
		전공자율선택제 운영위원회에서 학부(과)장 또는 전공 주임교수 등을 위원으로 구성하여 운영하고 있는가?		
		전공자율선택제 운영에 필요한 의사결정을 위해 운영위원회를 설치하고 있는가?		
	운영 규정	전공자율선택제 운영에 필요한 기준과 절차, 관련 위원회 운영 등에 관한 사항을 담은 운영 규정, 시행세칙, 지침 등을 제정하였는가?		
		전공자율선택제 운영 규정(시행세칙, 지침 등)에 대해 수정이 필요한 사항을 적절하게 개정하였는가?		
평가	중간 점검	전공자율선택제 운영위원회 심의 결과에 따른 후속조치가 적절하게 이루어졌는가?		
	만족도 관리	전공자율선택제로 입학한 학생을 위한 관리조직의 행정서비스, 지원 시설 및 공간 제공 등에 대한 전반적인 만족도를 조사·분석하고 있는가?		
환류	피드백 반영	만족도 조사 결과에 따라 필요한 개선 사항을 도출하고 그에 따른 환류가 이루어졌는가?		

제4장

전공자율선택제의 교육과정 운영

　자유전공학부의 성공적 정착을 위한 중요한 요소 중 하나는 교육과정의 체계적 설계 및 운영이다. 따라서 이 장에서는 전공자율선택제의 교육과정에 대해 논의하였다. 비교과과정은 이 책의 제2부에서 자세히 다루고 있으므로 이 장에서는 교과과정을 중심으로 논의하였다. 또한 주요 논의는 유형1에 해당하는 자유전공학부를 중심으로 이루어졌으며 모집 인원의 일부를 자유전공학부로 선발하는 경우로 한정하였다.

　먼저 전공자율선택제와 자유전공학부에 대하여 개괄적으로 살펴보았다. 구체적으로 각각의 운영 형태 및 조직 구성을 중심으로 살펴보았으며, 학생들의 전공 선택 유형과 전공 배정 현황에 대해서도 살펴보았다. 다음으로 전공교과과정 이수에 대해 논의하였다. 구체적으로 전공 탐색과 전공 교과목 사전 이수에 대해 간단히 논의한 후, 전공교과과정 이수의 다양한 유형을 제시하고 각 유형에 대한 이수 방법 및 특징, 그리고 예상되는 문제점 등에 대해 논의하였다.

　마지막으로 자유전공학부의 교육과정 편성 및 운영에 있어 고려해야 할 사항을 자유전공학부 선택 대상 전공의 범위, 전공 선택 시기 및 방법, 전공교과과정 편성, 전공교과과정 이수, 그리고 기타 고려 사항으로 구분하여 제시하였다.

1. 전공자율선택제 교육과정의 중요성

최근 정부가 전공자율선택제를 재정지원사업과 연계함에 따라 많은 대학들이 이를 도입하고 있다. 특히 학생들이 전공 선택 시 일부 학과를 제외하고 대학 전체 학과를 선택할 수 있도록 하는 경우(유형1, 가칭 자유전공학부)는 계열로 모집하는 경우(유형2)보다 가점을 부여받기 때문에 많은 대학들이 자유전공학부를 도입하고 있다.

대학들의 전공자율선택제, 특히 자유전공학부 도입이 확대되는 것은 학생의 선택권이 확대되고 적성과 흥미를 반영한 전공 선택의 가능성을 높였다는 점에서 의미가 있다. 그러나 많은 대학들이 전공자율선택제에 대한 충분한 이해와 준비 없이 서둘러 도입하는 현실을 감안할 때, 전공자율선택제로 입학한 학생들이 대학 생활과 학업에 적응하는 데 어려움을 겪을 가능성이 높다. 또한 전공자율선택제는 원하는 학과나 전공에 용이하게 진입하기 위한 전략적 선택의 방편으로 간주되는 경향도 나타나고 있다.

우리나라 전공자율선택제는 정부 정책에 따라 유형1과 유형2로 구분된다. 유형2는 유사성이 높은 학과나 전공들이 동일 모집단위에 묶이기 때문에 교육과정 편성이나 학생들의 적응 문제에서 상대적으로 어려움이 적으며, 이미 다수 대학에서 확장된 학부제의 형태로 시행되고 있다. 반면 유형1은 학생들이 선택할 수 있는 전공의 범위가 넓고 유사성이 부족하기 때문에 전공 선택 전후의 교육과정 간 연계 문제와 학생들의 소속감 부족이 해결해야 할 중요한 과제로 인식되고 있다. 자유전공학부 운영 역사가 오래된 대학들은 시행착오를 통해 교육과정 운영의 문제점을 파악하고 개선해왔으나, 최근 정부 정책에 따라 자유전공학부를 시급하게 도입한 대학들은 학사제도와 교과과정 준비가 미흡할 가능성이 높으며 이로 인해 전공교육과정 이수의 책임이 학생에게 전가될 가능성이 크다.

그 결과 자유전공학부에 진학한 학생들의 중도탈락률이 대학 평균보다 높게 나타나고 있으며, 특정 전공으로의 쏠림 현상도 보편적으로 발생하고 있다. 특히 경영학과 컴퓨터공학, 기타 대학의 경쟁력 있는 대표 학과에 대한 선호가 높아, 자유전공학부가 일부 학생들에게 특정 전공 진입을 위한 전략적 선택 수단으로 활용되고 있는 실정이다. 이로 인해 자유전공학부가 '경영학 예과'로 전락할 수 있다는 비판도 제기되고 있다.

이상에서 살펴본 바와 같이 전공자율선택제의 성공을 위해 가장 중요한 것은 학생들의 요구를 반영하여 정교하게 설계된 교육과정이다. 학생들이 전공에 진입한 후 성공적으로 전공교과과정을 이수하도록 하는 것은 이 제도의 안착을 위한 밑거름이 된다. 따라서 이 장에서는 전공자율선택제의 교육과정에 대해 논의하고자 한다. 또한 비교과과정은 이 책의 제2부에서 자세히 다루고 있으므로 이 장에서는 교과과정을 중심으로 논의하였다.

앞서 언급한 바와 같이 유형2의 경우 이미 학부제를 통해 일부 구현되고 있으며, 유형1에 비해 예상되는 난관이 적다는 이유로 향후 논의는 유형1에 해당하는 자유전공학부를 중심으로 이루어졌다. 논의의 범위는 모집 인원의 일부를 자유전공학부로 선발하는 경우로 한정하였다. 아울러 전공자율선택제의 유형1에 해당하는 모집단위는 대학마다 다양한 명칭을 사용하지만, 이 장에서는 가장 일반적으로 사용되는 '자유전공학부'로 명칭을 통일하였다.

2. 자유전공학부 운영 형태

1) 전공자율선택제 운영 형태

민윤경(2022)은 국내 대학의 전공자율선택제의 유형을 대상, 전공 선택 방식, 전공 선택 후의 소속에 따라 [그림 4-1]과 같이 구분하였다. 세부적으로 5개 유형으로 구분이 되나 소속은 대상과 전공 선택의 결과이므로 크게 3가지 유형으로 구분된다. 첫째는 신입생 전체를 대상으로 전공자율선택제를 운영하는 경우이다. 둘째는 특정 학과 또는 학부를 두어 일정 정원을 선발하여 계열 구분없이 전공을 선택하는 경우로 자격증 등과 관련된 일부 전공은 선택에 제한을 둔다. 셋째는 둘째와 유사한 유형이나 학생 모집과 전공 선택이 특정 계열이나 단과대학 내로 한정되는 것이다.

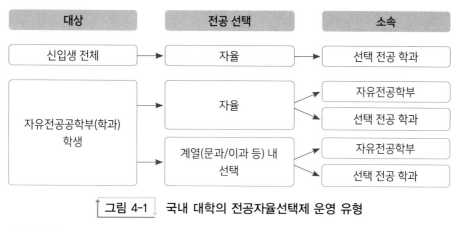

> **그림 4-1** 국내 대학의 전공자율선택제 운영 유형

출처: 민윤경(2022).

정부의 전공자율선택제 유형 구분을 민윤경(2022)의 유형 구분에 적용하면 첫째와 둘째는 유형1에 해당되고 셋째는 유형2에 해당된다고 볼 수 있다. 한편, 전체 신입생을 대상으로 전공자율선택제를 운영하는 경우는 일부 대학에 한정되고 있으며, 대부분의 대학들은 전체 모집 대상 중 일부를 자유전공학부로 모집하는 방식을 적용하고 있다.

2) 자유전공학부 운영 형태

입학 정원의 일부를 자유전공학부로 모집하는 경우 대학들이 자유전공학부를 운영하는 형태는 기본적으로 [그림 4-2]와 같이 3가지로 구분할 수 있다. 첫째, 자유전공학부로 모집하여 1학년에 자유전공학부에 소속되며, 2학년 진급 시 희망하는 학과로 진입하는 경우이다. 2학년 진급 시 희망 전공으로 진입하는 경우가 일반적이나 1학년 2학기부터 희망 전공으로 진입할 수 있도록 하는 대학들도 다수 있다. 둘째, 더 자유로운 형태로 전공을 이수하고자 하는 경우에는 자유전공학부에 소속을 유지하면서 자유전공학부와 대학에 편성된 전공이나 부전공을 선택적으로 이수할 수 있다. 셋째, 학생이 전문가의 도움을 받아 전공을 설계하고 이수하는 학생자율설계전공을 선택할 수도 있다. 각각의 유형에 대해 학과진학형, 전공완성형, 자율설계형으로 명명하였다.

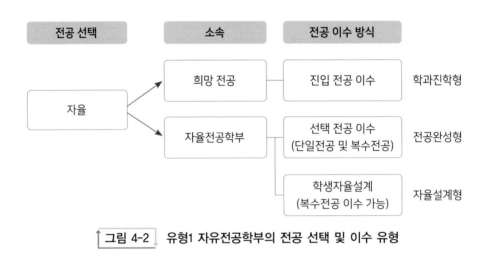

그림 4-2 │ **유형1 자유전공학부의 전공 선택 및 이수 유형**

자유전공학부는 통섭형 인재 양성을 목적으로 표방하는 하는 경우가 많은데 이 경우 유목(nomad)형 교육과정 이수를 지향하게 된다. 이에 비추어 본다면 [그림 4-2]의 자유전공학부 운영의 3가지 유형 구분은 학생들에게 유목형 교육과정 이수를 어느 정도 허용하는가에 따라 구분된 것이라고도 볼 수 있다.

정연재 등(2023)의 연구에 의하면 2022년을 기준으로 자유전공학부를 1년 과정으로 운영하는 대학은 38개 대학, 4년 과정으로 운영하는 대학은 5개 대학, 1년과 4년 과정을 함께 운영하는 대학은 5개로 집계되어 자유전공학부를 운영하는 47개 대학 중 약 81%에 해당하는 대학이 1년제의 학과진학형으로 운영되고 있음을 알 수 있다.

(1) 학과진학형

학과진학형은 자유전공학부로 입학 후 일반적으로 2학년 진입 시에 희망학과로 진입하는 형태이다. 희망하는 전공이 불명확한 학생들과 희망 전공이 있으나 해당 전공과 함께 대안적 전공을 탐색하고자 하는 학생에게 적합한 유형이다. 학생들은 1학년 과정에서는 다양한 과정을 통해 진입하고자 하는 전공을 탐색하고 학업 역량을 함양한다.

학생들은 대학 입학 후 자신의 적성과 흥미를 확인하고 미래 설계에 따라 희망 전공을 선택하게 된다. 고교 재학 중 희망 진로를 설정하지 못했거나 자신의 희망 진로에 대해 다시 한번 확인하고자 하는 학생들에게는 학생의 적성과 흥미 그리고 희망 진로에 따른 학과를 선택할 가능성이 높아지는 장점이 있다.

이 유형은 장점에 비해 많은 단점도 가지고 있는데, 먼저 2학년 진입 후 해당 학과의 전공교과과정을 이수하는 데 어려움이 많을 수 있다. 대부분의 대학들은 전공교과과정에 전공필수 교과목을 지정하고 있으며 1학년에도 전공필수를 배치하는 경우가 일반적이다. 따라서 자유전공학부 과정에서 진입한 학과의 전공필수 교과목을 이수하지 않은 경우 2학년부터는 체계적인 교과목 이수가 어려워진다. 또한 2학년 진입 시 희망 학과에 배정되지 못한다면 교과과정 이수에 있어 더 큰 어려움에 봉착할 수 있다. 아울러 수직적 계열화가 강조되는 교과과정을 편성한 학과로 진입할 경우에도 적절한 전공교과과정 이수가 어려울 수 있다. 마지막으로 학생은 경계가 분명한 학과나 전공으로 진입하여 학업을 이어가므로 융합인재 양성과는 거리가 있다.

(2) 전공완성형

전공완성형은 자유전공학부로 입학 후 졸업 시까지 자유전공학부에 재학하면서 전공을 완성해가는 형태이다. 이 유형에서 전공을 완성해가는 형태는 다양하다.

첫째는 자유전공학부에 편성된 전공을 이수하는 형태이다. 이를 위해 자유전공학부는 주전공이나 다전공 이수가 가능한 수준의 교과과정을 운영한다. 일반적으로 주전공으로 이수하기에는 편성된 교과목 수가 충분하지 않아 다른 전공을 추가로 이수토록 하고 있다. 자유전공학부의 교과과정은 별도 편성할 수도 있으며 다른 전공의 교과목과 자유전공학부의 교과목을 혼합하여 연계전공이나 융합전공의 형태로 편성할 수도 있다.

둘째는 졸업 시까지 자유전공학부에 소속되어 있으면서 이미 편성되어 있는 타 전공을 이수하는 것이다. 첫 번째 경우와 차이점은 자유전공학부에서 별도의 전공교과과정을 제공하지 않는다는 것이다. 학생들은 자유전공학부에 소속되면서 대학에 편성된 전공들 중에서 선택하여 단일 전공이나 다전공의 형태로 이수할 수 있다. 학생이 희망 학과에 대한 소속감 등을 위해 특정 학과에 소속되어 교과과정을 이수하고자 하는 경우 전과를 통해 해당 학과로 전과할 수 있다.

셋째는 졸업 시까지 자유전공학부에 소속되어 있으면서 대학 내에 편성된 전공들을 자유롭게 이수하며, 졸업 시점에서 이수한 교과목을 토대로 전공을 부여하는 형태이다. 일반적으로 학생의 전공 이수를 지도하기 위해 다양한 지원이 이루어지며, 3학년이 종료되는 시점에서 학생들이 이수한 교과목을 바탕으로 취득하고자 하는 전공을 최종 결정하고, 남은 기간동안 전공 학위 취득에 필요한 교과목을 모두 이수하도록 지도한다. 학생들의 교과과정 이수에 대한 자유가 다른 유형에 비해 높은 편이다.

전공완성형으로 언급한 세가지 형태 모두 학생들은 교과과정 이수에 따른 어려움은 많을 수 밖에 없다. 자유전공학부에서 주전공을 획득할 수 있는 교과목을 충분히 편성하지 않거나 학생의 흥미와 요구를 반영한 교과과정이 제공되지 않을 수 있으며 강의 시간 중복 등으로 인해 타 전공 교과목 이수가 용이하지 않을 수도 있다.

(3) 자율설계형

자율설계형은 자유전공학부로 입학 후 졸업 시까지 학생이 대학에 전공으로 편성되지 않는 새로운 전공을 설계하여 이수하는 방법이다. 자율설계형은 전공완성형의 파생된 형태로 볼 수 있으나 학생의 자율성이 최대한 보장된다는 면에서 전공완성형과는 따로 구분할 수 있다. 학생설계전공은 전공자율선택제와 관계없이 운영가능한 제도이나 현실적으로 이를 이수하는 학생에 대한 다양한 지원이 제공되어야 하므로 단독으로 운영하기에는 어려움이 많으며 전공자율선택제와 연계하여 운영할 경우 그 효과를 강화할 수 있다. 학생은 전문가의 조언을 받아 새로운 전공을 설계하여 교육과정 관련 위원회에서 승인을 받은 후 해당 전공을 이수하게 된다. 학생의 성공적인 전공 이수를 위해 전공설계에 대한 가이드와 꼼꼼한 이수지도가 병행되어야 한다.

3) 독립된 학사조직으로서 자유전공학부

(1) 모집단위로서의 자유전공학부와 독립된 학사조직으로서의 자유전공학부

자유전공학부의 운영은 자유전공학부를 단순히 입학 단위로만 적용하는 경우와 독립적인 학사조직으로 운영하는 경우로 구분할 수 있다. 자유전공학부를 단순히 입학 단위로만 적용하는 경우 학생들은 희망 학과로 진입하기 이전까지 자유전공학부에 소속되고, 특정한 시기에 희망 학과로 진입하여 진입한 전공의 소속이 되며, 졸업장에도 해당 학과로 소속이 명시된다. [그림 4-2]에서 학과진학형이 여기에 해당된다.

이와 반대로 자유전공학부를 독립된 학사조직으로 운영하는 경우에는 학생들은 졸업 시까지 자유전공학부에 소속되며 다양한 형태의 전공교과과정을 이수할 수 있다. 이 경우 학생들의 졸업장에는 소속은 자유전공학부가 명시되며 취득한 전공은 해당 학생이 이수한 전공들이 표시된다. [그림 4-2]의 경우 전공완성형과 자율설계형이 여기에 해당된다. 국내 대학들은 일반적으로 학과선택형만을 운영하거나 두 가지 내지 세 가지 유형을 혼용하여 운영해 왔는데, 정부의 전공자율선택제 확대 방침에 따라 학과진학형으로 운영하는 사례가 특히 증가할 것으로 예상된다.

(2) 독립된 학사조직으로 자유전공학부 운영 예

독립된 학사조직으로 자유전공학부를 운영하는 형태는 대학들마다 특성을 반영하여 다소 차이가 있다. 홍익대의 경우 2학년 진급 시 희망 학과로 진입하거나, 학과로 진입하지 않고 자유전공학부 소속을 유지할 수도 있다. 자유전공학부에 계속 남는 경우 대학 내 편성된 전공들 중에서 주전공을 선택하여 이수할 수 있다. 자유전공학부에 소속되어 선택한 주전공을 이수하는 과정에서 이수 중인 전공의 학과로 진입이 가능한데 반대로 일단 학과로 진입한 후에는 자유전공학부으로 돌아올 수는 없다.

서울대는 학부대학에 '광역'과 '자유전공학부'로 구분하여 모집하고 있는데 두 모집단위는 희망 학과로 진입하는 방식에서 차이가 있다. 광역으로 모집한 학생들은 2학년 진급 시 7개 단과대학의 학과로 진입하여 소속이 변경된다. 이에 반하여 자유전공학부로 모집한 학생들은 졸업 시까지 자유전공학부로 소속이 유지되지만 '광역' 모집단위에 비해 더 많은 10개 단과대학에 포함된 전공들을 선택적으로 이수할 수 있다. 따라서 '광역'은 학과진학형으로 전공 선택을 1년 유예하는 것이며, '자유전공학부'는 자체에서 제공하는 교과과정 이수와 타 전공교과과정 필수 이수를 통해 융합인재를 양성하는 것에 목적이 있다고 볼 수 있다.

경남대는 자유전공학부에 입학한 학생은 기본적으로 4년 동안 자유전공학부에 소속되며 자유전공학부가 제공하는 전공교과과정을 이수하게 된다. 타 전공을 이수하고자 하는 경우에는 부전공이나 다전공의 형태로 이수할 수 있으며, 2학년부터는 타 학과로의 전과를 허용하고 있다.

3. 학생들의 전공 선택

앞에서는 제도적인 측면에서 학생들의 전공 선택 및 진입에 대해 살펴보았다. 이와 더불어 학생들의 실제 전공 선택 현황을 학생들이 전공을 선택하는 형태, 전공 선택 현황을 중심으로 살펴보았다.

1) 전공 선택 유형

이화여대는 자유전공학부에 해당하는 통합선발생의 전공 탐색 과정에서 나타나는 전공 선택 유형을 크게는 세 가지로, 세부적으로는 다섯 가지로 구분하였다. 이화여대의 사례이나 자유전공학부를 운영하는 대부분의 대학에서 유사한 전공 선택 형태를 보일 것으로 예상된다.

그림 4-3   자유전공학부 학생들의 전공 선택 유형(이화여대의 사례)

출처: 백지연(2024).

(1) 가지치기형

이 유형의 학생들은 입학 당시 희망하는 전공이 다수 존재하는 경우이다. 학생들은 1학년 전공 탐색 기간을 통하여 희망하는 전공을 적극적으로 탐색하고 우선순위가 낮은 전공을 가지치기하여 최종적인 전공을 선택하게 된다. 이화여대의 경우 전체의 46%가 이 유형에 해당되어 가장 빈번하게 발견되는 유형이다. 희망 전공에도 우선 순위가 존재하므로 2학년 진급 시 1순위 학과에 진입할 가능성이 높다고 볼 수 있다.

(2) 전공 탐색형 및 전공유예형

이 유형의 학생들은 입학 당시 희망 전공이 불분명한 경우이다. 따라서 1학년 재학기간 동안 적극적인 전공 탐색 활동을 통하여 2학년 진입시 전공을 선택하게 되거나 전공을 완전하게 선택하지 못하고 유예하게 된다. 이화여대의 경우 자유 전공학부 입학생의 17%가 이에 해당되어 가장 낮은 비율을 보이고 있다.

(3) 초지일관형 및 확인형

이 유형의 학생들은 입학 당시부터 전공 분야가 확정되어 있는 경우이다. 전공 분야를 확정하고 입학하였으므로 교과과정 이수도 진입하고자 하는 전공 분야의 적응에 유리하도록 이수하게 된다. 확인형의 경우는 전공 분야를 확정하고 입학한 경우이며, 이미 선택한 전공에 대한 확인 후 최종적으로 해당 학과로 진입하게 된다. 이화여대의 경우 37%가 이 유형에 해당되었다. 이 유형을 선택한 학생들은 전략적 차원에서 자유전공학부를 선택했다고도 판단할 수 있다. 진입을 희망하는 학과의 입학 자격 요건이 자유전공학부보다 높은 경우 자유전공학부에 입학한 후 희망 학과로 진입하는 전략적 접근을 택한 것으로 추정할 수 있다.

이상의 구분과 해당되는 비율을 볼 때 가지치기형의 경우 상당수 학생이 1순위 희망학과에 진입하는 것을 가정한다면 자유전공학부 입학생의 절반 이상이 이미 특정 학과에 진입하는 것을 목적으로 전략적으로 자유전공학부를 선택했다고도 볼 수 있다.

2) 전공 선택 현황

(1) 전공 쏠림

자유전공학부 제도를 실패로 꼽는 대표적 요인들 중 하나는 특정 학과 쏠림 현상이다. 자유전공학부 학생들의 전공 선택은 인기있는 일부 학과에 집중되는 것으로 나타났다. 언론 보도에 따르면 무전공학부를 15년간 시행한 서울대의 경우 졸업생의 36%가 경영학, 경제학을 선택했으며, 다음으로 많이 선택한 전공은 컴퓨터공학으로 8.6%가 선택했다.

대학교육연구소(2024)의 2023년 자유전공학부 입학생의 2024년 전공 선택 현황에 대한 조사에 의하면, 서울대 자유전공학부는 단과대학별 전공 선택 현황만을 공개했는데, 공과대학 47.1%, 경영대학 24.1%, 사회과학대학 14.9%로 3개 단과대학에 86.2%의 학생들이 몰렸다. 언론보도에 따르면 공과대학에서는 컴퓨터공학, 경영대학에서는 경영학, 사회과학대학에서는 경제학을 주로 선택한 것으로 알려졌다. 고려대 전공 선택 현황도 비슷한 것으로 나타났는데, 2024년 1학기 전공 배정 현황을 살펴보면 자유전공학부 학생들의 선택은 경영학과와 컴퓨터학과로 집중됐다.

대구대의 경우 대학의 대표 학과 중 하나인 사회복지학과에 지원하는 학생이 가장 많았으며 다음으로 경찰행정학전공에 지원하는 학생이 많았다. 같은 지역에 소재하는 계명대의 경우 인문사회계열 자유전공학부의 경우 절반 이상의 학생이 경찰행정학부를 선택했는데 이는 최근의 취업률 경향이 반영된 것으로 보인다.

표 4-1　2023년 입학생의 2024년(2학년 진입) 전공 선택 현황

대학명	모집단위	전체 인원	1순위 전공	2순위 전공	3순위 전공	1~3순위 합계
서울대	자유전공학부	87	공과대학 (47.1%)	경영대학 (24.1%)	사회과학대학 (14.9%)	75명 (86.2%)
	공과대학광역	43	컴퓨터공학부 (72.1%)	전기 · 정보공학부 (20.9%)	화학생물공학부 (4.7%)	42명 (97.7%)
경북대	자율전공 (인문사회/ 자연과학)	179	경영학부 (40.8%)	전자공학부 (33.5%)	행정학부 (6.7%)	145명 (81.0%)
고려대	자유전공학부	84	컴퓨터학과 (33.3%)	경영학과 (33.3%)	경제학과 (8.3)	63명 (75.0%)

이화여대	스크랜튼학부 자유전공	–	컴퓨터공학 (32.8%)	경영학부 (20.9%)	화공신소재공학 (8.3%)	– (62.0%)
대구대	자유전공학부	148	사회복지학과 (18.9%)	경찰행정학전공 (9.5%)	경영학전공 & 미디어커뮤니케이션 (6.8%)	62명 (41.9%)
강원대	자유전공학부 –춘천캠(인문/ 자연)	84	컴퓨터공학과 (11.9%)	전기전자공학과 (11.9%)	학생설계전공 (10.7%)	29명 (34.5%)
계명대	인문사회계열	62	경찰행정학 (56.5%)	법학 (11.3%)	심리학 (11.3%)	49명 (79.0%)
	자연계열	48	컴퓨터공학 (58.3%)	공중보건학 (10.4%)	전자공학 (8.3%)	37명 (77.1%)
부경대	글로벌자율 전공학부	41	냉동공조공학전공 (22.0%)	회계 · 재무학전공 (22.0%)	휴먼ICT융합전공 (12.2%)	23명 (56.1%)

주) 전체인원은 입학인원이 아닌, 전공 선택 인원을 기준으로 함
출처: 대학교육연구소(2024).

(2) 학생 배정

대학교육연구소(2024)의 조사 결과에 의하면 특정 학과 쏠림이 극심하다 보니, 많은 대학에서 학과나 전공 선택 시 배정 인원을 미리 설정해 두고 이를 초과했을 경우 성적을 기준으로 선택을 제한하는 것으로 나타났다. 일반적으로 전공 선택권을 제한하는 대학들은 자유전공학부로 모집하는 학생 수가 비교적 많은 대학들이다. 자유전공학부로 모집하는 학생 규모가 크지 않은 경우 희망하는 전공으로 진입하도록 허용하고 있으나 모집 규모가 큰 경우 특정 학과 쏠림을 방지하기 위해서 진입가능한 인원을 제한하는 경향이 있는 것으로 판단된다.

만약 전공 진입시 학생이 희망하는 전공으로 모두 진입하지 못할 경우라면 성적에 따라 희망 전공 배분 순위가 결정될 가능성이 높다. 이 경우 자유전공학부 1학년은 자신이 진입할 전공을 탐색하는 것에 중점을 두고 교과목을 이수해야 하나 원하는 전공으로 진입하기 위해 학점따기 경쟁에 나서고 학점따기 유리한 과목을 이수할 가능성이 높다. 따라서 다양한 전공 탐색에 의한 희망 전공 선택이

라는 자유전공학부 본래의 목적 달성은 어려워지고 학생들은 전공 진입 후에도 전공교과과정 이수에 많은 어려움을 겪게 될 것이다.

4. 전공교과과정 이수

자유전공학부로 입학한 학생들이 1학년 과정에서 전공 탐색 과정을 거쳐 희망 학과로 진입하거나 자유전공학부에 소속하면서 전공을 완성해 간다. 진로 탐색을 위한 교과 및 비교과정은 2부에서 자세하게 다루고 있으므로 이곳에서는 개괄적으로 언급하였으며 전공교과과정 이수를 중심으로 살펴본다.

1) 전공 탐색과 전공 교과목 사전 이수

앞의 이화여대 사례를 살펴보면 절반 이상의 학생들은 다수의 희망 전공을 설정하고 있거나 부재한 상태로 나타나 이들을 대상으로 한 전공 탐색 교육이 필요한 것을 알 수 있다. 가천대의 자유전공학부 신입생 및 자유전공학부 출신 2~4학년 재학생을 대상으로 한 설문조사에서 자유전공학부의 선택 이유로 원하는 전공 및 진로의 부재를 선택한 비율은 신입생의 경우 54.2%로 나타나 원하는 전공 및 진로를 결정하지 못해 자유전공학부를 선택하는 비율이 절반을 상회하고 있다(박경수, 2024). 따라서 전공자율선택제를 운영하는 대학들은 학생들이 자신의 적성과 흥미 그리고 진로에 적합한 전공을 성공적으로 이수할 수 있도록 교과 및 비교과에서 다양한 지원을 제공하고 있다.

(1) 전공 탐색 교과목

자유전공학부로 입학한 학생들이 1학년 과정에서 이수하는 교과과정 중 일반 학과 입학생들이 이수하는 교과과정과 비교하여 대표적으로 차이를 보이는 것은 전공 탐색을 위한 교과과정이다. 자유전공학부 학생들을 위한 전공 탐색 교과목들은 학과진학형의 경우 일반적으로 교양교과과정에 포함되어 운영되며, 독립적인 학사조직으로 운영되는 경우에는 교양교과과정에 포함되거나 자유전공학부 내에 전공 탐색을 위한 소규모 교과과정으로 운영되기도 한다. 이와 함께 대부분 대학은 전공 탐색을 지원하는 다양한 비교과과정을 제공한다.

일련의 전공 탐색 과정을 거쳤음에도 불구하고 자유전공학부 학생들은 학과로 진입한 경우, 자유전공학부에 잔류한 경우 모두 전공교과과정 이수에 어려움을 호소한다. 이러한 문제에는 다양한 원인이 있을 수 있으나 교과과정 이수와 관련해서는 몇가지로 요약할 수 있을 것이다. 먼저, 충분한 전공 탐색이 이루어지지 않아 자신의 흥미와 적성 등을 고려하지 않고 전공을 선택했기 때문이다. 이 경우 학생들은 선택한 전공에 흥미를 잃고 학업을 소홀히 하게 될 가능성이 높다. 다음으로 학생들이 전공 분야의 기초 능력을 함양하지 못한 상태에서 2학년에 진입했기 때문이다. 선택한 전공의 1학년 교과목을 이수하지 못한 상태에서 2학년에 편성된 교과목을 이수하게 됨에 따라 지속적인 학업결손이 발생할 가능성이 높다. 이외에도 학생들의 전공교과과정에 대한 충분한 이해 부족, 적절한 학사지도의 부재 등이 원인으로 제시되고 있다.

교양이나 자유전공학부의 교과목으로 제공되는 진로 탐색 교과과정이 효과적으로 운영되기 위해서는 학생들의 다양한 요구에 적절히 대응하여 편성되고 운영되어야 하는데 제한된 자원으로 인하여 소기의 성과를 거두기에는 역부족인 것이 현실이다. 한 예로 서울의 A대학이 자유전공학부 학생들을 대상으로 전공 탐색 교과목이 전공 선택에 미치는 효과를 설문한 결과 전공 탐색 교과목이 주전공 선택에 영향을 미치지 못했다는 비율이 도움이 되었다는 비율보다 높게 나타나, 전공 탐색 교과목이 희망전공 결정에 큰 영향을 미치지 못했음을 알 수 있다. 이는 전공 탐색 교과목이 소기의 성과를 거두지 못했다고 판단할 수 있으나 한편으로는 학생들이 이미 입학할 때부터 전공을 몇 개 이내로 결정하고 입학했으므로 전공 탐색 과정을 통해 전공을 선택했을 가능성이 낮다는 것으로 해석할 수도 있을 것이다.

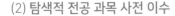

(2) 탐색적 전공 과목 사전 이수

전공 탐색을 위한 교과과정 운영 방법에는 앞에서 언급한 전공 탐색 교과목을 이수하는 것도 있지만, 희망 전공의 1학년 편성 교과목을 선택적으로 이수하게 하는 경우도 많다. 학생이 1학년 때 이수할 수 있는 전공 교과목이 2~4개로 제한된 상황에서, 이러한 방법은 학생의 희망 전공의 범위가 협소하다면 효과를 거둘 수 있으나 희망 전공의 범위가 넓어 다양한 전공의 1학년 교과목을 이수할 경우 효과는 감소될 수 밖에 없다. 학생이 자유전공학부 1학년 과정에서 향후 선택할 전공의 1학년 교과목을 어느 정도 이수하였는가는 향후 전공교과과정 이수의 성공과 실패에 큰 영향을 미치게 되므로 입학생들이 자신의 적성과 흥미, 그리고 희망 진로 등을 빠르게 파악하여 희망 전공의 범위를 좁힐 수 있도록 다각적인 지원이 필요할 것이다.

2) 전공교과과정 이수

자유전공학부 학생들의 전공교과과정 이수는 학과로 진입하는 경우와 자유전공학부에 잔류하는 경우에 따라 차이가 있다. 학과로 진입하는 경우 진입한 학과가 주전공이 되어 해당 학과의 전공교과과정을 이수해야 하며, 자유전공학부에 잔류하는 경우 다양한 방법으로 전공교과과정을 선택하고 이수할 수 있다.

(1) 학과로 진입하는 경우

희망 학과로 진입 후 소속이 자유전공학부에서 해당 학과로 변경되는 경우, 또는 전과가 가능한 경우 전공교과과정 이수는 다른 경우에 비해 상대적으로 용이하다. 학생은 소속이 변경되었으므로 해당 학과의 졸업 이수 요건에 맞추어 전공을 이수하면 된다.

이 경우 진입한 학과의 교과목 중 1학년에 편성된 전공필수 교과목의 이수 여부가 문제이다. 일반적인 경우 2학년과 3학년에서는 전공 교과목을 집중적으로 이수하게 되므로 1학년 때 이수하지 못한 전공 교과목을 2학년 이수 교과목들과 함께 이수하기에는 시간표, 이수 학점 제한 등 다양한 난관으로 인해 어려움에 봉착하게 된다. 따라서 1학년 전공필수 교과목 이수는 졸업학점을 어느 정도 충족한 고학년이 되어서 가능해진다. 아울러 학생들은 진입한 학과의 1학년 전공필수 교과목을 이수하지 못해 이후 학습에 곤란을 겪게 될 수 밖에 없으며 이는 전과나 중도탈락으로 이어질 가능성이 높다. 특히 수직적 계열성이 강조되는 전공일수록 이러한 현상이 발생할 가능성이 높아진다.

일부 학생들을 자유전공학부로 모집하는 상황에서 대학은 기존 학과들의 전공교과과정 편성 및 이수 방법은 최대한 유지하기를 원할 것이다. 또한 자유전공학부에서 기존 전공으로 진입한 학생들에게 예외를 부여하는 것도 형평성 차원에서 제한적으로 가능하다. 이러한 문제점은 전과나 편입을 한 경우에도 동일하게 발생하므로 전공교과과정 편성 및 운영의 개선, 유연학기 운영, 온라인 수업 제공 등 문제 해결을 위한 다각적인 노력이 요구된다.

(2) 자유전공학부에 소속을 유지하는 경우
① 자유전공학부 교과과정 편성

자유전공학부에 소속을 유지하면서 전공을 완성해 가는 것은 앞에서 살펴본 독립된 학사조직 형태의 자유전공학부 운영과 동일선 상에 있다고 볼 수 있다. 학생이 졸업 시까지 자유전공학부에 소속되므로 자유전공학부는 정규 학과와 같은 독립 조직으로 운영되며, 원칙적으로 자체 전공교과과정을 제공해야 한다. 자체 전공교과과정을 운영한다는 것은 졸업장에 학위로 명시할 수 있는 수준의 교과과정을 제공하는 것을 의미하며, 자유전공학부에서 전공 탐색 등을 위한 별도의 교과과정만을 일부 편성한 경우는 독자적인 교과과정을 제공한다고 볼 수 없다.

자유전공학부에서 독자적으로 전공교과과정을 제공하는 경우 일반적으로 미래 사회가 요구하는 창의융합인재 양성에 초점을 맞추어 교과과정을 편성한다. 기존 학과나 전공이 학문 분류에 의해 구분되는 단절된 교과과정을 편성하는 반면 자유전공학부에서 제공하는 교과과정은 융합에 중점을 둔 범교과형 교과과정으로 편성되는 경우가 많다. 이는 정부의 전공자율선택제에서 유형1의 목적들 중 하나가 융합형 인재 양성이라는 것과 일맥상통한다.

자유전공학부의 교과과정은 주전공, 부전공, 연계전공 등의 형태로 제시할 수 있으며 대학의 특성을 반영하여 다양한 형태로 편성되어 있다. 부전공 이상의 융합형 교과과정을 편성하는 경우, 모듈형 교과과정, 마이크로 디그리 등 소단위 교과과정을 편성하는 경우, 기타 연계전공을 편성하는 경우가 일반적이며, 이러한 교과과정들은 앞에서 언급한 바와 같이 일반적으로 융합형 교과과정으로 편성된다.

일반적으로 자유전공학부가 융합형 교과과정을 편성하는 것과 달리 일부 대학은 자유교양교육에 기반하여 인문, 사회, 자연과학 분야의 기초 과목으로 교과과정을 편성하고 프로젝트 등 수행 중심 교과목을 포함하기도 한다. 이러한 교과과정 편성은 미국 자유교양대학의 교과과정 편성 방향과 일정 부분 일치하는 것으로, 다양한 전공을 이수하기 위한 범학문적 기반을 다지고 그 위에서 자유로운 전공 선택을 통해 유능한 전문가를 배출하겠다는 것을 의미한다.

② 자유전공학부 소속으로 전공 이수 방법

자유전공학부에서 전공을 이수하는 방법은 대학별로 다양하나, 기본적으로 자유전공학부의 전공을 이수해야 하며 타 전공을 다전공이나 부전공으로 필수 이수토록 하고 있다. 서울대의 경우 자유전공학부에 자유교양 성격의 교과목을 편성하고 학생들은 18학점 이상 이수해야 하며, 타 전공 이수를 통한 복수전공 이수를 졸업 필수 조건으로 지정하고 있다. 경남대의 경우 자유전공학부에 다수의 융합교과과정을 편성하고 있으며 다전공을 필수 이수하여야 한다.

한편, 독자적인 학사조직으로 자유전공학부를 운영하는 경우에도 모집 규모가 크지 않거나 여러 가지 이유로 독자적인 교과과정 제공에 어려움이 있을 경우 소속은 자유전공학부에 두되 타 전공교과과정을 이수토록 하는 경우도 있다. 이러한 경우 융합교과과정은 모든 학생에게 개방된 대학 차원의 융합교과과정을 이수하도록 하는 방법을 택하게 된다. 이는 학생들의 유연한 전공 이수를 가능케

하고 교과과정 운영의 효율성을 제고하기 위한 것으로 볼 수 있다. 이 경우 학생
들에 대한 체계적 학사지도가 반드시 병행되어야 한다.

③ 자유전공학부 소속으로 학생설계전공 이수

학생설계전공은 교과목의 편성 학기, 개설 여부, 시간표 등을 고려할 때 이수
단계에서 많은 난관에 부딪치게 되며 학생이 스스로 문제를 발견하고 해결하기
어려운 것이 사실이다. 따라서 학생설계전공은 학생이 자유전공학부에 소속하면
서 진행할 경우 지도교수의 학업 및 생활 지도, 교우관계 형성, 기타 장학금이나
학생회 활동 등과 관련하여 학생에게 도움이 된다. 다만, 학생이 온전히 전공을
설계하는 것은 여러 가지 해결해야 할 문제가 많기 때문에 전문가들의 도움이 필
요하고, 학생의 전공설계 역량을 함양하기 위한 충분한 지원이 이루어져야 하며,
필요시 미리 설계된 예시적 전공교과과정을 제시할 수도 있을 것이다. 예로 전남
대 자기설계전공의 경우 3개 이상 학과의 교과목을 융합하여 새로운 교과과정을
구성하도록 하며, 자기설계전공 신청 이전에 '전공설계' 교과목을 이수하도록 하
고 학생의 전공설계 과정에서 다양한 지원이 제공된다. 강원대학교의 경우 자율
설계전공에 참여하는 학생이 대학이 미리 설계하여 가이드를 제공하는 전공을
선택할 수 있으며 학생이 교과과정을 수정할 수도 있다.

5. 교육과정 운영의 고려 사항

이상에서 살펴본 우리나라 자유전공학부의 운영 현황을 기반으로 자유전공학
부의 운영에 있어 고려할 사항들을 정리하였다. 이하에서 언급된 내용들은 바람
직한 방향을 제시하는 것은 아니며 자유전공학부의 성공적 운영을 위해 고민할
부분들을 정리한 것이다.

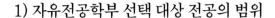

1) 자유전공학부 선택 대상 전공의 범위

우리나라 자유전공학부는 자격증과 연계된 전공을 제외한 대부분의 전공으로 진입하거나 이수하는 것을 허용하는 경우가 많다. 이러한 전공 선택 범위의 광역화는 학생들의 전공 선택권을 확대한다는 긍정적인 의미도 있지만 전공교과과정의 이수를 어렵게 하는 한편 전공 진입 후 학업 결손을 가져올 가능성이 높으며, 해당 분야에서 요구하는 전공역량을 갖춘 전문가 양성에도 한계가 있을 수 밖에 없다. 따라서 자유전공학부의 전공 선택 범위를 적절하게 설정하는 것이 필요하다.

이러한 문제점은 특히 학생들이 이공계와 같이 선후수를 강조하는 수직적 계열성을 가진 전공을 선택하는 경우, 예체능 분야와 같이 기본적인 실기능력을 요구하는 전공을 선택하는 경우 커진다. 전공교과과정에서 수직적 계열성이 강조되는 경우 1학년에 편성된 기초과목을 이수하지 못하고 2학년 교과과정을 이수한다면 해당 전공의 교육 내용을 충분히 이해하기 어려울 것이다. 1학년부터 전공과목을 이수해야 하는 상황에서 수직적 계열성이 강조되는 전공의 경우 자기주도적 학업역량, 기본적인 성취 수준 등이 우수한 학생이라면 진입한 전공교과과정을 성공적으로 이수할 가능성이 있지만, 반대의 경우라면 실패할 가능성이 높다. 예체능계의 경우도 기본적인 실기능력을 갖추기 못하면 전공교과과정을 성공적으로 이수하기 어렵다. 따라서 학생의 성공적인 교과과정 이수를 고려한다면 수직적 계열성을 강조하는 전공 분야, 예체능 분야 등은 자유전공학부에 포함하기보다 계열별이나 단과대학별로 모집하는 유형2에 포함하는 것이 좋을 것이다.

한편, 학생들의 적성과 흥미, 진로에 적합한 전공 분야를 빠르게 확인하고, 온라인 수업 등 플랫폼 기반의 다양한 수강 방법이 제공되며, 학업 결손에 대한 적극적인 처치와 함께 전공 학업을 위한 다양한 지원이 가능하다면 자유전공학부에서 선택할 수 있는 전공을 한층 광범위하게 설정할 수 있을 것이다.

2) 전공 선택 시기 및 방법

(1) 전공 선택 시기

일반적으로 자유전공학부 입학생은 2개 학기 동안 전공을 탐색한 후에 2학년 때 학과로 진입하거나 전공을 선택하게 되는데, 1학년 2학기에 학과 진입을 허용하는 대학들도 있다. 학사행정전문가협의회(2024)의 조사 자료에 의하면 조사에 포함된 30개 대학 중 7개 대학이 후자에 해당되는데 대표적으로 군산대학교는 매년 6월(1학년 2학기 전공 진입)과 12월(2학년 1학기 전공 진입)에 학과 진입의 기회를 부여하고 있다. 상당수 학생들은 이미 전공을 결정하고 자유전공학부에 입학한다는 점에 비추어 본다면 학생의 가급적 빨리 희망 학과에 진입하여 소속감을 가지고 생활하도록 하며 전공교과과정 이수에 따른 어려움을 최소화하기 위한 조치로 볼 수 있다. 다만, 이 경우 입학하고자 하는 학과의 입학 조건을 우회하는 수단으로 자유전공학부를 선택하는 지원자들이 증가할 수 있다는 문제점도 있다.

(2) 전공 배정

자유전공학부의 모집 규모가 커지면 특정 전공 쏠림 현상으로 인해 학사 운영에 여러 가지 문제가 발생한다. 특정 전공 쏠림 현상에 대처하기 위해 일반적으로 1학년 때 취득한 평점을 기준으로 전공을 배정하는 경우가 일반적인데, 전공 기초 능력 평가를 병행한다면 전공 쏠림 현상을 줄이는데 일정 부분 기여할 수 있고 학생들의 학업 결손도 줄일 수 있을 것이다. 수직적 계열성이 강조되는 전공 분야 또는 실기능력이 요구되는 전공 분야는 기초 수학 능력을 평가한 후 일정 수준 이상의 능력을 갖춘 학생에게만 진입을 허용하는 방안도 강구할 필요가 있다. 아울러, 학과 진입 시 요구되는 최소한의 기초 능력을 공지하고 이를 함양하기 위한 추천 교과나 비교과를 제시할 수도 있는데, 이공계의 경우 각 전공의 전공 기초 능력보다 수학이나 프로그래밍 능력 등 범교과적으로 요구되는 능력을 제시할 수 있을 것이다.

3) 전공교과과정 편성

자유전공학부 학생들을 위한 교과과정 편성은 자유전공학부를 운영하는 목적에 따라 결정되는데 모집단위로만 자유전공학부를 운영하고 특정 시기에 희망 학과로 전입하는 경우와 졸업 시까지 자유전공학부에 소속되는 경우로 나누어 볼 수 있다.

(1) 학과로 진입하는 경우

특정 시기에 희망 학과나 전공으로 진입하는 경우 전공 탐색을 위한 교과과정을 교양이나 자유전공학부에 편성할 수 있다. 희망 전공으로 진입한 이후에는 해당 전공의 교과과정 이수체계를 따르게 되므로 교과과정 편성에 따른 어려움은 상대적으로 줄어든다. 전공 진입 후 성공적인 교과과정 이수를 위해서 1학년 과정에서 희망 전공에 대한 이해도를 높이는 한편 해당 전공에서 요구하는 기초 능력을 충분히 갖출 수 있도록 체계적인 학사지도가 필요하다.

(2) 자유전공학부 전공교과과정 편성

자유전공학부가 독립된 학사 조직으로 운영되고 학생들이 졸업 시까지 자유전공학부에 소속되는 경우 자유전공학부는 자체 전공교과과정을 제공할 필요가 있다. 전공자율선택제의 도입 목적들 중 하나가 학과 중심의 칸막이-공장형 대학 교육 모델에서 융합적 사고력과 협업 역량을 갖춘 인재를 양성하는 데 있다는 점에서 자유전공학부에서 제공하는 전공교과과정은 학제간 융합형 교과과정을 강화할 필요가 있다. 여러 가지 이유로 인해 자유전공학부 내에서 융합교과과정을 제공하지 못할 경우 대학 차원에서 융합교과과정을 개발 및 편성해야 할 것이다.

기존 학과나 전공에 근거한 전공교과과정(부전공, 복수전공, 마이크로디그리 등)은 학문간, 영역간, 계열간 연계나 융합적 특성을 탐색하는 데 목적이 있지 않으므로 자유전공학부를 비롯하여 대학 전체 차원에서 융합교과과정을 확대할 필요가 있다. 다만, 이러한 융합교과과정에 대한 학생들의 선호도가 높지 않기 때문에 매력적인 교과과정을 설계하는 데 많은 어려움이 있을 수 밖에 없다. 따라서 사회 수요와 학생들의 수요를 반영한 융합교과과정 개발을 위한 연구가 지속적으로 이루어져야 하며 수강을 확대하는 노력이 필요하다.

(3) 학생 자기주도 학업 프로그램

자유전공학부에서 우수한 성과를 보이는 학생들을 위한 프로그램도 요구된다. 예를 들어 학생 자기주도 학기제, 자기주도 프로젝트, 교수 연구활동, 산학협력 프로젝트 등에 참여한 경우 학점을 부여할 수 있을 것이다. 이러한 자기주도 학습에 참여하는 학생들은 역량 평가를 통해 자격을 심사하고 계획서에 대한 평가와 자문, 수행 결과에 대한 보고서 제출과 성과 확산의 과정을 포함하도록 해야 하며, 교수자나 관련 전문가의 멘토링이 수반되어야 한다.

4) 전공교과과정 이수

자유전공학부의 학생들은 다른 일반 전공 소속 학생들과 교과과정 이수 절차나 방법에서 차이가 있으므로 다양한 문제에 직면할 수 있는데, 여기에서는 자유전공학부로 입학해서 희망 학과로 전입하는 경우를 중심으로 논의하였다. 자유전공학부 학생이 희망 학과로 진입 후 다양한 어려움에 직면하게 되는데 교과과정 이수와 관련하여 대표적인 것은 진입한 전공의 1학년 교과과정을 이수하지 못한 경우 발생할 가능성이 높다. 자유전공학부 1학년 재학 중 진입하고자 하는 전공의 기초과목들을 충분히 이수할 경우 이하에서 언급하는 문제가 발생할 소지는 줄어든다.

(1) 전공필수 이수

대학은 전공의 필수 교과목을 점차 줄여가는 추세이지만 아직도 대부분 대학은 전공필수를 지정하고 있으며 1학년에도 전공필수를 편성하고 있다. 따라서 자유전공학부의 학생들이 진입한 전공의 1학년에 편성된 전공필수 교과를 이수하지 못하고 진입한 경우 지속적으로 전공필수 이수에 따른 스트레스를 받게 되고 전공 기초 능력 부족으로 인해 전공교과과정을 정상적으로 이수하기 어려울 수 있다. 특히 2학년의 경우 본격적으로 전공 교과목을 이수하는 시작점으로 이수해야 할 전공 교과목이 많으며 전공필수 교과목이 포함되는 경우도 많으므로 1학년 때 미 이수한 전공필수 교과목을 이수하는 데 어려움이 많을 수 밖에 없다. 또한 2학년 전공필수 교과목과 1학년 전공필수 교과목의 시간표가 중복되는 경우도 있다. 이에 따라 1학년에 편성된 전공필수 교과목을 고학년이 되어서야 이수하게 되는 경우도 발생하게 된다. 전공교과과정에서 1학년에 전공과목이 많이 편성될수록, 전공필수 교과목이 많이 편성될수록 이러한 문제는 더 크게 부각될 수 있다.

(2) 전공교과과정 편성의 유연성

이러한 문제점을 최소화하기 위해서는 무엇보다도 자유전공학부 입학생들의 적성과 흥미, 희망 진로를 빠르게 판단하고 희망 전공의 1학년 전공 교과를 이수할 수 있도록 지도하는 것이 중요하다. 또한 희망 전공이 명확하게 설정된 학생의 경우 해당 전공으로의 빠른 진입을 허용할 수도 있을 것이다. 이미 다수의 대학들이 1학년 2학기에 희망 학과로의 진입을 허용하고 있다.

전공교과과정 편성 시 1학년에는 전공교과과정을 최소한으로 편성할 필요도 있는데, 이는 학과나 전공으로 입학한 학생들에게 최적화된 교과과정 편성을 저해할 가능성도 있다는 점에서 전공별 특성을 반영하여 유연하게 설정할 필요가 있다. 자유전공학부 학생들의 선호도가 높은 학과나 전공을 중심으로 전공교과과정에서 1학년 전공 교과목을 줄이도록 교과과정을 편성하는 방법도 강구할 수 있을 것이다.

1학년의 전공 교과목 편성이 불가피하다면 1학년에 전공필수 교과목을 편성하지 않는 방안도 강구할 수 있을 것이다. 이 경우 자유전공학부를 비롯하여 2학년 전과생들의 경우 졸업 요건을 맞추는 것에 따른 필수 교과 이수의 문제점이 없어진다. 일반적으로 학생들은 상급 학년의 교과목을 이수하지 않으며 제도적으로

막는 경우도 있으므로 1학년 전공 교과목은 전공필수로 지정하지 않아도 사실상 필수 교과목으로 지정한 것과 동일한 효력을 가진다. 다만, 자유전공학부에서 희망 전공의 1학년 교과목을 이수하지 않고 희망 전공으로 진입한 경우 전공 분야 기초 학력 부족의 문제는 여전히 해결되지 않지만 학사지도를 통해 보완할 수도 있다.

전공교과과정 편성 및 이수 정책을 전공별로 다르게 설계할 수도 있다. 예를 들어, 인제대의 경우 수직적 계열성 중요한 학과, 각종 외부의 프로그램 인증제에 참여하는 학과를 제외하고는 1학년에 전공필수 교과목을 편성하지 않고 있다. 또 다른 대학은 전공필수 교과목을 1학년에는 편성하지 않고 2학년부터 여러 학년에 걸쳐 최소 수준으로 편성하고 있다. 아울러 자유전공학부로 입학한 학생들은 필수, 선택 구분 없이 학점으로만 졸업할 수 있도록 하는 방안도 고려할 수 있다.

5) 기타 고려사항

(1) 학생 맞춤형 전공 탐색

자유전공학부 학생이 선택할 수 있는 전공의 범위가 많아질수록 학생들의 전공 탐색을 위해 요구되는 자원도 늘어나게 되므로 전공 탐색 과정은 부실하게 운영될 가능성이 높다. 자유전공학부 학생들의 상당수는 이미 희망 전공을 정하고 입학하지만 대학은 자유전공학부의 취지를 살리기 위해서 진입 가능한 모든 전공에 대한 정보와 멘토링을 제공해야 한다. 반면 많은 학생들은 희망 전공을 몇 개로 한정하고 있으므로 희망 전공 이외의 전공 정보와 탐색 과정에는 흥미가 없을 것이다. 따라서 다양한 정보와 멘토링을 일방적으로 제공하기 보다는 학생의 요구를 반영한 맞춤형 정보 및 멘토링을 제공해야 한다. 또한 전공 탐색 과정은 학생의 자기주도적인 수행 과정을 통해 이루어져야 하며 PBL 등의 수업 방법을 적극 활용할 필요가 있다.

(2) 유연한 학사제도

자유전공학부는 유연한 학사제도를 적용할 필요가 있다. 특히, 자유전공학부에 졸업 시까지 잔류하면서 다양한 전공을 이수하는 경우 유연한 학사제도가 뒷받침되어야 성공적인 교과과정 이수가 가능하다. 전공자율선택제가 단순히 전공진입을 위한 사전 단계로서 모집단위에 그치지 않고 융합 인재 양성이라는 본래의 취지를 달성하기 위해서는 기존 전공들과 차별화되는 유연한 학사제도가 요구된다.

(3) 학생의 자기주도적 학습역량 강화

자유전공학부에 입학하는 학생들의 진로 성숙도를 높이고 자기주도적 학습역량을 강화하기 위해 수업 환경 및 교수학습 방법의 변화도 필요하다. 수업은 소규모를 유지하여 학생과 교수 간의 밀접한 상호작용이 가능해야 하며, 학생들이 자신의 의견을 자유롭게 표현하고 교수로부터 더 많은 피드백을 받을 수 있도록 해야 한다. 또한 토론, 그룹 프로젝트, 문제 기반 학습 등 참여적이고 상호작용적인 교수학습방법을 채택하고 학생들의 적극적인 참여를 유도하여 학생들의 자기주도적 학습역량을 강화해야 한다. 이를 통해 학생들이 전공을 선택하거나 학과로 진입한 후에도 스스로 문제를 해결하고 학업을 성공적으로 완수해 나갈 수 있는 기반을 다질 수 있을 것이다.

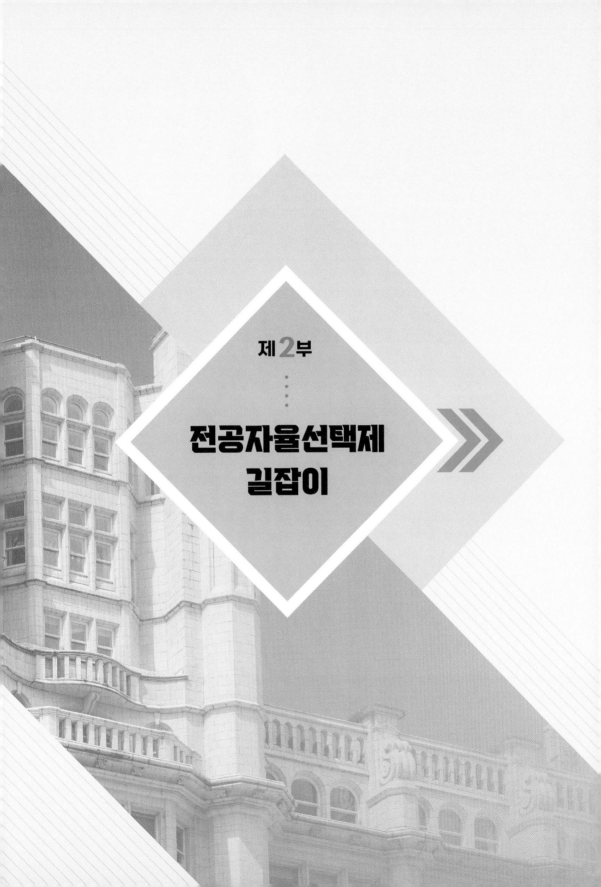

제 2부

⋮

전공자율선택제
길잡이

제5장

전공자율선택제 학생지도 준비

이 장에서는 전공자율선택제 학생 지도를 위한 전담부서와 전담인력의 구성 및 역할을 구체적으로 다루었다. 먼저 전공자율선택제 학생의 특징과 요구되는 역량을 분석하고, 이를 기반으로 한 지도계획(내용, 방법, 운영 등)의 필요성을 강조하였다. 대학 사례를 통해 전공자율선택제 학생이 겪는 어려움을 분석하고, 이를 해결하기 위한 전담부서의 구성 방안과 역할을 제안하였다. 전담부서는 대학의 운영 방향, 목표, 여건에 따라 달라질 수 있음을 명시하였다.

또한 전담인력으로 아카데믹 어드바이저의 중요성을 논의하며, 어드바이저의 선정 기준, 운영 방향, 제공 역할을 구체적으로 제시하였다. 어드바이저의 역할은 대학 내 기존 부서와의 협력을 기반으로 설정될 필요가 있음을 언급하였다.

마지막으로 전공자율선택제 학생의 성공적인 대학 생활을 지원하기 위해 전담부서와 전담인력의 역할 설정에 필요한 제언과 체크리스트를 제공하였다. 이를 통해 대학은 여건과 운영 방향을 고려하여 조직과 인력을 효율적으로 운영하고, 학생 지도를 효과적으로 수행할 수 있을 것이다.

1. 학생지도 계획의 필요성

전공자율선택제는 학생들이 특정 전공에 제한되지 않고 다양한 학문 분야를 탐색하며 자신의 적성과 진로를 찾아갈 기회를 제공해준다는 점에서 매력을 지닌다. 대학생 시기는 진로 결정 및 직업을 선택하기 위한 결정적 준비 기간으로 이 시기의 학생은 적성 및 진로 정보를 탐색하고 미래 삶을 준비해야 한다(박선희, 박현주, 2009). 따라서 대학은 전공자율선택제를 안정적으로 정착 · 운영하고, 학생이 진로를 탐색 후 전공을 선택하여 생애 방향을 설정할 수 있도록 돕는 과정을 체계적으로 마련하고 제공할 필요가 있다.

1) 전공자율선택제 학생의 주요 특징

학생지도는 지도 대상 학생의 상황, 특징, 요구, 그리고 그들에게 필요한 내용을 바탕으로 이루어져야 한다. 전공자율선택제 학생의 가장 기본적인 특징을 살펴보면 첫째, 신입생이라는 점, 둘째, 전공이 확정되지 않았다는 점, 셋째, 긴밀한 선배관계 형성이 어렵다는 점으로 요약할 수 있다. 이러한 상황은 전공자율선택제 학생 지도를 위한 목적과 목표 설정, 내용 구성, 운영 계획의 출발점이 된다.

전공자율선택제는 전공이 정해지지 않은 신입생을 대상으로 시행되므로, 이들을 지도하기 위해서는 주요 특징을 파악하는 것이 필요하다. 전공자율선택제와 학생들의 특징을 긍정적, 부정적 부분으로 나누어 살펴보면 다음과 같다.

(1) 긍정적 특징

전공자율선택제와 전공자율선택제 학생의 긍정적 특징은 다음과 같다(권정현, 김해숙, 2024). 첫째, 다양한 분야를 경험하고자 하는 욕구가 높다. 전공자율선택제 학생은 특정 전공을 선택하고 입학한 것이 아니기에 다양한 분야에 대하여 열린 마음과 호기심을 갖는 경향이 있다. 이에 여러 가능성이 있다는 열린 마음으로 미래 자신의 모습을 상상하며 새로운 삶의 방향을 설정하기 위해 노력한다는 특징을 보일 수 있다.

둘째, 융합 인재로 성장하고 싶은 욕구가 높다. 전공자율선택제 학생은 다양한 분야의 진로를 탐색하고 경험해 봄으로써 진로에 대한 폭과 기대감이 높다.

셋째, 자신의 잠재력을 폭넓게 개발하고 싶은 욕구가 높다. 전공자율선택제 학생은 특정 학문 분야에 제한되지 않고 다양한 분야에 대한 지식과 경험을 쌓아 자신이 어떤 분야에 적성과 관심이 있는지 살피고, 자신만의 강점과 역량을 강화하고 싶어 한다.

(2) 부정적 특징

전공자율선택제와 전공자율선택제 학생이 갖는 긍정적 특징이 많음에도 불구하고 대학교육에서 전공 중심 교육을 강요해온 우리나라에서는 전공자율선택제에 대한 부정적 시각이 존재하는 것이 현실이다. 전공자율선택제 학생에 대한 부정적 시선과 특징을 살펴보면 다음과 같다(송진열, 2017; 정연재, 주소영, 이승엽, 2023; 권정현, 김해숙, 2024).

첫째, 대학에 대한 낮은 자부심과 소속감을 가질 수 있다. 전공자율선택제로 입학한 학생은 주로 자신의 적성이나 관심에 따라 학과를 선택하여 입학하기보다는 성적에 기초하여 대학을 선정하고 입학한 경우들이 많다. 이에 전공자율선택제 학생은 대학의 대외적 이미지, 주변의 평판, 메스컴에서 들려오는 뉴스 등에 따라 애교심, 자부심 등은 쉽게 흔들릴 수 있다. 또한 학과 중심의 문화가 지배적인 상황에서 전공자율선택제 학생은 특정 학과에 소속된 것이 아니고, 대부분 1학년 이후 개별 학과로 이동하기 때문에 대학 생활 초기 선후배 관계 정립이 어려워 소속감의 부재, 대학 생활 부적응 등에 대한 불안감이 높은 편이다.

둘째, 진로에 대한 정보와 확신 부족으로 진로 불확실성이 높다. 학생들은 다양한 분야에 관심은 있지만, 정작 자신의 적성을 찾지 못함으로써 진로 및 전공을 선택하기 어려워하며, 이로 인하여 미래에 대한 불안감이 높다.

셋째, 학습전략의 체계성과 능동적-협동적 학습역량이 부족할 수 있다. 학과 친구 및 교수자의 지지는 대학생의 대학 생활과 학업에 긍정적 영향을 미치는 주요 요인이다. 전공자율선택제 학생의 경우 확정된 전공없이 1년을 보내야 하는 상황으로 신입생 때는 물론 학과로 소속이 전환된 이후에도 학과 친구 및 교수와의 관계 형성이 긴밀하지 못하거나 넓지 못한 경우들이 많다. 이로 인하여 전공자율선택제 학생들은 특정 진로에 대한 깊이 있는 학습 계획을 수립하는 데 어려움을 겪을 수 있다. 또한 전공자율선택제 학생은 학과로 입학한 학습자와는 달리 전공수업에서 전공 분야의 학문적 특수성과 학과 분위기를 익힐 수 있는 전공 관련 주제에 대한 협력 활동 수업을 경험하지 못한다는 점에서 추후 학과 선택 후 전공 적응을 위한 상당한 노력이 요구될 수 있다.

넷째, 학생–학생, 교수–학생 간 상호작용의 범위가 제한적이기 때문에 대학 내 네트워크 형성의 어려움이 있다. 대학에서 관계 형성은 대학 생활 적응을 위한 가장 주요한 요소라고 할 수 있다. 네트워크 형성의 제한과 어려운 문제는 전공자율선택제 학생의 대학 생활 부적응 및 심리·정서 문제로 발전할 수 있고 중도탈락의 주요 요인이 될 수 있다.

2) 전공자율선택제 학생이 갖추어야 할 기본역량

전공자율선택제 학생의 긍정 및 부정적 특징을 살펴보았다. 대학은 이러한 특징을 기반으로 전공자율선택제 학생들이 부정적 요인을 극복하고 긍정적 특성을 강화할 수 있도록 지원해야 한다. 특히, 이들이 대학 생활에 성공적으로 적응하고 전공 선택 이후 학업을 원활히 수행하기 위해 필요한 기본 역량을 체계적으로 개발할 필요가 있다. 전공자율선택제 학생들에게 요구되는 기본 역량은 일반 대학생들에게 필요한 공통 역량 범주에 속하지만, 전공 미확정 상태의 특수성을 고려하여 더 강화된 형태로 요구된다. 주요 역량은 다음과 같다.

(1) 개방적 탐구 역량
전공자율선택제 학생이 진로와 전공을 선택하기 위해서는 다양한 분야에 대한 흥미와 열린 마음을 가지고, 새로운 지식과 경험을 탐구하는 것을 즐길 수 있어야 한다. 개방성이란 새로운 것에 대한 호기심, 다양한 관점의 수용, 그리고 기존 틀에 얽매이지 않고 사고하는 태도 등을 의미한다. 개방적 탐구 역량은 새로운 사람, 문화, 아이디어 등에 대한 다양한 경험, 고정관념을 깨고 다양한 가능성을 열어두는 유연한 사고, 정보를 비판적으로 분석하고 생각을 논리적으로 표현하는 비판적 사고, 그리고 여러 분야의 지식을 연결하고 새로운 아이디어를 창출하는 융합적 사고 등을 통해 강화될 수 있다.

(2) 자기주도적 학습 역량

자기주도학습 역량은 모든 대학생에게 필수적이지만, 전공자율선택제 학생들에게는 특히 더 중요한 역량이다. 이들은 특정 전공에 소속된 학생들과 달리 학습을 위한 롤모델이 부족하므로 스스로 학습 계획을 세우고 목표를 달성하기 위한 노력이 요구된다. 자기주도학습 역량은 학업성취와 관련하여 자기 이해, 자기관리, 학습동기 및 욕구, 학습 정보 탐색, 책임감, 학습전략설계, 대학 생활 적응, 지지 등을 통해 강화된다(임이랑, 2020; 김정은, 2022).

(3) 커뮤니케이션 역량

전공자율선택제 학생들은 교수나 선배와의 관계 형성이 어렵다는 점에서 커뮤니케이션 역량의 중요성이 크다. 이 역량은 네트워킹 능력으로 발전할 수 있으며, 다양한 사람들과 관계를 형성하고 유지하면서 새로운 기회를 발견하는 데 도움을 준다. 또한 불확실한 상황에서도 긍정적인 태도를 유지하고 갈등 상황을 해결하며, 정보와 정서를 교류하여 심리적 안정감을 증진시킬 수 있다(한주리, 남궁은정, 2008; 송홍준, 2018).

(4) 협력적 문제해결 역량

협력적 문제해결 역량은 다양한 관점에서 문제를 바라보고 협력하여 해결 방안을 도출하는 능력이다. 현대 사회의 복잡한 문제들은 개인이 단독으로 해결하기 어렵기 때문에, 여러 사람의 지식과 아이디어를 결합해 최적의 해결책을 찾는 과정이 중요하다. 이 역량은 프로젝트 수행을 통해 학생들의 사회성과 팀워크를 향상시키며, 대학 생활에 안정적으로 적응하도록 돕는다.

3) 대학 생활 적응의 주요 요인

전공자율선택제를 운영하는 대학에게 있어 전공자율선택제 학생의 대학 생활 적응과 안정적인 학업 수행은 시급히 해결해야 할 핵심 과제이다. 기존 학과 중심제에서 대학 생활 적응을 위한 가장 중요한 요소는 전공 학업의 성취 정도였다. 즉, 학업 동기, 학업 환경과 만족감, 시간 관리, 명확한 목적의식 등은 대학생을 중도탈락 없이 대학에 안정적으로 적응할 수 있도록 이끌어 준다. 최근 대학생의 학교 적응과 관련하여 학업 적응 외 정서적, 심리적, 사회적 적응이 중요하게 부각되고 있다(Abouserie, 1994; 송윤정, 2014; 이경아 외, 2008; 이수현, 2024).

이상의 내용을 바탕으로 전공자율선택제 학생의 안정적인 대학 적응을 위한 영역은 학업, 진로, 정서, 사회적 적응으로 구분할 수 있다(정은이, 박용한, 2009; 이수현, 2024).

(1) 학업 적응

학업 적응은 학업 동기, 학업 만족, 학업에 대한 목적의식을 포함한다. 대학에서 학업성취도는 중도탈락에 큰 영향을 미친다. 학업성취도는 전공 분야에 대한 관심 내용을 설정하고 학업에 충실함으로써 향상될 수 있다.

(2) 진로 준비

진로 준비는 자신의 진로를 결정하기 위해 진단, 탐색, 선택이라는 과정을 거친다. 대학에서 진로 준비는 학과 선택으로 이어지며, 자신의 적성에 맞는 학과 선택이 이루어지는 경우 학업성취도가 향상되고 대학 생활 적응도 또한 높아지는 경향이 있다.

(3) 정서적 적응

정서적 적응은 심리적으로 안정된 상태를 유지하는 능력을 의미한다. 대학생에게 정서적 적응은 어려움에 직면했을 때 책임감과 도전정신을 갖고 대처할 수 있게 해줌으로써 대학 생활을 안정적으로 유지하도록 한다.

(4) 사회적 적응

사회적 적응은 대인관계, 소통, 교내·외 체험 활동 등을 포함한다. 대인관계와 소통은 대학 내의 다양한 구성원들과 원만한 관계를 맺고 유지하는 것을 의미하며, 체험은 교내·외에서 여러 단체나 조직에 참여함으로써 대학을 구성하는 일원이라는 경험을 하게 된다.

이상의 적응 요소들을 재정리해 보면 전공자율선택제 학생들이 겪게 되는 어려움은 정서적, 사회적 적응을 포함한 대학 생활 적응, 진로 선택, 그리고 학업 계획이다.

4) 대학 생활 적응의 어려움

전공자율선택제 학생들이 직면하는 주요 어려움은 대학 생활 적응, 진로 선택, 학업 계획의 세 가지 영역으로 나뉜다.

(1) 대학 생활 적응의 어려움

기존 학과 중심제에서 대학 생활 적응은 대부분 학과 내의 문제였다. 그러나 전공자율선택제 학생은 선배의 지원 없이 또래끼리의 관계, 협력, 그리고 네트워크 형성을 통해 대학 생활에 적응해야 하는 어려움이 발생한다. 또한 학과 선택 이후에도 학과 적응의 문제에 직면하게 된다.

(2) 진로 선택의 어려움

학과 중심제에서는 전공관련 몇몇 진로를 확인하고 그 중에서 어떤 것을 선택하지만, 전공자율선택제 학생에게 진로 선택은 특정되지 않은 것을 탐색하고 찾아가는 과정이다. 다양한 선택지가 있다는 것은 개인에게 큰 장점일 수 있지만 자신에게 가장 적합한 길을 찾는 것은 생각보다 어렵다. 전공자율선택제 학생이 진로 선택의 어려움 때문에 전공자율선택제를 선택했다고는 하지만 학생은 계속해서 진로 선택 문제에 직면하게 된다.

(3) 학업 계획 수립의 어려움

전공 학생들은 전공 관련 진로 로드맵, 학습 노하우를 가진 기존 선배 등의 도움을 받아 학습을 계획할 수 있다. 반면, 전공자율선택제 학생은 정해지지 않은 진로로 인하여 진로 및 전공 분야에 대하여 학습 계획을 체계적으로 세우거나 실천하기 쉽지 않다. 진로 선택의 폭이 넓고 변경이 쉽다는 것은 진로 선택 전이든 후든 학업 계획을 수립하고 수행하는 데 있어 어려움을 겪게 만드는 요인이 되기도 한다.

이러한 어려움을 극복하지 못할 경우, 전공자율선택제 학생들은 중도탈락을 고민하게 되고, 대학은 재학률 확보를 위한 추가적인 대안을 마련해야 하는 상황에 직면하게 된다. 따라서 이하에서는 전공자율선택제 학생들의 성공적인 대학 생활을 지원하기 위해 대학이 제공해야 할 전담기구와 전문인력의 역할에 대해 살펴보도록 한다.

2. 전공자율선택제의 전담조직과 전담인력

1) 전담조직의 역할

(1) 전담부서 및 기구의 구성
전공자율선택제는 학생들에게 체계적인 지원과 전공 탐색을 위한 충분한 정보를 제공할 때 안정적으로 운영될 수 있다. 이를 위해 대학은 전공자율선택제 학생의 대학 생활 적응, 진로 탐색, 진로 선택, 그리고 전공 선택 이후의 학업 적응을 지원하는 학생지도 계획을 설계하고, 이를 뒷받침할 사전 준비를 철저히 해야 한다.

현재 전공자율선택제를 운영하지 않는 대학의 경우, 전공자율선택제 학생에 대한 지도 · 관리를 기존 조직인 교양대학이나 교학(학사)처 등에 맡길 것인지, 또는 별도의 전담 조직을 신설할 것인지 고민하게 된다. 이때 대학은 반드시 대학이 선택하고 있는 전공자율선택제 운영 모형과 유형을 고려하여야 한다.

① 전공자율선택제 운영 모형에 따른 전담조직 구성

전공자율선택제 학생 지도 · 관리를 위한 전담부서 또는 전담기구는 대학이 어떤 형태로 전공자율선택제를 운영하는지에 따라 달라질 수 있다. 1+3 모형(1년간 대학 생활 적응과 진로 탐색 후 전공 선택)은 새로운 조직을 신설하여 운영하는 것뿐 아니라 교양대학이나 기존 조직을 활용할 수도 있을 것이다. 반면 대학이 2학년 이후에도 학년 구분 없이 전공을 선택 · 변경할 수 있도록 하거나, 대학이 운영 중인 학과가 아닌 자기설계전공까지를 허용하는 유연한 전공 선택 모형은 기존 조직보다는 별도의 전담조직을 구성하여 운영하는 것이 바람직하다.

② 전공자율선택제 유형에 따른 지도 방안

전공자율선택제 유형1은 보건의료, 사범 계열 등 일부 학과 제외하고 모든 전공을 100% 자율선택하는 유형이다. 유형1은 모집 학생 수와 교내 운영 가능한 인력을 고려해야 한다. 기본적으로 유형1은 기존 교양대학이나 교학처가 아닌 전문조직에 의해 운영되는 것이 적절해 보인다.

유형2는 단과대학 내 모든 전공을 100% 자율선택 또는 학과 정원의 150% 이상 범위 내에서 선택하는 유형이다. 유형2는 단과대학별 별도의 인력을 선발하고 조직을 구성하여 운영하는 것이 어렵다면, 단과대학별 특수성과 독립성 존중, 그리고 학생 지도 · 관리의 효율성을 극대화하기 위해 기존 단과대학 내 인력을 중심으로 지원 조직 또는 위원회 등을 꾸려 운영하는 것이 적절하다.

| 표 5-1 | 전공자율선택제 모형과 유형에 따른 전담 조직 운영 |

구분			1+3모형	2학년 이후까지 전공 선택 및 자기설계전공까지 인정하는 모형
유형1	학생수	소수	기존 조직 및 인력 활용 고려	전담 조직 필요
		다수	전담 조직 필요	
	유형2		단과대학 내 기존 인력 활용 고려	전담 조직 필요

③ 전담 조직의 인력 구성

　기존 학과 중심 운영 방식으로는 전공자율선택제 학생의 대학 생활 적응부터 전공 선택까지의 과정을 충분히 지원하기 어렵다. 전공자율선택제 학생에게는 정서적 안정, 인간관계, 진로 탐색, 학습 계획 등을 포함한 종합적인 지원과 상담이 필요하기 때문이다. 따라서 대학은 별도의 전담 조직 신설을 적극적으로 검토하고 인력을 구성해야 한다.

　별도의 전담 조직을 구성한다고 할 때 담당 부서장, 행정지원 인력, 그리고 아카데믹 어드바이저를 고려해 볼 만하다. 전담 조직의 인력 구성은 대학의 행·재정적 여력에 따르는 바 행·재정적 어려움이 있는 경우 담당 부서장은 겸직을 고려할 수도 있다. 행정지원 인력은 일반 행정, 프로그램 운영관리, 학생지원 등을 위해 최소 2명 이상을 배치하는 것이 적절하다고 본다. 특히, 아카데믹 어드바이저의 운영 규모는 학교의 여건과 어떤 역할을 어느 수준에서 담당하게 할 것인지에 따라 달라질 수밖에 없다. 유형1에서 아카데믹 어드바이저는 채용을 통해 운영하던지 기존 교수들을 활용하던지와는 관계없이 어드바이저 1명당 학생 20명 이하가 적정하다고는 판단되지만, 아카데믹 어드바이저가 관리 수준의 역할만을 수행한다면 학생 20~40명당 1명 정도로 운영하는 것도 고려할 수 있다. 40명 이상의 학생을 1명의 어드바이저가 담당하는 것은 과도한 부담으로, 학생들의 소속감 및 네트워크 형성을 저해할 수 있다. 유형2의 경우 전공 계열에 따라 각 1명 이상의 아카데믹 어드바이저를 배치하고 전공별 지도교수와 협력하는 방안을 고려할 수 있다. 대학은 각 유형과 운영 여건에 적합한 인력 배치를 통해 전공자율선택제 학생들에게 효과적인 지원을 제공해야 한다.

2) 전담부서의 역할

전공자율선택제 학생들을 지도 · 관리하는 전담부서는 단순히 진로 지도 또는 행정적 관리 정도의 역할에 그치지 않고, 학생모집 단계에서부터 진로 선택 이후까지의 전 과정을 체계적으로 지원함으로써 전공자율선택제의 안정적 운영과 학생들의 성장을 도모해야 한다.

(1) 전담부서의 외국 사례

미주리 주립대학교는 'The Academic Advising and Transfer Center'를 두고 대학 내 학생들과 지역사회 상담을 지원하고 있다. 'The Academic Advising and Transfer Center'에서는 분야별 어드바이저를 두고 전공을 확정하지 못한 학생들이 자신의 장 · 단점을 진단할 수 있도록 하고, 전공 탐색을 도와 전공을 선택할 수 있게 유도한다. 또한 학생들에게 자신만의 전공을 디자인하고 자신이 희망하는 진로와 학업목표에 맞는 전공을 설계하는 자기설계 전공(Individualized Major)을 지원한다. 부가적으로 예비대학 학생들과 편입생 및 편입을 원하는 학생들에 대한 지원도 제공한다.

유타 대학교는 'Academic Advising Center'를 설치하고 대학생에게 입학 초기 진로 정보, 졸업과정, 졸업요건, 전공 탐색 등에 대하여 어드바이저의 지도, 교육, 상담을 받도록 하고 있다. 또한 아카데믹 어드바이저는 전공 선택 시기에 학생들에게 지정전공, 예비전공, 예정전공 등에 대한 정보를 제공한다.

사우스캐롤라이나 대학교는 'University Advising Center for Academic & Post-Graduation Success'를 설치하고 학업 코칭과 상담, 학생 상담 정보, 대학 생활 상담, 전공 변경, 동료 멘토링 등을 지원하고 있다.

머레이 대학교는 'Center for Student Engagement and Success'를 두고, 전공 미설정 학생들에게 일대일 상담, 진로 탐색 지원, 전공 및 장래 진로 선택을 위한 서비스를 제공한다. 특히, 전공 미설정 학생들이 성공적인 대학 생활을 할 수 있도록 1년 동안 자신의 관심과 강점을 탐색하고 어떤 전공이 가장 적합한지 결정하는 데 도움을 제공한다. 또한 전공 결정 후 학생들은 전공 학습과 졸업을 위해 요구되는 학습역량 향상과 관련한 서비스를 받게 된다.

이러한 사례들은 전담부서가 학생 지원의 중심적 역할을 수행함으로써 전공자율선택제의 성공적인 운영을 돕는다는 점을 보여 준다.

(2) 전담부서의 역할
① 학생모집 및 홍보
전담부서는 전공자율선택제 학생모집을 위해 입시 담당부서와 연계하여 입시 홍보에 적극 참여하고, 학생모집 후 입학 단계에서 학생지도를 위해 입학 담당부서, 학생지도 및 역량개발 관련 프로그램을 제공하는 부서와 긴밀한 관계를 유지하도록 한다. 또한 전공자율선택제 학생들의 학과 선택과 관련하여 학과와 학생을 연계해주는 역할을 해야 한다.

② 전담인력 배치 및 교육
전공 선택제 운영 전담부서는 학생들을 대상으로 학교 적응, 진로 선택, 기초 학습역량 강화를 위한 교육, 지도, 관리, 상담 등을 제공하게 된다. 이에 전담조직은 책임지도교수나 아카데믹 어드바이저가 해당 과업을 수행할 수 있도록 교육, 연수 등 다양한 방안을 모색해야 한다. 또한 대학이 자기설계전공을 지원하는 경우 전담부서에서도 자기설계를 지원할 수 있는 트랙(교육)과정개발을 고려할 필요도 있다.

③ 대학 생활 적응 지원
전담부서는 전공자율선택제 학생들의 학교 적응 능력 강화를 위해 대학 생활 안내, 학사제도 관련 정보 제공, 교우관계 형성 및 네트워크 형성 지원, 대학 생활의 어려운 점 및 고민에 대한 상담과 지도를 관련 부서와 연계하여 제공해야 한다.

④ **진로 선택 지원**

전담부서는 진로 선택을 위한 정보를 제공하고 상담을 실시한다. 진로 탐색 과정을 단계적으로 매뉴얼화하여 진로교과 수강 지원, 진로상담 지원, 취업 박람회 참여 안내 등을 통해 학습자들이 적성과 흥미를 찾도록 하고, 다양한 직업 세계를 탐색할 기회를 제공하도록 한다. 입학 초기에는 개인별 진단 및 상담을 제공하여 학생 자신의 성격, 흥미, 가치관 등을 종합적으로 진단할 기회를 제공하도록 한다. 전담부서는 진로 탐색을 위해서 다양한 직업 세계에 대한 정보를 제공하고, 학생이 진로 선택에 필요한 정보를 얻을 수 있도록 다양한 분야의 강의 수강 지원, 진로 관련 대학 내 또는 전공자율학부 내 동아리 활동 지원, 봉사활동 지원 등을 통해 다양한 경험을 할 수 있도록 한다. 또한 전담부서는 학과 및 진로 관련 부서와 연계하여 학생이 관심 있는 전공영역에 대하여 해당 전공의 선배나 전문가의 멘토링 등을 통해 실질적인 조언받을 수 있도록 하고 진로에 대한 고민을 해결할 수 있도록 지원한다.

⑤ **기초학습역량 개발 및 강화**

대학은 학생들이 대학에서 원활한 학습활동을 수행할 수 있도록 학습역량 개발 및 강화를 위한 지원을 제공해야 한다. 먼저 입학 단계에서 교수학습개발센터와 같은 관련 부서와 협조하여 기초학습 역량 개발 프로그램을 이수하도록 하는 것도 고려해 볼만 한다. 교양에서는 학습역량 개발 및 강화를 목적으로 하는 강좌를 개설하여 학생들이 대학에서 어떻게 학습활동을 수행하여야 하는지에 대한 지식과 기술을 습득하도록 할 수 있다. 또한 관심 분야에 대한 학습역량을 개발하고 강화하기 위해서는 다양한 분야와 관련된 교양강좌 또는 여러 학문 분야를 융합한 강좌를 수강할 수 있도록 한다.

⑥ **학생 커뮤니티 활성화**

커뮤니티 활성화 지원은 중도탈락을 방지하는 가장 중요한 지원이라고 할 수 있다. 먼저 다양한 배경을 가진 학생들이 서로 교류할 수 있는 네트워크 형성 기회를 제공해야 한다. 이를 통해 학생들은 교우관계를 쉽게 형성하고 확대함으로써 소속감을 키워나갈 수 있다. 커뮤니티 조성을 위한 가장 쉬운 방법은 관심 분야를 중심으로 스터디그룹이나 정기적인 모임을 만들어 주는 것이다. 대학은 전공자율선택제 학생을 대상으로 관심 분야에 대한 스터디그룹을 운영함으로써 학습동기를 부여하고, 서로 협력하여 학습하는 방법을 익히도록 하여 진로 선택 후 전공에 소속된 학생들과의 협력 학습에 적응할 수 있도록 할 필요가 있다.

⑦ 독립된 학습공간과 인프라 제공

전공자율선택제 운영에서 독립된 학습공간 제공은 대학들이 가장 놓치기 쉬운 내용이다. 독립된 공간은 학생들에게 자신이 관심 및 관리받고 있다는 분위기를 조성해 준다. 또한 담당 직원과 교수자들이 학생들에게 지도 · 관리 서비스를 안정적으로 제공하기 위해서도 독립 공간은 필수적이다. 인간 삶에 있어 중요한 욕구 중 하나는 사회적 관계 형성에 대한 욕구이다. 대학에서 사회적 관계 형성은 대학 생활의 질을 결정하는 매우 중요한 요인이 된다. 특히, 특정 구심점이 없는 전공자율선택제 학생들에게 있어 사회적 관계 형성의 기회를 제공하는 물리적 공간과 심리적 안정감을 주는 쾌적한 학습 환경은 매우 중요한 요소이다.

구분	1학기		2학기	전공 선택 후
	입학 단계	진로 및 전공 탐색	전공 선택	
목표	대학 생활 적응 관리 전반적인 학습계획수립 지도	다양한 진로 및 전공에 대한 이해도 증진을 위한 지도	최종 전공 결정 지원	선택한 전공 학습 및 진로계획 수립 지원
주요 활동	대학 생활 적응 지원	진로 지도 및 상담 진로 검사 실시 및 지도 전공 설명회 참여 안내 교양과목 수강 지도 관심 전공 영역 교수와의 상담 연계	전공 관련 수업 수강안내 관심 학과 상담 연계 진로 로드맵 설계 지원	전공 학습을 위한 전공 교수 연계 지원
적응	대학부서 소개 지원기관 연계 자기 이해 관련 진단 검사 안내, 상담 네트워크형성 지원		관심 분야 커뮤니티활동 지원	전공 내 적응 지원
진로		다양한 진로진단검사 실시 및 결과분석: 흥미, 적성, 성격 검사 등을 통해 자신의 강점과 약점 파악 흥미, 적성, 가치관 등을 파악하고 다양한 전공에 대한 정보 제공 다양한 전공 설명회 안내 관심학과 방문: 각 학과의 특징, 진출 분야 등에 대한 정보 제공		전공 내 진로 체험 지원
			전공 선택에 대한 고민 상담, 진로 로드맵 설계 지원 전공 학습 및 진로 로드맵 제공 전공 적합성 검토 및 지도 전공역량진단 참여 유도 심화된 학과 정보 제공, 교수와의 만남 기회 제공 전공 실무 설명회: 탐방, 견학 지원	부·복수전공 지원 전공 전환 지원
학업	기초교양강좌수강 지도 대학에서의 학습방법 및 전략 지도			전공 선택 후 전공학습 계획 및 전략, 전공 교과목 선택, 전과 등에 대한 상담 또는 상담 가능 부서·교수 연계 지원

그림 5-1 **전담조직의 주요 역할**

3. 아카데믹 어드바이저 운영 방향과 역할

1) 아카데믹 어드바이저 운영 방향

대학은 교육 패러다임 변화와 책무성을 바탕으로, 모든 학생에게 대학 생활 적응, 진로 탐색, 학습 지원 등의 서비스를 제공할 책임이 있다. 이를 위해 대학들은 아카데믹 어드바이저라는 전담인력을 고려하고 있다. 아카데믹 어드바이저는 역할에 따라 신입생지도교수, 생활 지도·관리 담당자, 진로 지도 담당자, 책임지도교수, 학사 카운슬러, 학사지도교수 등으로 다양하게 해석될 수 있다. 교수가 자신의 전공에 특화되어 있듯 아카데믹 어드바이저도 대학 생활 적응, 진로, 학습 관련 역할을 모두 수행할 수 있는 역량을 갖추고 있는 경우는 드물다. 가장 유의해야 할 것은 교수, 기존 부서, 기존 인력들 대부분이 이러한 상황에 익숙하지 못하다는 이유로 아카데믹 어드바이저 역할을 부여받은 구성원 또는 새로 고용된 아카데믹 어드바이저에게 그 역할과 책임을 모두 부과하는 것이다. 이는 가장 경계해야 할 일로 구성원 간 갈등 및 신입생 중도탈락의 직접적 원인이 될 수 있다. 따라서 대학은 운영 방향에 따라 아카데믹 어드바이저의 역할을 명확히 구분하고, 관련 부서와 협력 체계를 구축해야 한다. 아카데믹 어드바이저는 대학 생활 적응 및 학습 지도 중심과 진로 지도 중심으로 구분할 수 있다.

대학이 아카데믹 어드바이저 운영을 대학 생활 적응 및 학습 지도 지원에 방향을 맞추었다면, 대학 생활 지원과 일반 학습 지도·관리가 가능한 역량을 갖춘 전문인력을 선발하고, 전공자율선택제 학생을 전담 관리하는 부서, 또는 경우에 따라 교육혁신원, 교육개발센터 등과 같은 기존 부서에 배치할 수도 있을 것이다. 대학 생활 적응 및 학습 지도 중심 어드바이저는 신입생이 대학에 적응하여 중도탈락하지 않고 대학 생활을 이어갈 수 있도록 하고, 대학생이 갖추어야 할 기본적인 학습역량의 개발 및 향상을 위한 서비스를 제공하며, 전문적 프로그램 제공은 관련 부서와 연계하도록 한다.

진로 지도 중심의 아카데믹 어드바이저 운영은 일반 진로 지도 및 학생들의 주요 관심영역의 지도가 가능한 역량을 갖춘 전문인력을 선발하고 전공자율선택제 학생을 전담 관리하는 부서에 배치하도록 한다. 진로 지도 지원중심의 아카데믹 어드바이저는 일반적인 진로 탐색과 더불어 전공 선택 관련 교육을 제공하는 역할을 한다. 유형2의 경우 단과대학 내 학과들과 긴밀한 협조가 요구됨으로 아카데믹 어드바이저를 단과대학 내에 배치하는 것도 고려해 볼 만하다.

학생 유형에 따라 아카데믹 어드바이저의 역할은 더욱 세분화될 수 있다. 유형2 학생의 경우, 아카데믹 어드바이저는 대학 생활 및 학습 관련 전문 지식과 역량을 반드시 갖추지 않더라도, 대학 내 활성화된 부서와의 연계를 통해 효과적으로 역할을 수행할 수 있다. 특히, 관련 부서들이 활성화된 대학에서는 부서 간 협력을 통해 신입생들이 단과대학 또는 학과 재학생들과 튜터링이나 커뮤니티 활동에 참여하도록 지원하는 방안도 고려할 수 있다.

반면, 유형1 학생을 담당하는 아카데믹 어드바이저는 학생들의 대학 생활 적응을 돕기 위해 보다 적극적인 지도와 관리가 필요하다. 이 경우, 학습 지도는 교수학습지원센터와 연계하여 제공하는 것이 적절하다. 또한 대학 생활 적응 및 학습 지도 부서가 활성화된 대학이라면, 아카데믹 어드바이저의 역할을 진로 지도 중심으로 전환하여 운영할 수 있다.

유형1 학생의 경우 대학 내 진로 지도 부서가 기본적인 진로 탐색과 취업 프로그램을 제공하지만, 전공 탐색과 전공 선택에 필요한 세부적인 진로 지원과는 거리가 있을 수 있다. 따라서 일반적인 진로 탐색에서는 기존 진로 지도 부서와의 연계를 활용하되, 전공 탐색과 선택에 초점을 맞춘 역할은 아카데믹 어드바이저가 담당하는 것이 효과적이다.

유형2 학생은 이미 진로 방향이 어느 정도 설정되어 있는 경우가 많기 때문에, 단과대학 내 교수들이 상세한 전공 정보와 진로 안내를 제공하는 것이 적절하다. 대형 대학의 경우 재정적 지원이 충분하다면, 해당 단과대학 교수와 아카데믹 어드바이저를 함께 배치하여 운영할 수 있다. 반면, 중소형 대학에서는 단과대학 소속 교수들이 아카데믹 어드바이저 역할을 겸임하도록 구성하는 방안을 고려할 수 있다.

2) 아카데믹 어드바이저의 역할

앞서 아카데믹 어드바이저의 운영 방향을 검토하며, 이들이 갖추어야 할 역량과 선발 기준, 그리고 일부 주요 역할에 대해 제시하였다. 아카데믹 어드바이저의 역할 설정은 전공자율선택제의 안정적인 정착은 물론, 학생들의 성공적인 대학 생활과도 직결된다는 점에서 그 중요성이 크다. 따라서 이 절에서는 아카데믹 어드바이저의 역할을 세분화하여 보다 구체적으로 살펴보고자 한다.

대학은 기본적으로 대학 생활, 진로, 그리고 학습 관련 지도, 교육, 그리고 상담을 체계적으로 제공해야 하며, 아카데믹 어드바이저의 역할도 이러한 기본적인 지원에 준하여 설정할 수 있다. 특히, 유형2의 경우 일반적 학습 지도에 더하여 전공 학습에 대한 지도까지 포함할 수 있다. 이에 아카데믹 어드바이저가 기본적으로 제공해야 할 대학 생활 적응, 진로, 학습 관련 역할은 다음과 같이 세부적으로 구분할 수 있다.

표 5-2 아카데믹 어드바이저 선발시 고려해야 할 사항과 역할

고려 요건			주요 요건 모두를 미충족한 A.A경우	비고
대학 적응	관련 경험	학생지도 · 상담 경험	주요 요건: 관련 전공, 관련 자격 A.A: 안내 및 관리 부서: 프로그램 운영(부서 인력이 충분하지 못한 경우 충분한 서비스 제공이 어려움)	교내외 교육, 연수를 통하여 역량을 제고하는 방안 고려
	관련 전공	교육, 심리, 상담 등		
	관련 자격	상담 관련 자격		
진로	관련 경험	진로 지도 경험 진로프로그램운영 경험	주요 요건: 관련 전공, 관련 경험 A.A: 안내 및 관리 부서: 프로그램 운영(관련 전공 교수들의 적극적 협조가 필요)	
	관련 전공	전공 진로: 해당 대학의 전공영역		
	관련 자격	직업상담사, 진로상담사, 진로적성상담사, 진학상담사 등		

학습	관련 경험	학습프로그램운영 경험 학습 지도 · 상담 경험	주요 요건: 관련 전공, 관련 경험 A.A: 안내 및 관리 부서: 프로그램 운영(부서 인력이 충분하지 못한 경우 전공 학생들과 차별적 운영이 어려움)	
	관련 전공	일반 학습 지도: 교육, 심리, 상담 등 전공 학습 지도: 해당 대학의 전공영역		
	관련 자격	학습상담, 학습컨설팅 ○○학습 지도사 등		

(1) 대학 생활 적응 지원

대학에서 대학 생활 적응 지도 및 관리 서비스는 기본적으로 학과나 학생(생활)상담센터를 통해 제공되고 있다. 학과는 책임지도교수, 학과 조교, 학과 선배 등을 통해 신입생들의 대학 생활 적응을 돕고, 학생(생활)상담센터는 상담 자격을 갖춘 연구원 및 위촉연구원을 배치하여 다양한 진단, 상담(개인, 집단), 대학 생활 적응력 증진을 위한 프로그램을 제공한다. 이에 아카데믹 어드바이저는 대학 생활 적응에 대한 일반적인 지도가 가능한 수준이면 적절하다고 판단되며, 전문적 서비스가 필요한 경우 해당 기관과 연계하도록 한다.

유형1을 담당하고 있는 아키데믹 어드바이저는 일정 주기로 학생들과 만나 대학 생활 적응에 관한 기본적인 지도와 상담을 제공하고, 문제 발생 시 관련 부서와의 연계를 통해 문제를 해결한다. 또한, 신입생들이 대학 내 기관을 이용할 수 있도록 안내하고, 연계 프로그램 참여 방법을 제공하며, 학생 간 네트워크를 구성하고 운영하는 역할을 맡는다.

유형2를 담당하고 있는 아키데믹 어드바이저는 대학 생활 적응을 위한 기본적인 지도와 상담, 그리고 대학 기관에 대한 안내가 가능해야 하며, 단과대학 및 학과와 연계하여 관심 전공 내에서의 적응을 도울 수 있도록 한다.

유형1과 유형2의 아카데믹 어드바이저를 교수로 구성하는 경우, 대학은 해당 어드바이저들이 대학 생활 적응 관련 교과를 담당하도록 하여 주기적이면서 직접적 지도가 가능하도록 할 수 있다. 특히, 아카데믹 어드바이저는 신입생 간, 학생―교수 간, 그리고 신입생―재학생 간 네크워크 구성에 적극적인 역할을 하여 전공자율선택제 신입생들이 대학 생활 적응 문제로 중도탈락하는 것을 예방할 수 있어야 한다.

표 5-3 대학 생활 적응 관련 아카데믹 어드바이저 역할

구분	기존 대학 생활 적응 지도 및 관리 부서 활성화 여부	
	활성화	**미활성화**
유형1 AA	대학 생활 지도 대학 생활 적응 프로그램 안내 대학 생활 적응 관련 교과 운영 운영과정 및 결과 관리	대학 생활 지도 대학 생활 적응 프로그램 운영 대학 생활 적응 관련 교과 운영 대학 생활 상담 운영과정 및 결과 관리
유형2 AA		

(2) 진로 지도 및 지원

대학 내에서 진로 지도와 상담은 대학 내 취창업지원센터, 일자리본부 등의 진로 관련 정규교과, 진로 프로그램, 취업 프로그램 등을 통해 제공되고 있다. 많은 대학은 이러한 부서에 진로 상담사를 두고 있으며 전공별 전담 진로 상담사를 운영하는 대학도 있다. 여기서 '전공별 전담 진로 상담사'는 전공별 맞춤형 진로 상담 서비스 제공을 위해 각 전공별로 전공 학생의 전공 적응 및 진로상담을 돕는 역할을 하는 상담원을 말한다.

아카데믹 어드바이저는 대학의 진로 및 취업지원 부서와 그 역할이 중복될 수 있다. 이에 대학은 먼저 기존 조직이 전공자율선택제 학생에게 진로 탐색, 진로 선정, 전공 진로 관련 지도와 상담 등이 어느 정도의 수준에서 가능한지를 파악해야 한다. 이를 바탕으로 아카데믹 어드바이저가 독립적으로 진로 지도와 관리까지 할 것인지, 진로 지도와 관리가 가능한 부서와 협업할 것인지, 학생에게 진로 지도와 관리가 가능한 부서를 소개하거나 연계하는 역할로 제한할 것인지 결정해야 한다.

유형1만 운영하는 대학은 학교 내 선택 가능한 전공 영역에 대한 지도를 전체적

으로 제공해야 하지만 사전조사를 통해 학생들의 관심도가 높은 분야의 아카데믹 어드바이저를 우선 배정하거나 채용을 고려할 수 있다. 유형1과 유형2 모두를 운영하는 대학에서 유형1을 담당하는 아카데믹 어드바이저는 적어도 학생이 진로 부서에서 진로를 탐색할 수 있도록 지도하고 해당 결과를 해당 부서와 연계하여 관리할 수 있어야 한다. 또한 아카데믹 어드바이저는 특정 전공에 관심을 보이는 학생들에게는 유형2를 담당하는 아카데믹 어드바이저, 해당 전공 지도교수, 또는 관련 학과 교수와 연계하여 지도 · 상담받도록 안내할 수 있어야 한다.

유형2를 담당하는 아카데믹 어드바이저는 일반 진로 지도보다는 전공 탐색, 전공 선택 관련 지도 · 상담이 가능한 교수나 관련 전공자를 배정하는 것이 적합하다. 유형2의 아카데믹 어드바이저를 교수로 배정하는 경우, 어드바이저가 진로 탐색이나 전공 선택을 위한 교과를 직접 운영할 수 있도록 하여 전공자율선택제 신입생에게 밀착 지도 서비스를 제공할 수 있도록 하는 것도 고려해 볼 만하다. 또한 아카데믹 어드바이저는 전공자율선택제 학생들이 관심 진로가 같은 동료 학생들이나 기존 전공 재학생들과 커뮤니티를 구성할 수 있도록 하는 역할을 담당할 수도 있다.

표 5-4 진로 지도 관련 아카데믹 어드바이저 역할

구분	기존 진로 지도와 상담 부서 활성화 여부	
	활성화	미활성화
유형1 AA	진로 프로그램 안내 일반 진로 탐색 교과 운영 진로 선택을 위한 진로 상담 안내 운영과정 및 결과 관리	진로 프로그램 운영 진로 탐색 교과 운영 진로 선택을 위한 진로 상담 안내 운영과정 및 결과 관리
유형2 AA	진로 프로그램 안내 (단과대 중심)진로 탐색 교과 운영 전공기초 교과 운영 전공 진로 관련 상담 운영과정 및 결과 관리	진로 프로그램 운영 (단과대 중심)진로 탐색 교과 운영 전공기초 교과 운영 전공 진로 관련 상담 운영과정 및 결과 관리

(3) 학습 지도 및 상담

대학에서 학습역량 관련 서비스는 주로 교수학습지원센터와 학과를 통해서 제공되어왔다. 많은 대학의 교수학습지원센터는 2010년 이후 활성화되었으며, 교육학 전공자와 관련 분야의 유경험자들을 배치하여 다양한 학습 서비스와 프로그램을 운영하고 있다. 이러한 지원센터는 전공자율선택제 학생들에게 학습 관련 진단, 지도, 상담을 제공하는 데 있어 중요한 역할을 할 수 있으며, 아카데믹 어드바이저와의 연계를 통해 그 효과를 극대화할 수 있다.

교수학습지원센터에서 일반적으로 제공되는 학습 관련 주요 내용은 학습 관련 진단 및 해석, 학습계획작성, 시간 관리, 수업참여, 레포트작성, 시험, 방학동안 학습, 관심 전공 멘토링, 선배의 학습노하우 전수 등을 포함한다. 이에 전공자율선택제 유형1 학생들에게는 매우 유용할 수 있다. 반면 유형2 학생은 이상의 일반적 학습 지도와 더불어 단과대학 내 전공 관련 학습 지도와 상담 서비스를 구체적으로 요구할 수 있다. 이에 아카데믹 어드바이저는 직접 지도 및 상담을 제공할 수도 있고, 단과대학 내 전공 재학생이나 졸업 선배 등과 연계하여 다양한 프로그램에 참여하도록 유도하는 역할을 할 수도 있다.

표 5-5 학습역량 관련 아카데믹 어드바이저 역할

유형	기존 학습역량 지도 및 관리 부서 활성화 여부	
	활성화	**미활성화**
유형1	학습 프로그램 안내 관심 분야 학습 지도 및 상담 안내 운영과정 및 결과 관리	학습 프로그램 개발 · 운영 운영과정 및 결과 관리
유형2	학습 프로그램 안내 관심 분야 학습 지도 및 상담 운영과정 및 결과 관리	학습 프로그램 개발 · 운영 관심 분야 학습 지도 및 상담 운영과정 및 결과 관리

지금까지 아카데믹 어드바이저가 제공해야 하는 기본적인 역할을 살펴보았지만 아카데믹 어드바이저의 역할은 대학의 의지와 여건에 따라 달라질 수 있다.

또한 대학은 대학이 기대하는 역할수행이 가능한 정도의 역량을 갖춘 어드바이저를 확보할 수 있는지, 누구에게 아카데믹 어드바이저 업무를 맡길 것인지 등을 판단할 수 있어야 전담 인력의 효율적 운영이 가능하다. 이에 대학은 아카데믹 어드바이저의 역할을 누구에게 맡기고 어떤 역할을 부여할 것인지 고려할 때 다음과 같은 사항을 사전에 반드시 확인해야만 한다.

- 대학 생활 적응/진로/학습을 위한 전문조직을 운영하고 있는가?
- 대학 생활 적응/진로/학습 전문조직이 제공하는 프로그램은 활성화되어 있는가?
- 대학 생활 적응/진로/학습 전문조직은 전공자율선택제 학생들에게 관련 서비스를 제공할 정도의 전문인력을 충분히 확보하고 있는가?
- 아카데믹 어드바이저의 운영 방향을 명확히 설정하였는가?

만약 대학이 이미 전문조직과 전문인력을 충분히 확보하고 있다면 아카데믹 어드바이저는 일반적 지도와 관리 정도의 역할만 수행하는 것으로 충분할 수도 있다. 그러나 관련 부서가 충분한 전문인력을 확보하지 못한 경우라면 아카데믹 어드바이저의 역할은 전문적 지도와 교육 활동까지 확대될 수 있다. 아카데믹 어드바이저의 역할이 정의되면 아카데믹 어드바이저를 누가 담당할지 결정할 수 있다. 기본적 지도 · 관리 정도의 역할이라면 대학원생, 직원, 연구원, 교수 등이 담당할 수 있으며, 교육 및 문제해결 서비스를 전문적으로 제공해야 한다면 전문연구원이나 해당 분야 교수가 참여해야 할 것으로 판단된다.

4. 전공자율선택제 학생지도를 위한 전담부서 및 전담 인력을 위한 제언

1) 전담부서 설치를 위한 고려 사항

(1) 기존 부서 활용의 적절성 검토

전공자율선택제 전담부서를 설치하기 전, 기존 부서의 활용 가능성과 인력 가용 여부를 면밀히 검토하는 것은 필수적이다. 대학은 종종 새로운 프로젝트나 역할이 부여되었을 때 해당 업무 주관 부서 결정에 있어 부서 간 논쟁이 일어나는 경우들이 있다. 심한 경우 해당 업무를 모두 회피하여 업무수행이 이루어지지 않는 경우, 또는 중복된 업무임에도 새로운 부서가 신설되는 경우 등이 발생하여 대학의 행·재정의 낭비 및 효율성을 떨어뜨리는 경우도 종종 보게 된다.

① 교양대학의 활용

교양대학은 독립된 행정 조직을 갖추고 다양한 전공 영역의 교수들로 구성되어 있다는 장점이 있다. 먼저 교양대학 내 대학 생활 적응, 진로, 학습 관련 전문 역량을 갖춘 교수들은 어느 정도 되는지, 기존 교양 강의 운영에 영향은 없는지, 추가된 활동에 대하여 시수 인정과 같은 행·재정적 지원이 가능한지 등이 검토되어야 한다. 다음으로 전공자율선택제 학생들을 담당할 교양교수들의 학문 영역이 학생들이 희망하는 전공과 일치하거나 유사하여 이에 대한 지도, 관리, 교육이 가능한지도 파악하여야 한다.

② 기타 전문 부서 활용

대학은 대학 내 많은 부서들을 운영하고 있다. 특히, 전공자율선택제 학생들에게 제공해야 할 대학 생활 적응, 진로, 학습 관련 서비스를 제공하는 부서들이 활성화되어 있는 경우도 많다. 대학 생활 적응, 학습 등의 종합적 서비스를 제공하는 교육혁신원과 같은 조직을 전공자율선택제 학생을 위한 전문조직으로 활용하는 방안을 고려한다면 해당 조직이 현재 제공하고 있는 서비스 이외 전공자율선택제 학생들을 밀착 지도·관리할 여유와 역량이 있는지를 판단해야 한다. 또한 해당 조직에 아카데믹 어드바이저를 소속시켜 어드바이저의 선발, 교육, 관리·운영할 수 있는지, 전공과 관련된 전문적 내용을 요구할 수 있는 유형2의 학생에게 빠른 서비스 제공이 가능한지 등도 판단해 보아야 한다.

(2) 신설 전담부서 운영 및 역량 강화를 위한 사전 계획 필요

전공자율선택제 학생 비율이 높은 대학에서는 신설 전담부서를 운영하는 방안을 고려해야 한다. 특히, 유형1의 비율이 높은 대학은 더욱 그러하다. 최소 수십 명에서 수백 명에 이르는 학생들을 기존 부서에서 관리하도록 하는 것은 부서 구성원들의 업무 피로도를 높일 뿐 아니라 학생관리 효율성도 떨어뜨려 중도탈락의 원인이 될 수 있기 때문이다.

전담부서를 신설하는 경우 전담부서의 운영 방향과 역할, 전담부서의 조직 구성, 그리고 기존 조직과의 연계 분야 등을 면밀하게 계획하여야 한다. 특히, 전담부서의 운영 방향은 조직 운영의 밑그림으로 최우선으로 고려되어야 한다. 전담부서가 관리조직인지, 관리와 교육 모두를 담당하는 조직인지를 명확히 해야 한다. 관리조직이라면 관리의 범위를 설정하고 그에 따른 소규모의 행정 조직과 관리 교수나 관리중심 어드바이저 정도로 구성하면 될 것이다. 그러나 관리와 교육 모두를 제공하는 조직으로 운영한다면 구성원은 전문 역량을 갖춘 교수나 어드바이저로 구성해야 할 것이고, 역량이 부족하다고 판단되는 경우 연수, 워크숍, 교육 등을 제공하여 구성원들의 역량을 강화하는 방안을 마련해야 할 것이다.

2) 전담인력 준비를 위한 고려 사항

(1) 전담부서 운영에 적절한 전담인력 확보 노력

전담부서의 운영 방향과 목표에 따라 필요한 전담인력을 확보하는 것은 운영

결과의 질을 결정짓는 핵심 요소다. 전담인력은 전담부서의 운영 방향 및 운영 목표를 달성할 수 있는 역량을 갖추고 있어야 한다. 앞에서 살펴본 바와 같이 전담부서 운영 방향이 관리 정도의 수준이라면, 교내 여유 인력 배정 또는 겸직을 고려해 볼 수 있겠으나, 기본적 관리는 물론 지도 및 교육, 상담까지를 제공하도록 한다면 전문인력 확보가 가능한지를 면밀하게 검토하여야 한다. 기본적으로 대학 생활 적응, 진로, 학습 중 어떤 영역에서 관리인력이 필요하고 전문인력이 필요한지, 필요인력의 확보는 가능한지, 새로 추가되는 대학 생활, 진로, 학습 관련 교과 운영에 전담인력 투입은 적절한지 등을 고려할 필요가 있다.

(2) 기존 부서와의 협력 방안 마련

대학은 대학 생활 적응, 진로, 학습 관련 전문부서를 운영하고 있고 전문인력도 확보하고 있다. 그러나 기존 부서 구성원들에게 있어 전공자율선택제 학생을 위한 지도·교육업무 협조는 기존 업무 외 추가되는 일로 업무 스트레스가 가중될 수 있다. 이에 전공자율선택제 학생 관리 전담부서와 전담인력은 기존에 학생들에게 서비스를 제공해오던 기존 부서와 협업이 원활하게 이루어질 수 있도록 행정적 측면이나 인간관계적 측면에서 문제가 발생하지 않도록 우호적 환경을 조성해야 한다. 특히, 기존 교내 인력을 활용하는 경우 여러 가지 사유로 기존 부서와 협업이 어려운 경우들이 간혹 있다. 이런 경우, 먼저 관계 개선 노력과 함께 추후 문제가 발생하지 않도록 사전 협의를 통해 협업 일시(기간), 내용, 수준, 행정처리 절차 및 담당, 책임소재, 결과 및 성과 활용 등을 명확히 하도록 한다. 협업이 필요한 경우 협의체나 위원회를 구성하여 업무 협조에 대한 행정처리를 명확히 하고, 부서 및 구성원 간 우호적 관계를 유지하기 위해 노력하도록 한다. 특히, 아카데믹 어드바이저와 같은 전담인력을 신규로 채용하여 운영하고자 하는 경우 기존 부서와의 관계에 더욱 신경을 쓰도록 하여야 한다.

(3) 전문인력에 대한 행·재정적 지원 방안 검토

재정적 어려움을 겪고 있는 중소형 대학은 전담인력 대부분을 기존 직원, 연구원, 그리고 학과 교수들로 구성할 가능성이 높다. 전공자율선택제를 위해 대학이 제공하는 서비스들 중 일부는 기존 구성원들의 상시 업무가 아닌 추가 업무가 될 것이다. 이러한 부가 업무를 수행하는 인력들에 대한 적절한 지원이 고려되어야 할 것이다. 예를 들면, 업무평가 및 교원업적평가 반영, 인센티브 제공, 학교가 제공하는 복지 혜택 우선 반영 등을 고려할 수 있다.

3) 전담부서 및 전담 인력 운영을 위한 점검사항

(1) 전담부서 운영을 위한 점검사항

전공자율선택제 학생들의 대학 정착과 성공적인 학습활동을 지원하기 위한 전담부서 설치 및 운영을 위해 사전에 점검해야 할 항목을 체크리스트로 제시하면 다음과 같다.

표 5-6 ┃ 전담부서 운영을 위한 체크리스트

구분	점검내용	Y	N
사전 확인 (준비)	대학은 전공자율선택제 유형 중 어느 유형을 운영하고 있는가? ① 유형1만 운영 ② 유형2만 운영 ③ 유형1과 유형2 모두 운영		
	전담부서의 규정을 마련하였는가?		
	전담부서의 직제상 위치를 결정하였는가?		
	전담부서 운영을 위한 재정지원 방안은 마련하였는가?		
운영	전담부서의 운영 방향을 설정하였는가?		
	전담부서의 운영(제공) 내용을 설정하였는가?		
	전담부서의 운영 체계(계획-운영-평가-환류)를 마련하였는가?		
	전담부서의 역할을 명확히 하였는가?		
	전담부서의 전문인력 확보 방안을 마련하였는가?		
협업	기존 부서들이 제공하고 있는 서비스 내용을 확인하였는가?		
	기존 부서들이 제공하고 있는 서비스의 활성화 정도를 확인하였는가?		
	기존 부서 구성원들의 전문성을 확인하였는가?		
	기존 부서와 역할 분담 및 협업 관계를 명확히 하였는가?		

평가	전담부서 운영 계획 및 역할에 대한 목표를 달성에 대한 전반적인 평가를 실시하였고 우수한 점과 개선점을 제시하였는가?		
환류	평가결과를 반영하여 향후 전담부서 운영 계획을 수립하였는가?		

(2) 전담인력 운영을 위한 점검사항

전공자율선택제 학생들의 대학 적응과 성공적인 학습활동을 위해 밀착 지원할 전문인력의 구성과 운영을 위해 사전에 점검해야 할 항목을 체크리스트로 제시하면 다음과 같다. 해당 체크리스트를 통하여 전담인력의 역할을 명확히 할 수 있다.

표 5-7 전담인력 운영을 위한 체크리스트

구분	점검내용		Y	N
사전 점검 (준비)	교내 가용 인력을 확인하였는가?			
	제공해야 할 내용에 대한 교내 가용 인력의 전문성 정도를 확인하였는가?			
	전담인력의 배치 및 관리 부서는 결정되었는가?			
	전담인력 채용 계획은 마련되어 있는가?			
	전담인력 확보를 위한 예산은 마련하였는가?			
	충분한 전담인력 확보가 가능한가?			
	전담인력은 기존 부서와 협업하는 데 문제는 없는가?			
운영 역량	전담인력은 대학 생활 적응 지원이 어느 정도 수준으로 가능한가?	안내/관리		
		지도/교육		
		상담		
	전담인력은 진로 선택 활동 지원이 어느 정도 수준으로 가능한가?	안내/관리		
		지도/교육		
		상담		
	전담인력은 진로 선택 활동 지원이 어느 정도 수준으로 가능한가?	안내/관리		
		지도/교육		
		상담		

	전담인력은 일반 학습 관련 활동 지원이 어느 정도 수준으로 가능한가?	안내/관리		
		지도/교육		
		상담		
	전담인력은 관심 분야 또는 관심 전공에 대한 학습 지원이 어느 정도 수준으로 가능한가?	안내/관리		
		지도/교육		
		상담		
지원	전담인력과 기본 부서 간 협업을 위한 지원 방안은 마련되었는가?			
	전담인력에 대한 행재정적 지원 방안은 마련되었는가?			
	전담인력의 전문성 향상을 위한 교육 지원 방안은 마련되었는가?			
평가	전담인력 운영 계획 및 역할에 대한 목표를 달성에 대한 전반적인 평가를 실시하였고 우수한 점과 개선점을 제시하였는가?			
환류	평가결과를 반영하여 향후 전담인력 운영 계획을 수립하였는가?			

제6장

전공결정 단계별 학생지도 계획

대학에서 전공자율선택제는 학생들에게 다양한 학문을 탐색하고 자신에게 맞는 전공을 선택할 기회를 제공하는 중요한 학사제도이다. 이는 단순히 특정 학문에 제한되지 않고, 융합적 사고를 기르며 다각적인 학문 탐구를 가능하게 한다. 하지만 전공자율선택제 학생들은 명확한 전공 없이 대학 생활을 시작하기 때문에 방향성을 찾는 과정에서 혼란을 겪을 수 있다. 이에 대학은 전공자율선택제 학생들이 전공 결정을 원활히 할 수 있도록 전공 결정 단계에 따른 체계적인 학사 지원과 각종 학생지도 프로그램을 제공해야 한다.

이 장의 목적은 대학의 전공자율선택제운영에 있어 학사팀과 교수진이 학생들의 전공 결정을 체계적으로 지원하기 위한 가이드라인을 제공하는데 있다. 이를 위해 전공자율선택제 학생들이 전공을 결정하는 4단계 과정(입학 초기, 전공 탐색, 전공 선택, 전공 진입)에 따른 학생지도 활동을 구체적으로 제안하고자 한다. 이러한 작업은 각 단계별로 전공 선택 과정에서 필요한 과업을 제안함으로써, 학생들의 중도이탈률을 줄이고 졸업 후 성공적인 진로 선택과 사회진출 가능성을 높여 주고, 전공자율선택제를 추진하는 대학이 목표를 달성하는데 이바지 할 수 있을 것이다.

1. 전공결정 단계별 학생지도 계획 개요

전공자율선택제는 학생들이 다양한 학문을 자유롭게 경험하고, 이를 바탕으로 자신의 적성과 흥미에 맞는 전공을 선택할 수 있도록 돕는 중요한 제도이다. 이 제도를 성공적으로 운영하기 위해서는 대학이 입학 초기부터 전공 진입에 이르기까지 단계별로 체계적인 지원을 제공하는 것이 필수적이다. 특히 학생들이 학문적 탐색을 통해 자신에게 적합한 전공을 선택하고, 이를 기반으로 졸업 후 진로를 체계적으로 설계할 수 있도록 다각적인 지원과 접근이 필요하다. 전공자율선택제를 효과적으로 운영하기 위해 [그림 6-1]과 같이 대학은 입학 초기 단계, 전공 탐색 단계, 전공 선택 및 진입 단계 등으로 단계별 지원 시스템을 구축해야 한다.

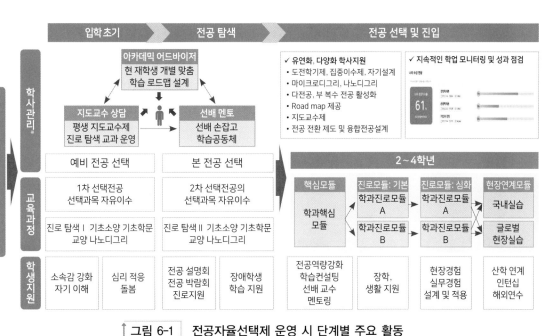

그림 6-1   전공자율선택제 운영 시 단계별 주요 활동

* AA: Academic Advisor

1) 입학 초기 단계

입학 초기 단계에서는 학생들이 새로운 환경에 적응하는 데 중요한 역할을 하는 맞춤형 적응 프로그램을 제공해야 한다. FYE(First Year Experience) 프로그램과 같은 초기 적응 프로그램을 통해 학생들이 대학 생활에 원활히 적응하고, 새로운 환경에서 자신감을 가질 수 있도록 해야 한다. 또한, 정기적인 상담 프로그램을 통해 학생들이 학업과 개인적 문제를 해결할 수 있도록 심리적, 정서적 지원을 강화할 필요가 있다. 이 단계에서는 학생들이 자아를 탐색하고, 진로에 대한 명확한 방향성을 설정할 수 있도록 돕는 다양한 심리검사 및 자기 탐색 활동도 필수적이다.

2) 전공 탐색 단계

전공 탐색 단계에서는 학생들이 다양한 학문적 탐색 기회와 경험을 바탕으로 자신에게 맞는 전공을 선택할 수 있도록 해야 한다. 대학은 심리검사와 적성검사를 통해 학생들이 자신의 성향을 명확히 파악할 수 있도록 지원해야 하며, 각 전공에 대한 충분한 정보를 제공하는 전공 설명회와 워크숍을 운영해야 한다. 이러한 탐색 프로그램은 학생들이 각 학문 분야의 특성과 요구 사항을 이해하고, 자신이 흥미를 느끼는 분야에서 학문적 성취를 이룰 수 있도록 돕는 중요한 역할을 한다. 또한, 특정 인기 전공으로의 편중을 방지하고 학생들이 다양한 전공을 탐색할 수 있도록 전공 선택의 다양성을 장려하는 방안도 필요하다.

3) 전공 선택 및 진입 단계

전공 선택은 특별히 기간을 두고 이루어지기 보다는, 전공 탐색과 진입 사이의 과정 상 존재하는 절차에 해당하는 단계이다. 학생은 충분한 전공 탐색 과정을 거친 후에 전공 선택의 기회를 가지게 되며 이를 거쳐 전공 진입을 하게 되는데,

유형1과 유형2에 따라 전공 선택의 시기와 방법에는 차이가 있으므로 대학에서는 전공 선택의 시기 및 방법에 관한 자세한 안내를 제공해야 한다.

　전공 진입 후에는 학습 로드맵을 통해 필수 과목과 선택 과목을 체계적으로 배정하고, 학생들이 기초적인 지식부터 심화된 전공 지식까지 균형 있게 습득할 수 있도록 해야 한다. 이를 통해 학생들은 전공에서 학문적 성취를 이루고, 졸업에 필요한 학점을 충족할 수 있다. 또한, 심화 학습 과정과 연구 프로젝트를 통해 학생들이 전공 분야에서 독창적인 연구를 수행할 수 있는 기회를 제공하는 것이 중요하다.

　진로 설계 및 실무 경험 제공은 학생들의 전공 선택 이후 학문적 성취와 더불어 졸업 후 진로를 구체적으로 설계하는 데 중요한 역할을 한다. 산학 연계 프로그램, 인턴십, 해외 연수, 교환학생 프로그램 등을 통해 학생들이 실제 산업 현장에서 전공 지식을 적용하고, 직무 경험을 쌓을 수 있는 기회를 제공해야 한다. 이를 통해 학생들은 학문적 지식과 실무 경험을 결합하여 졸업 후 취업 시장에서 경쟁력을 갖출 수 있게 된다.

　마지막으로, 멘토링 및 상담 프로그램을 통해 교수진과 외부 전문가들이 학생들의 학업과 진로 목표를 설정하고 지속적으로 관리할 수 있도록 지원해야 한다. 교수진 멘토링은 학생들이 전공 학습 과정에서 겪는 어려움을 해결하고, 장기적인 학문적 목표를 세우는 데 큰 도움을 줄 수 있으며, 연구 및 프로젝트 수행에서도 중요한 역할을 한다. 외부 전문가 멘토링 프로그램은 학생들이 산업 현장에 대한 실제적인 조언을 얻고, 진로를 설계하는 데 있어 실질적인 도움을 줄 수 있다.

　이와 같은 체계적인 지원 시스템은 전공자율선택제를 운영하는 대학에서 학생들이 자신의 전공을 성공적으로 선택하고 학문적 성취를 이룰 수 있도록 돕는 중요한 요소이다. 이를 통해 학생들은 자신만의 학문적 경로를 설정하고, 졸업 후에도 성공적인 진로를 설계할 수 있는 역량을 갖추게 된다.

2. 전공결정을 위한 단계별 특성에 따른 학생지도 계획

1) 입학 초기 단계

입학 초기 단계에서 대학은 학생들이 낯선 환경에 빠르게 적응하고 학문 탐색을 원활히 할 수 있도록 다양한 지원 프로그램을 마련해야 한다. 신입생 시기는 학생들에게 매우 중요한 전환기이며, 대학 생활 적응 여부는 이후 학업 성취도와 진로 계획에 큰 영향을 미친다. 특히 전공자율선택제로 입학한 학생들은 다양한 학문을 경험할 수 있는 기회를 제공받지만, 그만큼 혼란을 겪을 수도 있기 때문에 대학의 세심한 지원이 필요하다.

입학 초기
**'신입학~
1학년 1학기'**
자유전공학생들이 대학 생활에 적응하고 학문에 대한 폭넓은 기초를 다지며 전공 탐색에 대한 준비를 하는 시기

- 다양한 교양교과목 이수 — 인문, 사회 자연과학 등의 기초적 지식 쌓기
- 대학 학습법 강의 — 레포트 쓰기, 비판적 사고, 연구 방법 등 대학에서의 학습 방법 익히기
- 적성 및 흥미 검사 — 자신의 적성과 관심 분야를 평가할 수 있는 진단도구 활용하기
- 교수 및 동료들과의 소통 — 멘토링 프로그램 참여, 교내 네트워크 형성

그림 6-2 **입학 초기 단계의 주요활동**

(1) 신입생 맞춤형 적응 프로그램

신입생들이 대학 생활에 성공적으로 적응하기 위해서는 입학 초기부터 체계적인 지원이 필요하다. 이를 위해 대학은 다양한 맞춤형 적응 프로그램을 마련해야 한다. 특히 FYE(First Year Experience) 프로그램은 대학 생활에 대한 기대와 실제 경험 사이의 간극을 줄여 주는 중요한 역할을 한다. 이 프로그램은 학생들이 첫

해에 겪을 수 있는 여러 도전과 문제를 사전에 대비할 수 있도록 돕는다.

(2) 대학 생활 적응을 돕는 세미나

대학 생활에 첫발을 내딛는 학생들에게는 학업 외에도 많은 새로운 도전이 기다리고 있다. 새로운 친구들과의 관계 맺기, 교수와의 소통, 스스로 학업 계획을 세우고 관리하는 등의 과제는 자칫하면 큰 스트레스가 될 수 있다. 대학은 이러한 과제를 해결할 수 있도록 신입생을 위한 세미나를 정기적으로 개최하도록 한다.

이 세미나에서는 대학 생활의 기본적인 규칙과 절차부터 시작해 시간 관리와 스트레스 관리, 학업 전략에 이르기까지 다양한 주제를 다룬다. 학생들이 이러한 세미나를 통해 대학 생활에 필요한 다양한 기술을 익히고, 자신감을 갖고 첫 학기를 시작할 수 있도록 지원한다. 세미나는 각기 다른 주제와 내용으로 구성될 수 있으며, 이를 통해 학생들은 자신의 필요에 맞는 프로그램에 참여할 수 있다.

(3) 기초 교양과목

전공을 선택하기 전, 학생들은 다양한 학문 분야에 대한 기초적인 지식을 쌓는 것이 중요하다. 이를 위해 대학은 여러 학문적 분야의 기초 과목을 교양과목으로 개설하여 학생들이 자신이 흥미를 가지는 분야를 자연스럽게 발견할 수 있도록 한다. 교양과목은 학문적으로 깊이 있는 내용을 다루기보다는 학생들에게 다양한 분야의 맛을 볼 수 있도록 구성되어야 하며, 이를 통해 학생들은 전공 선택에 대한 방향성을 설정할 수 있게 된다.

(4) 심리 검사 프로그램 및 자기탐색 활동

학생들은 자신의 적성과 흥미를 명확하게 파악하기 위해 다양한 심리 검사를 받아볼 필요가 있다. 이러한 심리 검사는 학생들의 성격 유형, 학업 성향, 직업적 흥미 등을 분석해줌으로써 전공 선택과 진로 설정에 큰 도움을 줄 수 있다. 대학은 신입생들에게 이러한 심리 검사 기회를 제공하고, 검사 결과를 바탕으로 한 맞춤형 진로 상담을 병행하도록 한다.

심리 검사는 개인의 성격, 성향, 능력 등을 종합적으로 분석해주는 다양한 도구를 사용할 수 있다. 예를 들어, MBTI 성격 유형 검사나 Strong 직업 흥미 검사는 학생들이 자신이 어떤 성격적 특성을 지니고 있는지, 그리고 어떤 직업이나 학문 분야에 흥미를 가질 수 있는지를 명확하게 알려준다. 이러한 데이터를 바탕으로 학생들은 자신의 강점과 약점을 더 잘 이해하게 되고, 전공 선택 과정에서도 이를 참고할 수 있게 된다.

학생들이 자기 자신에 대해 깊이 탐구할 수 있는 다양한 활동도 중요하다. 대학은 학생들이 자신의 강점과 약점을 탐색하고, 장기적인 진로 목표를 설정할 수 있는 자기 탐색 프로그램을 마련하도록 한다. 이 프로그램에서는 학생들이 자신이 어떠한 분야에서 성취감을 느끼는지, 어떤 학문적 분야에서 자신의 역량을 발휘할 수 있는지를 구체적으로 파악할 수 있도록 돕는다.

자기 탐색 활동은 단순히 이론적인 접근을 넘어, 실제적인 경험을 통해 이루어질 수 있다. 예를 들어, 다양한 학문 분야에서의 짧은 실습이나 워크숍을 통해 학생들이 자신이 어떤 분야에 흥미를 느끼고, 그 분야에서 성공할 수 있을지 직접 경험해 보도록 한다. 또한, 학생들이 스스로 목표를 설정하고 그 목표를 달성하기 위한 계획을 세울 수 있도록 멘토링이나 코칭 프로그램을 제공하는 것도 유용하다.

(5) 다양한 학문 탐색 기회 제공

전공자율선택제의 핵심은 학생들이 다양한 학문을 경험하고 탐색하는 과정을 통해 자신에게 가장 적합한 전공을 선택할 수 있도록 하는 것이다. 따라서 대학은 학생들이 전공 선택에 앞서 충분한 학문적 탐색을 할 수 있도록 다양한 기회를 제공해야 한다. 이를 위해 학문 간 경계를 넘나들며 다양한 분야를 체험할 수 있는 기초 교양과목을 개설하고, 전공 탐색을 위한 강좌 및 워크숍을 운영하도록 한다.

2) 전공 탐색 단계

전공 탐색 단계는 전공자율선택제에서 매우 중요한 부분이다. 이 단계에서는 학생들이 다양한 학문을 경험하면서 자신의 적성과 흥미를 발견하고, 최적의 전공을 선택할 수 있는 기회를 제공받는다.

대학은 학생들이 스스로 전공을 탐색할 수 있도록 다양한 프로그램을 마련하여 지원하고, 이를 통해 학생들이 자신의 강점과 약점을 명확하게 파악할 수 있도록 한다. 이에 심리검사나 적성검사와 같은 도구를 활용하여 학생들이 자신에게 맞는 학문 분야를 탐색할 수 있도록 돕는 것이 필요하다.

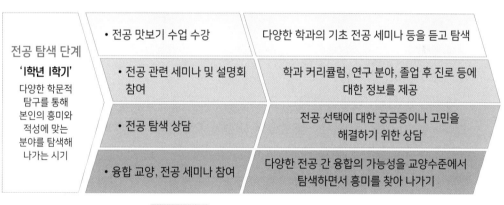

전공 탐색 단계 **'1학년 1학기'** 다양한 학문적 탐구를 통해 본인의 흥미와 적성에 맞는 분야를 탐색해 나가는 시기	• 전공 맛보기 수업 수강	다양한 학과의 기초 전공 세미나 등을 듣고 탐색
	• 전공 관련 세미나 및 설명회 참여	학과 커리큘럼, 연구 분야, 졸업 후 진로 등에 대한 정보를 제공
	• 전공 탐색 상담	전공 선택에 대한 궁금증이나 고민을 해결하기 위한 상담
	• 융합 교양, 전공 세미나 참여	다양한 전공 간 융합의 가능성을 교양수준에서 탐색하면서 흥미를 찾아 나가기

그림 6-3   전공 탐색 단계의 주요활동

(1) 전공 탐색 단계의 학생지도
대학은 전공 탐색 단계에서 다음과 같은 사항들을 준비하도록 한다.

① 개별 맞춤형 탐색 프로그램
학생들이 자신에게 적합한 전공을 발견하는 과정에서 가장 중요한 것은 다양한 전공 분야를 직접 탐색하고 경험할 기회를 제공하는 것이다. 이를 위해 대학은 맞춤형 전공 탐색 프로그램을 마련하여 학생들이 여러 학문적 분야를 자유롭게 경험할 수 있도록 한다. 이 프로그램을 통해 학생들은 학문적 흥미와 적성을 직접적으로 경험하게 되며, 이를 바탕으로 자신이 진정으로 관심을 두는 분야를 선택할 수 있게 된다.

② 관심 분야 맞춤 학습 로드맵의 설정

학생들이 전공을 탐색하는 과정에서 각자의 학문적 성향과 목표에 맞춘 학습 계획을 세울 수 있도록 개별 맞춤형 학습 로드맵을 제공한다. 이를 통해 학생들은 자신의 학업적 필요에 맞게 다양한 과목을 선택하고, 이를 통해 다가올 전공 선택에 필요한 기초 지식을 쌓을 수 있게 된다. 맞춤형 학습 계획은 학생들의 관심 분야에 맞춰 개별화되어야 하며, 학생들이 전공 선택에 있어 자신감을 가질 수 있도록 도와야 한다.

③ 전공 설명회 및 세미나

대학은 학생들이 학문을 폭넓게 탐색할 수 있도록 다양한 전공 소개 강좌와 실습 기회를 제공하도록 한다. 각 전공의 교수진이 참여하는 설명회를 개최하고, 학생들이 직접 참여할 수 있는 프로젝트나 실습 기회를 제공함으로써 학문적 이해를 높일 수 있도록 한다. 이러한 과정을 통해 학생들은 단순히 교과서적인 지식이 아닌, 실제로 그 분야에서의 연구와 활동을 경험할 수 있다.

또한 대학은 학문적 탐색이 단순히 이론에 머무르지 않고, 실질적인 경험으로 이어질 수 있도록 다양한 인턴십이나 현장 학습 기회를 제공하도록 한다. 학생들은 실제 현장에서 학문적 지식을 적용하고, 그 경험을 바탕으로 자신이 그 분야에서 장기적인 경력을 쌓을 수 있을지 고민할 수 있다. 이러한 맞춤형 프로그램은 학생들이 자신에게 맞는 전공을 선택할 수 있는 중요한 도구로 활용될 수 있다.

④ 정기적인 학사지도 프로그램

대학은 학사지도 전담 기관을 두거나 프로그램을 운영하여 학생들이 전공 탐색 과정에서 겪는 다양한 고민을 해결할 수 있도록 한다. 이 과정에서 학생들이 탐색한 전공 분야에 대한 구체적인 질문을 하고, 아카데믹 어드바이저의 지도와 조언을 통해 자신의 선택을 더욱 확신할 수 있게 된다.

특히, 전공자율선택제 학생들은 여러 학문 분야를 탐색하며 자신에게 맞는 전공을 선택하는 과정에서 혼란을 겪을 수 있다. 이때 학사지도 상담과 학교생활 설계는 학생들에게 전공 탐색을 통해 전공 선택에 이르는 명확한 방향성을 제시해줄 수 있는 중요한 과정이다. 아카데믹 어드바이저는 개별 학생의 흥미, 적성, 진로역량 등을 기반으로 데이터에 기반한 구체적이고 실질적인 조언을 하여 학생이 전공 탐색 과정에서 원하는 결과를 얻을 수 있도록 돕는다.

3) 전공 선택 단계

전공 선택 단계는 전공자율선택제의 핵심적인 부분으로, 학생들이 충분한 학문 탐색을 거친 후 자신에게 가장 적합한 전공을 선택하는 과정이다.

대학은 이 단계에서 학생들이 선택한 전공에 원활히 적응하고 성공적으로 이수할 수 있도록 체계적이고 지속적인 지원을 제공하도록 한다. 전공 선택은 학생들의 학업 성취와 졸업 후 진로 계획에 결정적인 영향을 미치는 중요한 과정이므로, 대학은 학생들이 신중하고 자신감 있게 전공을 선택할 수 있도록 다양한 프로그램과 상담을 준비하도록 한다.

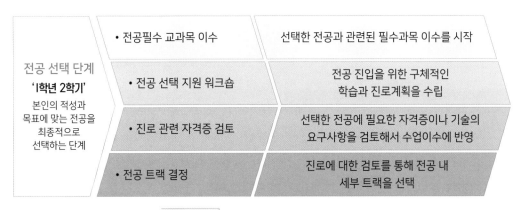

전공 선택 단계 '1학년 2학기' 본인의 적성과 목표에 맞는 전공을 최종적으로 선택하는 단계	• 전공필수 교과목 이수	선택한 전공과 관련된 필수과목 이수를 시작
	• 전공 선택 지원 워크숍	전공 진입을 위한 구체적인 학습과 진로계획을 수립
	• 진로 관련 자격증 검토	선택한 전공에 필요한 자격증이나 기술의 요구사항을 검토해서 수업이수에 반영
	• 전공 트랙 결정	진로에 대한 검토를 통해 전공 내 세부 트랙을 선택

그림 6-4 | 전공 선택 단계의 주요활동

(1) 전공 선택 단계의 학생지도

대학은 전공 선택 단계에서 다음과 같은 사항들을 준비하도록 한다.

① 관심 전공의 학습과정 탐색 지원

학생들이 전공을 선택하면서 선행되어야 하는 것은 내가 선택하는 전공에서 이수하는 교과목은 어떤 교과목인지, 무엇을 가르치는지에 대한 이해를 바탕으로 선택할 전공에 대한 체계적인 수강계획을 세워보는 것이다. 대학은 학생들이 전공을 선택할 때 필요한 교과목들이 어떤 내용들을 가르치는지에 대한 학사 상담을 제공하도록 한다. 이를 통해 학생들은 관심있는 전공에서 어떤 과목들을 이수해야 하는지, 자신이 원하는 진로로 진출하기 위해서는 어떤 교과목들에 집중하여야 하는지에 관한 명확한 로드맵을 갖출 수 있다.

② 학습 성과 점검과 대학의 추가 지원

학사 상담은 단순히 전공 선택 과정에서의 조언에 그치지 않고, 학생들이 학습 성과를 지속적으로 점검하고 이를 반영할 수 있도록 이끌어야 한다. 학생들은 전공을 선택한 후에도 학업 과정에서 다양한 어려움에 직면할 수 있는데, 이때 학사 상담을 통해 문제를 해결할 수 있는 적절한 지원도 이루어져야 한다. 여기에는 마음건강은 물론 대학이 제공할 수 있는 생활 지원과 재정지원 등도 포함될 수 있다. 이를 통해 학생들은 자신이 선택한 전공으로 성공적으로 진입할 수 있으며, 높은 적응도와 학업 성취도를 달성할 수 있다.

③ 전공 워크숍

학생들이 전공을 선택하기 전에 각 전공에 대한 충분한 정보를 제공받는 것은 매우 중요하다. 대학은 다양한 전공에 대한 설명회를 개최하고, 각 전공별로 워크숍을 운영하여 학생들이 자신이 선택할 전공에 대해 깊이 있는 이해를 할 수 있도록 돕는다.

전공 설명회와 더불어, 각 전공별로 운영되는 워크숍도 중요한 역할을 한다.

일리노이 대학교 어바나-샴페인에서는 Division of Genenral studies라는 조직을 통해 전공미결정 학생들의 전공 선택과 전공 전환 지원을 돕는다.

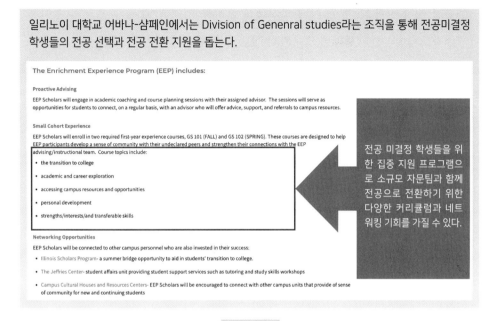

The Enrichment Experience Program (EEP) includes:

Proactive Advising

EEP Scholars will engage in academic coaching and course planning sessions with their assigned advisor. The sessions will serve as opportunities for students to connect, on a regular basis, with an advisor who will offer advice, support, and referrals to campus resources.

Small Cohort Experience

EEP Scholars will enroll in two required first-year experience courses, GS 101 (FALL) and GS 102 (SPRING). These courses are desiged to help EEP participants develop a sense of community with their undeclared peers and strengthen their connections with the EEP advising/instructional team. Course topics include:

- the transition to college
- academic and career exploration
- accessing campus resources and opportunities
- personal development
- strengths/interests/and transferable skills

Networking Opportunities

EEP Scholars will be connected to other campus personnel who are also invested in their success:

- Illinois Scholars Program- a summer bridge opportunity to aid in students' transition to college.
- The Jeffries Center- student affairs unit providing student support services such as tutoring and study skills workshops
- Campus Cultural Houses and Resources Centers- EEP Scholars will be encouraged to connect with other campus units that provide of sense of community for new and continuing students

전공 미결정 학생들을 위한 집중 지원 프로그램으로 소규모 자문팀과 함께 전공으로 전환하기 위한 다양한 커리큘럼과 네트워킹 기회를 가질 수 있다.

그림 6-5

출처: https://dgs.illinois.edu/enrichment-experience-program

워크숍에서는 해당 전공의 실질적인 연구나 학문적 활동을 경험할 수 있는 기회를 제공하여 학생들이 직접 전공에 대한 이해를 깊게 할 수 있도록 한다. 예를 들어, 실험실 체험이나 프로젝트 참여, 팀 기반의 연구 활동 등을 통해 학생들은 전공 분야에서 실제로 어떤 학문적 활동이 이루어지는지 경험할 수 있다.

이러한 워크숍을 통해 학생들은 단순히 교과서적인 지식이 아닌, 실제로 해당 전공에서 어떤 연구나 실습이 이루어지는지를 직접 체험하게 된다. 이는 학생들이 전공 선택 과정에서 더욱 신중하고 구체적인 결정을 내릴 수 있도록 돕는 중요한 과정이다.

④ 교수와의 상담 및 선배 멘토링

전공 탐색 과정에서 학생들이 마주할 수 있는 어려움이나 고민을 해결하기 위해서는 교수와의 지속적인 상담과 멘토링이 매우 중요하다. 교수진은 학생들의 학문적 성장을 돕고, 전공 선택 과정에서 올바른 결정을 내릴 수 있도록 조언을 제공하도록 한다. 학생들은 교수와의 상담을 통해 전공에 대한 깊이 있는 이해를 얻고, 이를 바탕으로 자신의 학문적 방향성을 설정할 수 있다.

4) 전공 진입 단계

전공 선택 후, 학생들이 선택한 전공에서 학문적 성취를 이루고 졸업 후 진로를 명확하게 설계할 수 있도록 대학의 지속적인 지원은 필수적이다. 이 단계에서는 학생들이 학문적 지식뿐만 아니라, 실무적인 경험과 진로 설계를 통해 학문적, 직업적 목표를 구체화하고 달성해 나가는 과정이 중요하다. 학생들이 전공에 깊이 몰입하고, 그 과정에서 얻은 학문적 성취를 실질적인 경험과 연계할 수 있도록 대학은 체계적인 지원을 하도록 한다. 이는 전공 이수 로드맵 제공, 진로 설계 및 실무 경험, 멘토링 프로그램을 통해 이루어질 수 있다.

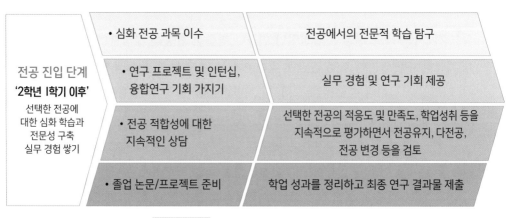

그림 6-6 전공 진입 단계의 주요활동

(1) 전공 진입 단계의 학생지도

대학은 전공 진입 단계에서 다음과 같은 사항들을 준비하도록 한다.

① 전공 이수 로드맵에 기반한 교과목 이수 지도

학년별 필수 과목과 선택 과목 배정　전공 이수 로드맵은 학년별로 학생들이 어떤 필수 과목을 이수해야 하는지, 어떤 선택 과목을 통해 심화 학습을 진행할 수 있는지를 명확히 제시해야 한다. 각 전공에서 요구하는 기초 지식과 심화된 학문적 내용을 체계적으로 이수할 수 있도록 학업 경로를 설정하고, 이를 통해 학생들이 전공을 성공적으로 마칠 수 있도록 도와야 한다.

특히, 전공 이수 로드맵은 학생들이 학문적 기초를 다지기 위한 필수 과목과 자신의 흥미와 목표에 맞춰 심화 학습을 할 수 있는 선택 과목을 적절히 조합할 수 있도록 구성되어야 한다. 또한, 학생들이 각 학년마다 이수해야 할 과목을 계획하고, 이를 바탕으로 체계적인 학업 계획을 세울 수 있어야 한다. 이를 통해 학생들은 전공을 충실히 이수하며 졸업 요건을 충족할 수 있을 뿐만 아니라, 학문적 깊이를 더해 갈 수 있다.

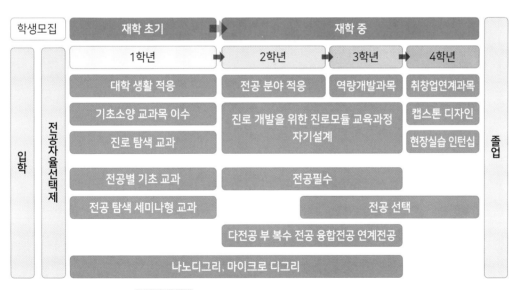

그림 6-7　학년에 따른 교과목 이수영역 Frame

심화 학습 과정 제공   전공 이수 로드맵에는 전공 기초와 심화된 지식을 동시에 학습할 수 있는 심화 학습 과정도 포함되어야 한다. 이 과정은 학생들이 자신의 전공에서 더 깊은 학문적 성취를 이루기 위해 필요한 이론과 실습을 병행하는 중요한 단계이다. 심화 학습 과정은 학생들이 전공 분야에서 독창적인 연구나 프로젝트를 수행할 수 있는 기회를 제공하고, 이를 통해 학문적 자신감을 키울 수 있도록 돕는다.

예를 들어, 학생들이 자신의 전공 분야에서 연구 논문을 작성하거나 프로젝트를 진행할 수 있도록 독립적인 연구 기회를 제공하는 것은 매우 유용하다. 이러한 심화 학습은 학생들이 단순한 교과과정 이상의 학문적 성취를 이루는 데 큰 도움이 되며, 이는 졸업 후에도 중요한 자산으로 작용할 것이다.

② 진로 설계에 맞춘 실무 경험 기회 제공

전공을 이수하는 과정에서 학생들은 졸업 후 진로를 구체적으로 설계해 나가야 한다. 이때 진로 설계에 맞춘 실무 경험을 통해 자신의 전공 지식을 적용할 수 있는 기회를 얻는 것이 매우 중요하다. 이를 위해 대학은 산학 연계 프로그램, 인턴십, 해외 연수 및 교환학생 프로그램 등을 통해 학생들이 학문적 지식을 실제 업무에 적용할 수 있는 다양한 경험을 제공하도록 한다.

③ 산학 연계 프로그램 및 인턴십

대학은 학생들이 전공 지식을 실제 산업 현장에서 적용할 수 있도록 다양한 산학 연계 프로그램과 인턴십 기회를 제공하도록 한다. 이를 통해 학생들은 학문적 지식을 실제 업무 환경에서 실질적으로 활용하는 경험을 쌓고, 자신의 전공이 어떻게 실무적으로 적용되는지를 구체적으로 배울 수 있다. 산학 연계 프로그램은 학생들이 전공 분야에서의 실질적인 경력을 쌓는 데 매우 중요한 기회로 작용하며, 취업 준비 과정에서도 큰 도움이 된다.

인턴십 프로그램은 학생들이 특정 전공 분야의 실제 업무 경험을 통해 직무 역량을 강화하고, 학문적 지식을 실습으로 적용하는 능력을 키울 수 있는 중요한 기회이다. 이를 통해 학생들은 자신의 진로에 대한 구체적인 비전을 형성하고, 졸업 후에도 경쟁력 있는 인재로 성장할 수 있다.

④ 해외 연수 및 교환학생 프로그램

글로벌 역량 강화를 위해 대학은 해외 연수 및 교환학생 프로그램을 제공할 수 있다. 이는 학생들이 국제적인 시각을 넓히고, 다문화적 경험을 통해 학문적 성취뿐만 아니라 글로벌 네트워크를 형성하는 데 중요한 기회이다. 해외 연수는 학생들이 다른 문화권에서 전공 지식을 적용하고 배우는 과정에서 자신을 한층 더 성장시키는 계기가 된다.

교환학생 프로그램 또한 학생들에게 세계적인 학문적 트렌드를 경험할 수 있는 기회를 제공한다. 이를 통해 학생들은 다양한 학문적 시각을 얻을 수 있으며, 전공 분야에서의 글로벌 경쟁력을 높일 수 있다. 이러한 경험은 졸업 후 취업 시장에서 중요한 경쟁력으로 작용할 수 있다.

⑤ 교수진 멘토링 프로그램

교수진이 학생들의 전공 학습과 진로 설계에 있어 중요한 역할을 할 수 있다. 교수진 멘토링 프로그램은 학생들이 전공 학습 과정에서 겪는 어려움을 해결하는 데 도움을 줄 뿐만 아니라, 장기적인 학문적 목표를 설정하는 데도 큰 도움이 된다. 교수들은 학생들에게 전공 지식뿐만 아니라 연구나 프로젝트 수행에 있어 실질적인 조언을 제공하며, 이를 통해 학생들은 자신의 전공 분야에서 학문적 성취를 이루기 위한 구체적인 계획을 세울 수 있다.

또한, 교수 멘토링은 학생들이 연구 논문 작성이나 졸업 프로젝트와 같은 학문적 도전 과제를 성공적으로 수행할 수 있도록 돕는 중요한 역할을 한다. 이를 통해 학생들은 전공 지식에 대한 깊이 있는 이해를 얻고, 연구 및 프로젝트 수행에 대한 자신감을 가질 수 있다.

⑥ 전문가 멘토링 프로그램

대학은 외부 전문가를 초빙하여 학생들이 산업 현장이나 직업 세계에서 요구되는 실무적 역량을 키울 수 있도록 전문가 멘토링 프로그램을 운영하도록 한다. 이를 통해 학생들은 전공 학문이 실제로 어떻게 적용되는지, 그리고 자신이 취업하고자 하는 분야에서 요구되는 역량이 무엇인지를 구체적으로 배울 수 있다.

전문가 멘토링은 학생들에게 실질적인 직무 경험을 전달하는 데 중요한 역할을 한다. 이를 통해 학생들은 졸업 후 취업 준비 과정에서 직무 역량을 강화하고, 산업계에서의 최신 트렌드를 이해할 수 있게 된다. 또한, 정기적인 진로 상담을 통해 학생들이 자신의 목표를 재점검하고, 이에 맞는 학습 계획을 조정할 수 있도록 지원한다.

이러한 단계별 준비는 전공자율선택제의 성공적인 운영뿐만 아니라, 학생들이 전공 선택 이후에도 학문적 성취를 이루고, 졸업 후 성공적인 진로를 설계하는 데 중요한 역할을 할 것이다.

표 6-1 체크리스트

단계	점검사항	점검 내용	수행 여부 (Y/N)	판단
입학 초기 단계	맞춤형 적응 프로그램 구성	신입생이 대학 생활에 원활히 적응할 수 있는 FYE 프로그램 및 상담 프로그램이 준비되었는가?		
	자아 이해 프로그램 제공	학생들의 자아 이해를 돕기 위한 심리 검사 및 자기 탐색 활동이 제공되었는가?		
	학문 탐색 기회 제공	다양한 교양과목 및 전공 탐색 강좌가 개설되었는가?		
	상담 프로그램 설정	신입생을 위한 학업 및 심리 상담이 체계적으로 제공되는가?		

전공 탐색 단계	전공 탐색 프로그램 제공	다양한 전공 탐색 프로그램이 학생 개개인에 맞춰 제공되고 있는가?		
	심리 검사 및 자기 탐색 활동	전공 선택을 돕기 위한 심리 검사 및 자기 탐색 프로그램이 마련되었는가?		
	전공 설명회 및 워크숍 구성	학생들이 다양한 전공에 대한 정보를 충분히 얻을 수 있는 설명회 및 워크숍이 운영되고 있는가?		
	맞춤형 학습 로드맵 제공	학생 개개인의 학습 성향에 맞춘 학습 계획 및 로드맵이 마련되었는가?		
전공 선택 단계	학사 상담 프로그램 구성	학생들이 전공 선택 과정에서 학업 상담을 충분히 받을 수 있는 상담 체계가 마련되었는가?		
	전공별 학습 로드맵 제공	전공별 학습 로드맵이 제공되었으며 충분한 안내가 이루어졌는가?		
	전공 설명회 및 워크숍	학생들이 전공 선택 후 진로에 대한 명확한 이해를 돕는 설명회 및 워크숍이 제공되는가?		
전공 진입 단계	전공 이수 로드맵 제공	전공 이수에 필요한 로드맵 및 학습 경로가 체계적으로 제공되고 있는가?		
	실무 경험 및 진로 설계 프로그램	산학 연계, 인턴십, 해외 연수 등의 실무 경험 프로그램이 제공되고 있는가?		
	멘토링 및 상담 프로그램 구성	교수 및 외부 전문가를 통한 멘토링 프로그램이 제공되고 있는가?		
	학생성과 점검 및	전공 선택 후 지속적인 학업 모니터링과 성과 관리체계가 확보되어 있는가?		
환류 및 평가	중간 점검	학생 지원 프로그램의 중간 점검이 이루어지고, 필요한 수정 조치가 이루어졌는가?		
	성과 지표 달성 여부	설정한 성과 지표에 따른 목표 달성이 이루어졌는가?		
	환류 피드백 반영	실행 결과를 바탕으로 프로그램 향후 개선 방향에 대한 피드백이 반영되었는가?		

제7장

전공자율선택제 학생의 자기 이해와 탐색

전공자율선택제로 입학한 학생들이 성공적으로 전공을 선택하고 진로를 계획하기 위해서는 자신에 대한 깊은 이해가 필수적이다. 이 장에서는 전공자율선택제 학생의 자기 이해와 탐색 지원 방안을 제시하고, 대학에서의 목표 설정 지원과 역할을 알아보았다. 특히 학생들이 자신의 흥미, 적성, 성격적 특성을 파악하고 이를 기반으로 학업과 진로 방향을 설정할 수 있도록 지원 방안을 제시하였다.

우선, 전공 선택에서 자기 이해의 중요성을 다루고 실제 자신에 대한 이해를 위한 객관적 도구와 자기 탐색 활동의 예시를 제시했다. 이 과정에서 '나는 누구인가?'를 생각해 보면서 스트레스 관리 및 조절, 학습 유형, 자기조절 학습 등에 대해서 살펴보았다.

다음은 목표 설정과 전공 선택의 연계를 위해서 목표 설정 방법과 실제 활동지를 제시했다. 또한 전공 선택에서 학생의 흥미와 적성을 구분하여 이해하는 것을 다루었다. 흥미는 개인이 좋아하고 관심을 가지는 분야를, 적성은 해당 분야에서 성공할 수 있는 능력이나 잠재력을 의미한다. 두 요소가 일치하지 않을 경우, 흥미를 기반으로 적성을 개발하는 전략이 필요하다. 이를 통해 학생들은 전공 선택과 장기적인 직업적 성공의 기반을 마련할 수 있도록 안내했다.

1. 전공자율선택제 학생의 자기 이해와 탐색 지원 방안

1) 전공 선택과 자기 이해의 중요성

전공자율선택제에서 학생들이 성공적으로 전공을 선택하고 진로를 설계하기 위해서는 자신에 대한 깊은 이해가 필수적이다. 자신을 제대로 이해하지 못한 채 전공을 선택하면 학업 과정에서 어려움을 겪거나 진로 계획에서 혼란을 초래할 수 있다. 따라서 학생들이 자신의 흥미, 적성, 성격적 특성을 파악하고 이를 바탕으로 전공을 선택하는 과정은 전공자율선택제의 출발점이자 장기적인 학업 성과를 결정짓는 중요한 요소이다

전공 선택 과정에서 학생들은 단순히 현재의 흥미나 사회적 유행을 따르기보다, 자신이 잘할 수 있는 분야와 장기적인 목표에 부합하는 전공을 신중하게 선택해야 한다. 전공자율선택제는 학생들에게 다양한 학문 분야를 자유롭게 탐색할 수 있는 기회를 제공하기 때문에, 학생들은 이러한 기회를 충분히 살려 자신에 대한 면밀한 이해와 탐색 과정을 경험할 수 있게 될 것이다.

그렇다면, 전공자율선택제에서 자기 이해 단계는 왜 필요할까? 그 이유는 첫째, 앞에서도 언급한 바와 같이 전공 선택의 방향을 결정짓는 중요한 단계이기 때문이다. 학생들은 예를 들어, 창의적인 문제 해결을 즐기는 학생은 공학, 디자인, 컴퓨터 과학 등에서, 사람과의 소통과 협력을 중요시하는 학생은 경영학, 교육학 등에서 성취감을 느낄 가능성이 높다. 또한, 논리적 사고와 분석력을 중시하는 학생은 자연과학, 수학, 경제학 등에서 성공할 가능성이 크다. 이러한 자기 이해는 학생들이 전공 탐색과 선택의 방향성을 명확히 설정하는 데 도움을 준다.

둘째, 자신에 대한 이해는 학업 능력과 성격적 특성을 고려하는 과정도 포함한다. 전공마다 요구되는 학업의 난이도와 성격적 특성이 다르기 때문에, 학생들은 자신이 잘할 수 있는 분야와 학문적 도전에 얼마나 준비되어 있는지를 객관적으로 평가하는 것이 중요하다. 예를 들어, 실험과 분석이 주를 이루는 과학계열 전공

은 꼼꼼한 성격과 논리적 사고가 필요하며, 사람을 이해하고 이끌어가는 경영학이나 교육학 분야는 소통 능력과 리더십이 요구된다. 이러한 성격적 특성과 학업 역량을 충분히 고려하지 않고 전공을 선택한 학생의 경우 종종 전공 선택 이후 학업 과정에서 어려움과 좌절을 초래할 수 있다. 따라서 자신에 대한 객관적인 평가를 바탕으로 자신에게 맞는 전공을 선택하는 것이 중요하다.

셋째, 자신에 대한 이해는 장기적인 진로 설계와 밀접한 연관이 있다. 학생들은 단기적인 흥미나 성과보다는 자신의 인생 목표에 부합하는 전공을 선택하는 것이 중요하다. 학생들이 졸업 후에도 지속적으로 발전할 수 있는 동기를 제공하며, 자신의 적성과 능력을 최대한 발휘할 수 있는 기반이 된다. 장기적인 관점에서 전공을 선택하는 과정은 학생들이 직업 시장에서 경쟁력을 높일 수 있는 기회이자, 보다 나은 삶의 질을 추구할 수 있는 길이 된다. 또한, 전공 선택은 학생들이 학업을 넘어 직업 세계에서 자신을 어떻게 발전시키고, 어떤 분야에서 전문성을 키울 것인지 향후 자신은 어떤 모습으로 성장할지 고민할 수 있는 중요한 기회가 된다.

넷째, 학생들이 자신을 깊이 이해하도록 돕기 위해 대학은 심리검사와 진로 상담, 진로 탐색 프로그램 등을 적극적으로 제공해야 한다. 이를 수행하는 기관(예: 교수학습지원센터, 학생상담센터, 전공지원센터, 진로지원센터)에서는 학생들이 스스로 자신에 대한 이해도를 높일 수 있는 다양한 지원을 한다. 예를 들어, 성격 유형 검사(MBTI), 진로 심리 검사(진로준비진단검사, 홀랜드검사) 등은 학생들이 자신의 성격적 특성과 직업적 선호도를 이해하는 데 중요한 역할을 한다. 또한, 진로 탐색 워크숍이나 멘토링 프로그램을 통해 자신의 관심 분야와 맞는 전공을 찾는 과정에서 전문가의 조언을 받을 수 있다.

다섯째, 자신에 대한 이해는 전공 선택은 물론, 진로 결정과 성공적인 커리어 설계를 위한 핵심적인 토대가 된다. 학생들은 자신의 성격과 능력에 맞는 전공을 선택함으로써 학업 성취도를 높일 수 있고, 이후의 진로 설정에서도 중요한 역할을 할 수 있다. 자신이 어떤 분야에서 최고의 성과를 낼 수 있을지를 미리 파악하고, 그에 맞는 학문적 길을 택하는 것은 학생들의 개인적 성장과 만족도를 높이는 데 필수적이다. 또한, 자신이 잘하는 것과 좋아하는 것을 연결하는 전공 선택은 졸업 후 사회적 성공과도 직결될 수 있다.

　이상의 필요성을 정리해 보면, 전공자율선택제 학생의 자신에 대한 이해는 전공 선택의 출발점이며, 이는 단순한 학문적 선택 이상의 의미를 가지는 것으로 볼 수 있다. 이에 학생들이 자신의 흥미와 능력을 바탕으로 전공을 선택하고 학문적 성취와 더불어 진로에서의 성공을 이루기 위해, 대학은 학생들이 스스로를 탐구할 수 있는 다양한 기회를 제공해야 할 것이다.

2) 자신의 객관적 이해를 위한 평가도구 지원

　전공을 선택하는 첫 단계는 바로 '나의 강점과 약점이 무엇인지 파악하기'이다. 자신이 잘하는 것과 어려워하는 것을 명확히 인식할 수 있을 때, 자신에게 적합한 학문 분야를 선택할 수 있고, 이를 바탕으로 학업에서의 성취를 극대화할 수 있다. 이를 위해 학교는 학생들이 자신을 객관적으로 이해하고 스스로를 평가할 수 있도록 다양한 심리검사를 제공해 주고 이에 대한 해석 및 상담의 기회를 마련해야 할 것이다. 여기서는 대표적인 학생 심리검사는 무엇이 있고 이들 검사를 전공 선택을 하는 학생들을 위해 대학에서 어떻게 지원해야 하는지 살펴보기로 하자.

(1) 성격검사

　학생들이 자신의 강점과 약점을 객관적으로 파악하기 위해 가장 먼저 실시할 수 있는 심리검사로는 성격검사를 들 수 있다. 자신의 성격적 특성을 확인해 봄으로써 자신에게 적합한 학문 분야, 전공 등을 탐색할 수 있기 때문이다. 대표적인 성격검사로는 MBTI(Myers-Briggs Type Indicator), 에니어그램와 같은 성격 유형 검사와, 성격을 5가지 차원(외향성, 개방성, 성실성, 친화성, 정서적 안정성)을 측정하는 NEO-PI-R, 다양한 성격 특성과 정신병리적 특성을 측정하는

MMPI(Minnesota Multiphasic Personality Inventory) 검사가 있다.

만약 학생이 MBTI 성격유형 검사를 받고 자신의 성격적 특성을 파악하였다고 가정해 보자. 이 검사는 개인의 성격적 특성을 네 가지 주요 차원에서 평가하여, 이를 바탕으로 자신에게 맞는 학문 분야와 직업적 특성이 무엇이 있는지의 정보를 제공해 준다. 예를 들어, 외향적 성향이 강한 학생은 사람들과의 상호작용이 많은 전공, 예를 들어 경영학이나 정치외교학에 적합할 수 있고, 내향적 성향을 가진 학생은 연구나 분석적 작업을 중심으로 한 과학, 수학 전공에 더 어울릴 수 있다. MBTI 성격유형 검사는 대부분의 대학의 '학생상담센터'에서 학생이 언제든지 쉽게 검사를 신청하고 결과해석 상담을 제공받을 수 있다. 따라서 다른 심리검사 보다 성격검사는 전공자율선택제로 입학한 학생들이 가능한 1학년 시기에 교과 또는 비교과 프로그램으로 자신의 성격을 측정 · 평가해 볼 수 있도록 대학 차원에서 미리 계획해 두는 것이 필요하다.

(2) 흥미 유형 검사

다음으로 학생들은 자신이 어떤 분야에 흥미과 즐거움을 가지고 있는지 탐색해 볼 수 있다. Holland의 흥미유형검사는 학생들의 직업적 흥미를 여섯 가지 영역(현실형, 탐구형, 예술형, 사회형, 진취형, 관습형)으로 나누어, 개인이 선호하는 활동과 흥미를 반영한 전공들이 무엇인지 제안해 준다. 이 검사 결과를 통해 학생들은 자신의 흥미를 반영한 학문적 탐색과 진로 계획을 세울 수 있고, 자신이 강하게 흥미를 가진 유형과 그렇지 않은 유형이 무엇인지 확인할 수 있다. 흥미검사 역시 대학에서는 학생들이 전공을 선택하기 이전에 자신을 이해하는 과정으로 경험해 보도록 지원해 주는 것이 필요하다. 현재 대부분의 학교에서는 학생상담센터나 진로 · 취업지원센터에서 검사 실시와 검사 해석 및 상담 프로그램을 운영하고 있지만 전공자율선택제가 확대되면, 더 많은 학생들이 흥미검사에 참여하여 자신이 좋아하는 것과 잘 할 수 있는 것이 무엇인지 탐색할 수 있도록 해야 할 것이다. 흥마와 적성에 대한 개념은 이 장의 후반 부에 보다 구체적으로 살펴보기로 하자.

(3) 학습 유형 검사

학생들이 자신의 학습 유형을 이해하는 것은 전공 선택과 학업 성공에 필수적이다. 학습 유형은 개인이 정보를 처리하고 학습하는 방식으로, 이를 정확히 파악하면 자신의 학습 전략을 설계하고 선택한 전공에서 성공할 가능성을 높일 수 있다. 예를 들어, 시각적 학습자는 전공 선택 시 그래프, 도표, 시각 자료를 활용하는 과목(예: 공학, 디자인, 경제학 등)을 선호할 수 있고, 청각적 학습자는 강의 중심의 학습 환경(예: 문학, 법학 등)에 적합할 가능성이 높다. 또한 신체운동적 학습자는 실습 위주의 과목(예: 체육학, 의학, 예술 계열)에 적합하고, 논리적 학습자는 분석적 사고를 요구하는 과목(예: 수학, 물리학, 경영학 등)에 적합하다. 자신의 학습 유형에 맞는 학습 환경과 전략을 찾으면 학습 효율성이 향상되고 스트레스를 줄일 수 있고, 이는 전공 탐색 및 학업 성공에 긍정적 영향을 미칠 수 있다. 대표적인 학습 유형검사 도구는 U&I 학습유형검사(https://unitest.iyonwoo.com)와 EDT학습유형 진단검사(https://www.ebsi.co.kr/ebs/xip/learnStyle/)을 들수 있고, 이는 대부분 대학의 교수학습지원센터에서 학생들에게 제공하고 있다.

(4) 자기조절학습 검사

자기조절학습능력 또한 전공자율선택제 학생들에게 매우 중요한 역량이다. 자기조절학습능력은 스스로 학습 목표를 설정하고 학습 과정을 계획 및 관리하며, 이를 통해 목표를 달성하는 능력을 의미한다. 다양한 전공과 진로를 탐색하며 학업 방향을 스스로 설정해야 하므로, 자기조절학습능력이 부족할 경우 학업 과정에서 어려움을 겪을 가능성이 크다. 자기조절학습능력이 높은 학생은 학업 중 겪는 어려움을 효과적으로 극복하고, 목표를 달성하기 위한 전략을 활용할 수 있다. 이는 전공 학습뿐만 아니라 대학 전반의 학업 성과를 높이는 데도 요구된다. 따라서 진로담당 교수나 아카데믹 어드바이저는 학생들에게 자기조절학습 능력의 중요성을 알려주고 이들이 사용하는 학습전략이 무엇이며, 스스로 학습계획을 수립할 수 있도록 과목별 학습전략을 수립하거나 정기적인 상담을 통해 학생이 학습 진행 상황을 스스로 평가하도록 도와줄 필요가 있다. 예를 들어

"목표 달성을 위해 계획을 잘 실행했나요?"와 같은 질문으로 자기 평가를 유도하면 좋다. 또한 상담시 학생의 성취한 부분과 개선이 필요한 부분에 대해 구체적인 피드백을 제공하는 것이 필요하다. "이번 주 목표 중 70%를 달성했는데, 시간 관리에서 어려움을 느꼈다면 다음 주에는 하루 30분 학습을 추가로 계획해 보세요"와 같이 학생들이 해야할 일을 알려주는 것이 좋다. 자기조절학습 검사(Self-Regulated Learning Scale: SRL) 역시 대부분 대학의 교수학습지원센터에서 학생들에게 제공하고 있고, 이를 기반으로 학습코칭이나 학습상담도 제공하고 있어 이를 활용하는 것도 좋다.

(5) 진로 탐색 검사

다음으로 학생들의 진로를 탐색하고 계획하기 위해서 다양한 진로검사를 활용하여 자신의 흥미와 적성을 파악하고 필요한 정보를 얻을 수 있도록 돕는 것이 중요하다. 진로검사(진로준비, 직업탐색, 직업선호도, 직업적성 검사 등)는 대표적으로 고용노동부의 '고용24(https://www.work24.go.kr/cm/main.do)'와 같은 플랫폼에서 쉽게 학생 스스로가 진단 및 평가할 수 있다. 대학에서는 진로담당 교수나 아카데믹 어드바이저는 이러한 검사 결과를 바탕으로 학생들에게 적합한 전공과 진로를 추천하고, 구체적인 학업 계획을 수립하도록 지도할 수 있을 것이다. 이를 위해 대학은 진로담당 교수나 아카데믹 어드바이저에게 진로관련 검사 뿐만 아니라 앞에 제시된 검사의 프로파일을 해석하고 이를 기반으로 어떻게 상담을 할 것인지 학생지도는 어떻게 해야할 것인지에 대한 체계적인 교육을 마련해 주어야 할 것이다.

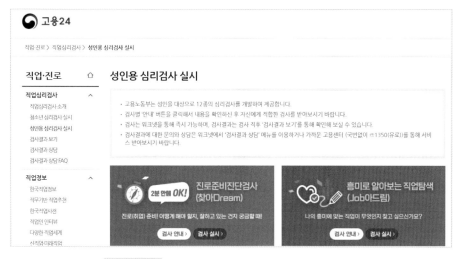

그림 7-1   '고용 24'의 진로관련 심리검사 플랫폼

3) 심리검사의 활용과 상담 연계

이처럼 심리검사를 통해 얻은 결과를 바탕으로 학생들은 자신에 대한 구체적인 피드백을 받을 수 있다. 추가적으로 진로 지도교수나 아카데믹 어드바이저도 이 자료를 통해 학생상담의 방향을 설정하고 보다 체계적인 지원을 해 줄 수 있을 것이다. 이러한 과정을 통해 학생들은 자신의 강점과 약점을 인식하고, 향후 학업과 진로에서 어떤 부분을 보완해야 하는지에 대한 방향성을 찾을 수 있게 될 것이다. 앞에서 언급한 바와 같이 전공자율선택제에서는 학생들이 단순히 심리검사를 받고 그것을 해석하는 단계에 머물러서는 안된다. 대학은 학생들이 심리검사를 통해 얻은 결과를 바탕으로 더 깊이 자신을 탐색할 수 있도록 진로담당교수 또는 아카데믹 어드바이저의 상담이 이루어질 수 있도록 제도를 마련해야 한다.

다음은 대학이 심리검사를 통한 자신의 객관적 평가 이후 학생들이 어떻게 자기 탐색을 할 수 있도록 지원해야 할 것인지 살펴보기로 하자.

4) 다양한 자기 탐색 활동과 상담 연계

진로담당 교수와 아카데믹 어드바이저는 학생의 심리상담 결과를 토대로 상담을 하기 이전에 학생들에게 다음과 같은 자기 탐색 활동을 수행해오도록 하는 것도 좋다. 예를 들어, '나는 누구인가?' '스트레스 관리 및 조절' '나의 시간 관리 전략'과 같은 주제를 중심으로 자기 탐색을 할 수 있는 활동지를 미리 작성해 보고 이러한 활동자료와 함께 상담을 진행하는 것이 좋다.

(1) 나는 누구인가?

학생들에게 제공되는 이 활동지는 자신의 인생 목표와 중요하게 여기는 가치, 그리고 자신이 어떤 사람인지 성찰할 기회를 제공한다. 이를 통해 학생들은 자신의 성향과 전공 선택의 방향을 일치시킬 수 있고, 진로담당 교수나 아카데믹 어드바이저의 경우 학생이 얼마나 자신에 대해 이해하고 있는지 확인할 수 있는 자료가 된다.

만약 학생이 이 활동지를 작성하기 어려워 하면 진로담당 교수나 아카데믹 어드바이저는 활동지의 세부 내용을 제시해 주는 것이 좋다. 예를 들어, 20년 후의 목표, 10년 후의 목표, 5년, 3년, 1년, 1달의 목표를 세워보게 하거나 인생의 롤모델이 누구였는지, 인생 그래프를 그려보도록 하는 것도 좋다.

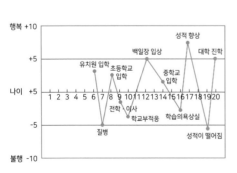

그림 7-2   나의 인생 그래프 그리기

그림 7-3   나는 누구인가 마인드 맵

또한, 글쓰기에 부담을 느끼는 학생들에게는 사진이나 마인드 맵을 활용해 자신을 시각적으로 표현해 보도록 지도하는 것도 효과적이다. 이러한 활동은 학생들이 자신을 구체적으로 이해하고 전공 선택 및 진로 설계에 필요한 자기 탐구 과정을 보다 쉽게 수행할 수 있도록 돕는다.

(2) 나의 스트레스 지수는?

학생들에게 제공되는 이 활동지는 학업이나 일상에서 받는 스트레스를 어떻게 관리하고 조절할 수 있는지 스스로 탐색하게 하는데 도움이 된다. 왜냐하면 학생 스스로의 스트레스에 대한 이해는 자신에게 맞는 학습 및 작업 환경을 찾는 데 중요한 요소가 되기 때문이다. 다음 제시된 대학생 스트레스를 측정하는 도구는 이화여자대학교의 학생상담센터에서 홈페이지에 제시된 도구를 인용한 것이다 (https://cmsfox.ewha.ac.kr/escc/index.do).

문항	전혀 그렇지 않다 (0점)	그렇지 않다 (1점)	그렇다 (2점)	매우 그렇다 (3점)
1. 현재 매우 편안하여 건강하다고 느낀다.				
2. 잠자고 난 후에도 개운하지 않다.				
3. 매우 피곤하고 지쳐 있어 먹는 것조차 힘들다고 느낀다.				
4. 근심 걱정 때문에 편안하게 잠을 자지 못한다.				
5. 정신이 맑고 깨끗하다고 느낀다.				
6. 기력(원기)이 왕성하다고 느낀다.				
7. 밤이면 심란해지거나 불안해진다.				
8. 대다수의 사람들과 마찬가지로 나를 잘 관리해 나간다고 생각한다.				
9. 전체적으로 현재 내가 하고 있는 일은 잘 되어가고 있다고 느낀다.				

10. 내가 행한 일의 방법이나 절차에 만족한다.				
11. 어떤 일을 바로 착수(시작)할 수 있다.				
12. 정상적인 일상생활을 즐길 수 있다.				
13. 안절부절 못하거나 성질이 심술궂게 된다.				
14. 닥친 문제를 해결해나갈 수 있다.				
15. 불행하고 우울하다고 느낀다.				
16. 자신에 대한 신뢰감이 없어진다.				
17. 모든 것을 고려해 볼 때 행복감을 느낀다.				
18. 삶을 살아갈 만한 가치가 있다고 느낀다.				
나의 점수 합계는?				( ) 점

* 장세진(1993)의 사회심리적 건강측정도구(Psychosocial Well-being Index)를 기초로 하여 개발한 단축형
  PWI-SF(장세진, 2000) 검사임, 신뢰도는 Cronbach's a-0.898로 문항간의 신뢰도가 높은 것으로 나타났음.

* 역체점문항: 1, 5, 6, 8, 9, 10, 11, 12, 14, 17, 18번 / 역체점문항의 점수 계산: 전혀 느끼지 않는다(3점), 그렇
  지 않다(2점), 그렇다(1점), 매우 그렇다(0점)

⌐ 그림 7-4 ⌐   스트레스 진단도구

(3) 나의 시간 관리 전략은?

다음으로 학생들에게 제공되는 이 활동지는 자신만의 시간 관리 방법과 일과
학업의 균형을 돌아보게 하여, 효과적인 시간 활용법을 익히도록 도와줄 수 있
다. 시간 관리는 대학 생활뿐만 아니라 미래의 직업적 성공에도 중요한 역량이
기 때문에, 이 활동을 통해 학생들은 자신의 시간 관리 패턴을 이해하고 삶의 우
선순위를 정하는 데 도움을 받을 수 있다. 진로담당 교수와 아카데믹 어드바이저
는 학생에게 하루 시간 사용을 기록해 보게 하거나 다음 그림과 같이 현재 자신
에게 주어진 일을 중심으로 우선순위를 정해 보도록 하거나 시간 관리 점검표를
1주 또는 1달 단위로 작성하고 이에 대해 함께 이야기해 보고 개선전략을 세워보
는 것도 좋다([그림 7-5] 참조). 이러한 과정이 이루어질 수 있도록 대학은 진로담
당 교수나 아카데믹 어드바이저에게 이와 같은 다양한 상담에서 활용할 수 있는
다양한 활동을 안내, 교육할 필요가 있다.

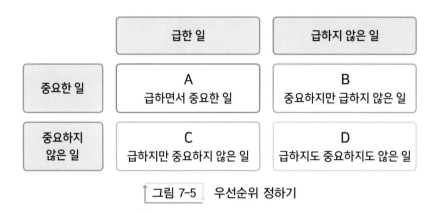

그림 7-5 ┆ 우선순위 정하기

2. 대학에서 전공자율선택제 학생의 흥미와 적성을 연결한 전공 선택 지원

1) 흥미와 전공 연결의 중요성

대학은 학생들이 전공 선택 과정에서 흥미와 적성을 적절히 연결할 수 있도록 체계적인 지원을 제공해야 한다. 전공 선택은 단순히 학문적 성취를 목표로 하는 것이 아니라, 학생의 흥미와 적성을 기반으로 장기적인 진로를 계획하는 데 있어 매우 중요한 과정이다. 흥미와 적성을 제대로 파악하고 이를 전공과 연결하는 것은 학업 성취와 더불어 직업적 만족도를 높이는 데 중요한 역할을 한다. 그렇다면 왜 흥미와 전공을 연결해야 하는지, 흥미와 적성의 차이를 이해하는 방법, 그리고 흥미와 적성을 기반으로 진로를 계획하는 구체적인 전략이 무엇인지 살펴보자.

전공자율선택제를 운영하는 경우, 대학은 다양한 전공을 탐색할 기회를 학생들에게 제공하여 흥미와 적성을 파악하고 전공과 연결할 수 있도록 돕는 역할을 해야 한다. 전공을 선택할 때 흥미와의 연결은 필수적이다. 흥미는 단순한 호기심이나 일시적인 관심을 넘어서, 개인이 지속적으로 동기 부여를 느끼며 몰입할 수 있는 중요한 요인이다. 흥미를 기반으로 선택한 전공은 학습의 동기를 부여하고, 학업의 지속 가능성을 높여 준다. 반대로, 흥미와 상관없는 전공을 선택하면 학습 과정에서 흥미를 잃고, 성취감이나 만족도를 얻기 어려울 수 있다. 이러한 상황은 결국 학업 성과에도 부정적인 영향을 미치며, 전공과 관련된 진로 설계에도 한계가 발생할 수 있다.

흥미를 전공으로 발전시키는 것은 학문적 성취와 진로 계획에서 매우 중요하다. 흥미가 있는 분야는 개인이 자발적으로 탐구하고 학습할 동기를 제공하며, 학문적 깊이를 더해가는 데 필요한 에너지를 준다. 특히 전공자율선택제에서 다양한 전공을 탐색할 수 있는 기회를 가진 학생들은 자신의 흥미를 발견하고 이를 전공으로 발전시키는 과정에서 자신의 학업 방향을 명확히 설정할 수 있다. 흥미와 전공이 일치할 때, 학생들은 학습에서 더욱 만족감을 느끼고, 이를 바탕으로 장기적인 진로 계획을 세우는 데도 긍정적인 영향을 미친다. 이에 앞에서 언급했던 심리검사를 통해 학생들은 자신은 어떤 흥미를 가지고 있는지 객관적으로 확인 및 점검해 볼 필요가 있다.

2) 흥미와 적성의 차이를 이해시키기

대학은 흥미와 적성의 개념을 학생들에게 명확히 이해시키고, 이를 구분하여 분석할 수 있는 프로그램을 제공해야 한다. 전공 선택 과정에서 중요한 또 하나의 요소는 적성이다. 많은 학생이 흥미와 적성을 동일하게 생각하지만, 사실 이 두 개념은 서로 다르다.

흥미는 개인이 무엇을 좋아하고 즐기는지에 대한 감정적 반응을 의미하는 반면, 적성은 특정 분야에서 성공적으로 성과를 낼 수 있는 능력이나 재능을 의미한다. 흥미는 개인의 동기와 열정에 영향을 미치지만, 적성은 그 분야에서 실제로 성공할 가능성을 결정하는 중요한 요소이다.

적성과 흥미를 구분하여 이해하는 이유는 바로 이 차이에서 비롯된다. 흥미만을 바탕으로 전공을 선택하면, 이후 그 분야에서 실제로 성공하는 데 필요한 적성이 부족할 수 있다. 반면, 적성만을 고려해 흥미 없는 분야를 선택하면 학업의 지속 가능성이 떨어지고, 학문적 동기가 약해질 수 있다. 따라서 전공 선택 과정에서는 흥미와 적성을 구분해 분석하고, 이 두 가지 요소가 균형을 이루는 전공을 선택하는 것이 중요하다.

또한, 흥미와 적성이 일치하지 않을 때의 전략도 중요하다. 학생이 특정 분야에 큰 흥미를 느끼지만 그 분야에서의 적성이 부족할 경우, 학생은 적성을 개발하는 전략이 필요하다. 이는 보충 학습이나 실습을 통해 구체적인 기술을 향상시키는 방법이 될 수 있으며, 교수나 멘토와의 상담을 통해 그 분야에서 성공할 수 있는 능력을 기를 수 있는 구체적인 계획을 세울 수 있다. 흥미를 포기하지 않고 적성을 개발해가는 과정은 어렵지만 장기적으로 더 큰 성과를 얻을 수 있는 기회가 될 수 있다.

반대로, 흥미를 바탕으로 적성을 개발하는 전략도 존재한다. 학생이 흥미를 느끼는 분야에 적성을 개발할 기회가 주어진다면, 흥미와 적성의 불일치 문제를 해결할 수 있다. 예를 들어, 창의적인 문제 해결에 흥미를 느끼는 학생이 공학적 적성을 개발하기 위해 수학이나 물리학의 기초를 다지는 추가 학습을 하게 될 경우, 흥미와 적성이 모두 강화된 상태에서 전공을 선택할 수 있다. 또한, 학생들이 자신의 흥미를 기반으로 다양한 경험을 쌓을 수 있도록 인턴십이나 실습 기회를 활용하는 것도 적성을 개발하는 데 도움이 된다. 이처럼 흥미는 적성을 개발하는 데 중요한 동기 부여 역할을 하기 때문에 이를 바탕으로 꾸준한 노력이 이루어질 수 있도록 대학은 학생들에게 적극적인 지원을 제공해 주어야 한다.

3) 학문적 흥미와 진로 설계를 위한 체계적 지원

대학은 학생들이 학문적 흥미를 진로로 발전시킬 수 있도록 다양한 학문 탐색과 경험 기회를 제공해야 한다. 학문적 흥미를 진로로 발전시키는 것은 전공 선택의 또 다른 중요한 목표이다. 학생들이 학문적 흥미를 구체화하는 방법은 다양하다. 먼저 다양한 학문 분야를 탐색하고, 그 과정에서 자신이 깊이 관심을 두고 탐구하고 싶은 주제를 발견하는 것이 필요하다. 예를 들어, 자연과학에 관심이 있는 학생은 화학, 생물학, 물리학 등 다양한 세부 전공을 탐구하는 과정을 통해 자신이 특히 흥미를 느끼는 분야를 발견할 수 있다. 이러한 탐구 과정은 학생들이 자신의 학문적 흥미를 더욱 구체화하는 데 도움을 준다. 학문적 흥미를 구체화하는 방법으로는 대학에서 제공하는 다양한 강의와 세미나, 연구 프로젝트에 참여해 학문적 흥미를 더 구체화할 수 있다. 특히 학생들이 전공필수 과목 외에도 다양한 선택 과목을 수강하며 여러 분야에 대한 지식을 넓히는 활동들은 이들에게 흥미를 명확하게 파악하는 데 도움이 된다.

흥미와 적성을 기반으로 진로 계획을 세우는 것은 전공 선택의 궁극적인 목표 중 하나이다. 학생들은 자신이 흥미를 느끼고 적성이 있는 분야에서 성공적으로 진로를 설정할 수 있도록 구체적인 계획을 세워야 한다. 예를 들어, 사회문제에 관심이 많은 학생은 사회과학 분야에서 연구자로 성장할 수 있으며, 창의적 문제 해결을 즐기는 학생은 공학 분야에서 혁신적인 기술을 개발하는 것을 목표로 삼을 수 있다. 이에 진로 계획을 세울 때, 학생들은 흥미와 적성이 일치하는 분야에서 자신의 잠재력을 최대한 발휘할 수 있는 방향을 설정하는 것이 중요하다.

진로 지도교수나 아카데믹 어드바이저는 학생들을 위한 흥미와 적성에 맞는 진로 계획 세우기를 돕기 위한 구체적인 활동을 다음과 같이 해 볼 수 있다.

表 7-1 흥미와 적성에 맞는 진로 계획 세우기

구분	문항	지도방안
나의 흥미와 적성 탐색하기	1. 내가 좋아하는 활동과 흥미 있는 분야는 무엇인가? 2. 내가 잘한다고 생각하는 능력(적성)은 무엇인가? 3. 심리검사 결과를 참고하여 나의 주요 흥미와 적성을 정리해 보기	• 앞서 제시한 심리검사 결과를 중심으로 제시된 문항을 작성하고 그 이유도 함께 쓰도록 한다.

흥미와 적성을 연결한 전공 및 진로 탐색	5. 내가 흥미를 느끼는 분야와 관련된 전공은 무엇인가?	• 단순한 학생 생각을 쓰기 보다는 다양한 자료를 조사하여 체계적이고 객관적으로 작성해 보도록 한다. • 앞서 제시한 장기 단기 목표 설정하기와 연계하여 8번 문항에 응답하도록 한다.
	6. 내가 적성을 가진 분야와 관련된 진로는 무엇인가?	
	7. 흥미와 적성이 모두 반영된 전공과 진로는 무엇인가?	
	8. 도출된 전공과 진로를 설정하기 위해 앞으로 어떤 노력이 필요한가?	

3. 대학에서 전공자율선택제 학생의 목표 설정 지원

1) 목표 설정의 중요성

학생들이 심리검사를 통해 자신의 강점과 약점을 객관적으로 분석하는 과정이 이루어졌다면 그 다음 단계로 전공 선택과 학업에서 성공적인 결과를 얻기 위해 명확한 목표 설정이 요구된다. 대학은 학생들이 명확한 목표를 설정하고 이를 기반으로 학업과 진로를 설계할 수 있도록 체계적인 지원을 제공해야 한다. 목표는 학생들이 학업 과정에서 방향을 잃지 않고 지속적으로 성취를 향해 나아가도록 돕는 중요한 기준이다. 단순히 미래를 계획하는 수준을 넘어, 목표는 학생들에게 구체적이고 실현 가능한 성취의 로드맵을 제공하며, 이를 통해 학업 성취와 진로 만족도를 높이는 데 기여한다.

대학은 목표 설정이 전공 선택과 학업 성과에 미치는 영향을 고려해 학생들이 신중하고 체계적으로 목표를 설정하도록 지원해야 한다. 목표란 자신이 이루고자 하는 구체적인 성취의 로드맵이다. 이는 단순한 미래에 대한 희망이나 계획이 아니라, 구체적인 행동 계획을 통해 달성할 수 있는 성취 지점을 의미한다. 목표가 명확할수록 그에 따른 학업 및 진로 계획도 구체적이고 실천 가능한 것이 된다. 목표를 설정하지 않고 학업을 이어가면, 어느 순간 자신의 진로와 성과에 대한 불확실성이 커질 수 있으며, 이는 결국 학업 성취도에도 부정적인 영향을 미친다. 반대로, 명확한 목표를 설정하면 학업의 목적과 방향이 명확해지고, 자신이 추구하는 바를 달성하기 위한 구체적인 계획을 세울 수 있다.

목표는 단기적인 성취를 위한 계획과 장기적인 비전을 포괄해야 한다. 단기 목표는 즉각적으로 달성할 수 있는 구체적인 성과를 의미하며, 장기 목표는 미래의 더 큰 성취를 위한 방향성을 제시한다. 예를 들어, 단기 목표는 "이번 학기 전공 필수 과목에서 A 학점을 받겠다"와 같은 명확한 성취를 지향하는 것이며, 장기 목표는 "졸업 후 이 전공을 바탕으로 국제적인 연구자로 성장하겠다"와 같이 더 넓은 비전을 제시하는 것이다. 이 두 가지 목표는 상호 보완적 관계에 있다. 장기 목표가 더 넓은 비전을 제시한다면, 단기 목표는 그 비전을 실현하기 위한 단계적 계획을 구체화하는 역할을 한다. 대학은 이러한 목표 설정과 전공 선택이 연계되도록 상담과 프로그램을 통해 학생들을 체계적으로 지원해야 한다.

2) 목표 설정과 전공 선택 지원

목표는 전공 선택과 학업 전반에 걸쳐 중요한 영향을 미친다. 명확한 목표를 가진 학생은 자신의 전공 선택을 더욱 신중하게 고려하고, 자신이 가고자 하는 방향과 일치하는 학문 분야를 선택하게 된다. 목표 없이 전공을 선택하면, 이후 학업 과정에서 흥미나 성과가 떨어질 수 있으며, 이는 학업 만족도와 진로 성취도에 부정적인 영향을 미친다. 반면, 명확한 목표를 설정하면 학생들은 그 목표를 이루기 위해 전공을 선택하고, 그에 맞는 학습 전략을 세우게 된다.

예를 들어, 학생이 "국제 개발 분야에서 일하고 싶다"는 장기 목표를 설정했다면, 그 목표를 달성하기 위해 국제 관계학이나 정치학을 전공으로 선택할 수 있다. 그리고 이 선택은 자연스럽게 학생이 앞으로 학습해야 할 과목이나 필요 역량에 대한 계획으로 이어지게 된다. 따라서 목표는 전공 선택에 있어 명확한 기준을 제공하며, 학생이 자신의 전공을 통해 무엇을 이루고자 하는지를 확립하는 데 중요한 역할을 한다.

　또한 목표는 학업 과정에서 동기 부여의 중요한 원천이 된다. 목표를 설정하지 않고 막연하게 학업을 진행하면 성취감이나 만족도를 얻기 어렵지만, 명확한 목표를 설정하면 학습 과정에서 동기를 부여받고, 목표를 향해 나아가는 과정에서 성취감을 느끼게 된다. 목표를 통해 학생들은 학업의 의미를 재발견하고, 어려운 과제를 해결하는 데 있어서도 더 큰 자신감을 가질 수 있다.

3) 중 · 장기 목표 설정 방법

　대학은 학생들이 단기, 중기, 장기 목표를 단계적으로 설정할 수 있도록 다양한 프로그램을 운영해야 한다. 목표를 설정할 때는 중 · 장기 목표와 단기 목표로 나누어 구체화할 필요가 있다. 장기 목표는 학생들이 궁극적으로 이루고자 하는 비전과 목표를 의미하며, 중기 목표는 장기 목표를 실현하기 위한 중간 단계의 성취를 지칭한다. 예를 들어, "국제기구에서 일하고 싶다"는 장기 목표를 설정했다면, 그 목표를 달성하기 위한 중기 목표로 "국제 관계학 학위를 취득하고, 관련 인턴십을 통해 경력을 쌓겠다"와 같은 구체적인 계획을 세울 수 있다.

　이 책에서는 학생들이 중 · 장기 목표를 설정할 수 있도록 돕는 활동지를 제시하고자 한다. 학생들은 각 활동지를 통해 자신의 목표를 구체화하고, 실현 가능한 단계적 계획을 세울 수 있다.

(1) 장기 목표 지원

　장기 목표 지원은 학생들이 5년 또는 10년 후의 미래를 구체적으로 상상하고, 그 시점에 이루고자 하는 최종 목표를 구체화할 수 있도록 돕는다. 장기 목표는 학생이 학업과 진로를 통해 이루고 싶은 최종적인 비전과 성취를 명확히 하는 것이다. 이를 통해 학생들은 자신의 미래를 구체적으로 계획하고, 현재의 학업과 경험을 어떻게 활용해야 할지에 대한 방향을 설정할 수 있다.

　장기 목표를 설정할 때는 크게 직업적 목표와 개인적 목표로 나눌 수 있다. 직업적 목표는 학생이 어떤 분야에서 일하고 싶은지, 어떤 역할을 맡고 싶은지에 대한 계획을 구체적으로 작성하는 것이다. 예를 들어, "국제기구에서 정책 전문가로 활동하겠다" "연구 기관에서 생명 과학 분야의 선도적인 연구자가 되겠다" 등 구체적인 직업 목표를 설정할 수 있다.

(2) 중기 목표 지원

중기 목표 지원은 학생들이 장기 목표를 실현하기 위한 중간 단계의 성취를 구체화하도록 유도한다. 예를 들어 "국제 관계학 학위를 취득하고 관련 인턴십에 참여하겠다" "해외 교환학생 프로그램을 통해 글로벌 경험을 쌓겠다"와 같은 목표를 설정할 수 있다.

4) 중·장기 목표 설정을 위한 활동과 상담지원

(1) 중·장기 목표 설정 지원

대학은 학생들이 목표를 설정하고 구체화할 수 있도록 활동지와 상담 프로그램을 제공해야 한다. 학생들이 자신의 목표를 시각화하고 단계적 계획을 세울 수 있도록 장기 및 중기 목표 설정 활동지를 제공한다. '장기 목표 세우기' 활동지에서 학생들은 다음과 같은 질문들을 통해 구체적인 목표를 설정할 수 있다.

▶ 표 7-2   중·장기 목표 설정하기

구분	문항	지도방안
1	5년 또는 10년 후 나는 무엇을 하고 있을까?	• 구체적인 모습을 이유와 함께 작성해 보도록 한다. • 학생들이 작성하지 못할 경우, 심리검사 결과를 활용하여 생각해 보도록 한다.
2	나의 직업적 목표는 무엇인가?	• 계획한 직업에서 어떤 전문가가 되고 싶어하는지 작성해 보도록 한다.

3	나의 개인적 성취는 무엇인가?	• 자신의 삶 전반에 있어서 어떤 목표를 가지고 있는지 생각해 보도록 한다. • 거기에서 기대하는 성취는 무엇인지 작성해 보도록 한다.
4	장기 목표를 달성하는데 장애가 되거나 어려운 요소는 무엇인가?	• 장기 목표를 달성하는데 장애요인(인적, 물적, 환경적)에 대해 작성해 보도록 한다.

진로 지도교수 및 아카데믹 어드바이저는 학생들과 정기적으로 상담을 진행하며, 목표 설정 과정에서 필요한 피드백과 구체적인 지침을 제공해야 한다. 또한 장기 목표를 통해 학생들이 현재의 학업을 미래와 연결하여 동기 부여를 받도록 하며, 구체적인 로드맵을 통해 학업과 진로의 방향성을 명확히 할 수 있도록 지도해야 할 것이다. 뿐만 아니라 장기 목표를 위한 인턴십, 연구 프로젝트, 해외교환학생 프로그램 등을 추천하여 실질적 경험을 쌓을 수 있도록 안내해 주는 것이 좋다. 대학에서는 이들 프로그램을 미리 연간 계획으로 설정하여 교내에 상시 공지해 주어야 하며, 학교 내외의 멘토링 프로그램, 세미나, 컨퍼런스 등과 같은 프로그램을 운영함으로써 학생들이 설정한 목표 분야 또는 전공 관련 전문가들과의 연결을 도와주어야 한다.

(2) 단기 목표 설정 지원

단기 목표는 짧은 시간 안에 달성할 수 있는 구체적인 목표를 설정하는 것이다. 단기 목표는 주로 한 학기 또는 1년 안에 성취할 수 있는 학업적·개인적 성과를 지향하며, 장기 목표를 이루기 위한 기본 단계를 마련하는 역할을 한다. 이를 통해 학생들은 단기적인 성취를 통해 자신감을 얻고, 점진적으로 더 큰 목표를 향해 나아갈 수 있다. 단기 목표는 주로 구체적이고 실현 가능한 성취에 중점을 둔다. 예를 들어, "이번 학기 전공필수 과목에서 높은 성적을 받겠다" "연구 프로젝트를 성공적으로 마무리하겠다" 등 명확하고 측정 가능한 목표를 설정할 수 있다. 이러한 단기 목표는 학생들이 매일의 학업과 활동에서 집중력을 높이고, 성취감을 느낄 수 있도록 돕는다.

'단기 목표 세우기' 활동지에서 학생들은 다음과 같은 질문들을 통해 구체적인 목표를 설정할 수 있다.

표 7-3 단기 목표 설정하기

구분	문항	지도방안
1	이번 학기 또는 1년 내에 이루고 싶은 구체적인 목표는 무엇인가?	• 학생들은 짧은 시간 안에 이루고자 하는 학업적 성과를 작성하도록 한다. 예를 들어, "이번 학기 모든 전공필수 과목에서 A 학점을 받겠다" "다음 학기까지 영어 실력을 향상시켜 토익 900점을 목표로 하겠다" 등 구체적이고 실현 가능한 목표를 설정하도록 한다.
2	이 목표를 이루기 위해 어떤 행동 계획을 세울 것인가?	• 목표를 이루기 위한 구체적인 행동 계획을 세우는 것이 중요하다. • SMART 원칙 활용: 목표를 설정할 때 구체성(Specific), 측정 가능성(Measurable), 달성 가능성(Achievable), 관련성(Relevant), 시한성(Time-bound)을 기준으로 목표를 세우도록 지도한다.
3	단기 목표를 이루기 위해 필요한 자원이나 지원은 무엇인가?	• 학생들은 단기 목표를 이루기 위해 필요한 자원이나 지원(학교 내, 학교 외)을 작성하도록 한다.
4	우선순위를 어떻게 정할 것인가?	• 우선순위를 중요도와 긴급성의 두 가지 기준을 통한 우선순위 메트릭스를 작성해 보게 한다. • 여기서 도출된 과업을 기반으로 하루 또는 한 주의 구체적인 일정표를 작성해 보도록 하는 것도 좋다.

이와 같은 단기 목표 세우기 활동을 통해 학생들은 짧은 시간 안에 실현할 수 있는 구체적인 성취 목표를 설정할 수 있게 될 것이다. 또한 학생들은 이러한 활동을 수행함으로써 일상에서 실천할 수 있는 구체적인 학습 계획을 통해 성취감을 느낄 수 있고 이를 통해 장기 목표로 나아가는 동기 부여를 갖게 된다.

4. 전공자율선택제 학생의 자기 이해와 탐색을 위한 제언

전공자율선택제를 운영하는 대학은 학생들이 자신의 특성과 흥미를 바탕으로 적합한 전공을 선택하고 장기적인 진로를 설계할 수 있도록 체계적이고 다각적인 지원을 제공해야 한다. 이를 위해 대학은 학생 개개인의 특성을 고려한 맞춤형 지원, 실질적 경험 중심의 학습 기회 제공, 장기적 진로 설계를 위한 로드맵 제공, 지속적인 자기 성찰 및 피드백 시스템 구축 등의 역할을 수행할 필요가 있다.

1) 맞춤형 지원 시스템 구축

대학은 학생 개개인의 성격, 흥미, 적성 등 특성을 고려한 맞춤형 지원 체계를 마련해야 한다. 자율전공 학생들은 다양한 학문 분야를 탐색할 기회를 갖기 때문에, 각자의 성격, 흥미, 적성을 파악하고 이를 바탕으로 학습 계획을 세우는 것이 중요하다. 따라서 대학은 다양한 성격 검사를 비롯하여 학습, 진로 관련 심리검사들을 제공하고, 그 결과를 기반으로 학생들이 자신의 특성에 맞는 전공을 선택할 수 있도록 진로 지도교수제, 아카데믹 어드바이저, 관련 지원기관의 상담 프로그램을 강화해야 한다. 특히 대학은 진로 지도교수와 아카데믹 어드바이저들이 앞에서 제시한 심리검사나 다양한 자기 이해 활동들을 활용하여 상담할 수 있도록 교육을 적극적으로 제공해 주어야 한다.

2) 실질적 경험 중심의 학습 기회 제공

대학은 학생들이 학문적 이론을 넘어서 실제 경험을 통해 전공과 진로를 탐구할 수 있도록 실질적인 학습 기회를 제공해야 한다. 이를 위해 전공과 관련된 실험·실습, 심화 학습, 실무 경험 제공이 확대되어야 할 것이다. 학생들이 단순히 학문적 이론에 머무르지 않고, 실제 경험을 통한 학습이 이루어 짐으로써 자신이 선택한 전공을 더 깊이 탐구할 수 있는 기회를 마련해야 한다. 이를 위해 대학은 학습자 중심의 프로젝트 수업을 비롯하여 산학 연계 인턴십이나 현장 실습 기회를 더욱 확대하고, 학생들이 학문적 지식을 실질적인 업무 환경에서 응용할 수 있도록 지원하는 것이 필요하다.

3) 장기적 진로 계획을 위한 로드맵 제공

대학은 학생들이 장기적 비전을 설정하고 이를 실현하기 위한 체계적인 계획을 세울 수 있도록 돕는 역할을 해야 한다. 예를 들어 장기적 진로 계획수립을 돕기 위한 구체적인 로드맵 제공이 중요하다. 특히 1학년에 입학하여 학생들이 학업을 통해 성취하고자 하는 장기 목표를 명확히 하고, 그 목표를 달성하기 위한 중·단기 목표를 체계적으로 설정할 수 있도록 도와야 한다. 이를 위해 학업 로드맵과 더불어 진로 설계를 위한 단계별 계획 수립이 필요하며 이러한 활동들을 기반으로 학생들이 목표달성 할 수 있도록 진로 지도교수나 아카데믹 어드바이저가 학생별 형성적 피드백을 제공해주어야 할 것이다. 학생들은 이러한 피드백을 통해 자신을 성찰하고 개선해 나감으로써 성장할 수 있게 될 것이다.

4) 지속적인 자기 성찰과 피드백 시스템 구축

학생들에게 체계적인 진로 지도 및 다양한 활동과 학습이 이루어지도록 지원하는 것도 중요하지만 대학은 학생들이 전공 선택과 진로 설계 과정에서 스스로를 점검하고 발전할 수 있는 체계를 마련하는 것도 필요하다. 앞에서도 언급한 바와 같이 대학은 학생들이 지속적으로 자기 성찰과 피드백을 받을 수 있는 시스템을 구축할 필요가 있다. 시스템에는 학생들이 학업 및 활동 과정을 기록하고 자신의 성장을 점검할 수 있는 온라인 또는 오프라인 기반의 포트폴리오 형태로 제공하는 것이 좋다. 이 시스템은 정기적인 피드백 세션을 통해 진로 지도교수,

아카데믹 어드바이저와 소통하며 목표와 성과를 점검하고 조언을 받을 수 있도록 하고, 피드백은 학생의 강점과 가능성을 강화하며 새로운 학습 기회를 제안하는 방향으로 이루어져야 한다. 또한, 학생들이 주도적으로 자신의 성장을 탐구할 수 있도록 성찰 보고서 작성, 목표 달성도 체크리스트 활용 등 자기 주도적 활동을 지원하며, 멘토링과 전문가 상담 등 다각적인 피드백 경로를 제공해야 한다. 특히 학생들이 학업 및 진로 탐색 과정에서 새로운 가능성을 발견했을 때 목표와 계획을 유연하게 수정할 수 있는 체계도 마련하고, 이 과정에서 학생들의 선택을 존중하고 격려하는 분위기를 조성해 주는 것이 중요하다. 마지막으로, 대학은 학생들의 자기 성찰과 발전 과정을 공유하는 기회(예: 전공자율선택제 성과 패스티벌)를 마련해 줌으로써 학습 동기를 강화하고 성장의 긍정적 경험을 확대할 필요가 있다.

▶ 표 7-4 ┃ 전공자율선택제 학생의 자기 이해와 탐색을 위한 체크리스트

단계	점검사항	점검 내용	수행 여부 (Y/N)
1. 자기 이해	자신의 강점과 약점 파악	학생들의 강점과 약점을 확인할 수 있도록 지원하였는가?	
	심리검사 활용	다양한 심리검사를 통해 자신을 이해할 수 있도록 지원하였는가?	
	자기탐색 활동과 상담	학생들이 다양한 자기탐색 활동과 함께 상담을 받을 수 있도록 지원하였는가?	
2. 목표설정	장기 목표 설정	학생들이 5년 또는 10년 후 이루고자 하는 장기 목표를 설정하도록 지원하였는가?	
	단기 목표 설정	학생들이 이번 학기 또는 1년 안에 이루고 싶은 단기 목표를 구체적으로 설정하도록 지원하였는가?	
	학업과 진로 연결	설정한 목표가 학업과 진로에 어떻게 연결되는지 이해할 수 있도록 지원하였는가?	

3. 학문적 흥미 탐색	흥미와 적성 구분	학생들이 흥미와 적성을 구분하여 이해하고 있도록 지원하였는가?	
	다양한 전공 탐색 경험	다양한 전공 분야를 탐색하고, 각 전공의 특성과 나의 흥미를 비교할 수 있도록 지원하였는가?	
	전공 선택을 위한 정보 수집	선택하려는 전공에 대한 충분한 정보를 수집(예: 과목 내용, 교수진, 진로)할 수 있도록 지원하였는가?	
	실무 경험 및 적용	인턴십, 현장 실습 등의 실무 경험을 쌓을 수 있도록 지원하였는가?	
4. 점검 및 피드백	지속적인 점검	학생들이 지도교수(아카데믹 어드바이저)와의 정기적인 상담을 통해 학업 및 진로에 대한 조언을 받을 수 있도록 지원하였는가?	
	자기 성찰 및 피드백 반영	학업과 진로 계획에서 받은 피드백을 수시로 받을 수 있는 환경을 마련하였는가?	

제8장

전공 정보 탐색

이 장에서는 전공자율선택제로 입학하여 아직 특정 전공에 소속되지 않은 학생들이 자신의 적성과 관심 분야에 맞는 전공 정보를 효과적으로 탐색할 수 있도록 지원하는 다양한 정보 제공 방안에 대해 살펴보고자 한다. 이 과정의 핵심 목표는 자신의 적성과 소질에 부합하는 진로를 발견하고, 이에 알맞은 전공을 탐색·선택하는 것이다.

학생들이 전공 정보를 탐색하는 일련의 과정은 적성과 흥미를 반영하여 올바른 전공을 선택하는 데 도움을 주는 일련의 지원 활동이라 할 수 있다. 이를 위해 학생들은 교과, 비교과 활동을 통해 폭넓은 정보를 수집하고 종합한다. 대학은 교과에서는 진로 인식, 진로 탐색 등 진로 선택 관련 기초지식과 체계적인 전공 선택 정보를 제공하고, 비교과 프로그램은 전공 탐색에 직접 참여하고 체험할 기회를 제공한다. 또한, 홈페이지, 전공 소개 영상, 전공 소개 브로슈어 등을 통해 전공에 대한 상세한 정보를 제공할 수 있다. 전공 박람회, 학생자치기구(총학생회나 동아리 등) 활동, 학사상담센터(아카데믹 어드바이저) 운영, 에듀테크를 활용한 디지털 기반 전공 선택 지원 시스템 등 다양한 정보 제공 방식이 활용될 수 있다.

이 장에서는 이처럼 다면적인 정보 제공 전략을 구체적으로 살펴보고, 이를 통해 학생들에게 전공 선택 과정에서 어떤 방식으로 다채로운 정보를 전달할 수 있는지, 나아가 정보 제공 방안을 어떻게 더욱 효과적으로 구현할 수 있는지에 대한 통찰과 아이디어를 제시하고자 한다.

1. 전공 탐색을 위한 정보 제공의 개요

1) 전공 선택의 중요성

전공자율선택제로 입학한 학생들의 첫해 대학 생활은 도전과 기회가 함께하는 시기다. 특히, 이 시기 1년 동안 이뤄지는 전공 선택은 학생의 학업적 방향과 직업적 미래에 결정적인 영향을 미치는 중요한 과정 중 하나다. 전공자율선택제는 기존과 달리 특정 전공 없이 대학에 진학한 뒤, 학생들이 자신의 흥미와 적성에 맞는 진로를 모색하고, 그에 적합한 전공을 스스로 선택하도록 유도하는 제도이다. 따라서 학생들은 입학 첫 해 동안 다양한 진로를 탐색하고 전공 정보를 충분히 수집해야 하며, 이를 위해 교과, 비교과에서 체계적인 정보 제공이 뒷받침되어야 한다.

전공 선택은 단순히 전공을 결정하는 행위를 넘어, 학생의 전체적인 대학 생활과 졸업 이후 직업적 기회를 형성하는 데 큰 영향을 미친다. 올바른 전공 선택은 높은 학업 성취와 직업 만족도로 이어질 수 있지만, 부적절한 전공 선택은 학생의 학업 동기와 진로 형성에 부정적인 결과를 초래할 수 있다. 이 때문에 전공 선택 과정을 지원하기 위한 체계적이고 다양한 전공 정보 제공은 필수적이다. 특히 전공 없이 입학한 전공자율선택제 학생들에게 이러한 정보 제공은 '선택'이 아니라 '필수'이다.

2) 전공 탐색을 위한 정보 제공의 필요성

전공 탐색은 학생들이 자신의 적성과 흥미에 부합하는 전공을 결정할 수 있도록 지원하는 과정으로, 이를 위해 다음과 같은 다양한 정보 제공이 필요하다.

(1) 교과과정 내에서 지원

① **교육과정 정보**

각 전공의 교육과정, 필수·선택 과목 관련 정보는 전공 선택의 핵심 요소이다. 교과목의 구성과 내용, 학습 목표 등을 사전에 파악함으로써 학생들은 해당 전공에 대한 구체적이고 체계적인 이해를 높일 수 있다.

② **교수 및 연구 정보**

각 전공을 지도하는 교수진의 전문 분야, 연구 성과, 교육 방식은 학생들에게 전공 선택 시 중요한 판단 기준이 된다. 교수의 전공 분야와 전문성, 연구 성향 등을 파악하고, 교수와의 상담이나 연구실 방문을 통해 전공 분야의 미래 비전과 성장 가능성을 직접 확인할 수 있다.

(2) 비교과과정 내에서 지원

① **지원**

비교과 활동은 학생들에게 전공 분야를 실제로 체험하고 경험할 기회를 제공한다. 동아리 활동, 인턴십, 멘토-멘티 프로그램 등을 통해 학생들은 해당 분야에서 직접적인 경험을 쌓으며 자신의 흥미와 적성을 검증할 수 있다. 이를 통해 학업적 성취뿐 아니라 개인적 성장에도 긍정적인 영향을 미칠 수 있다.

② **진학 및 취업 정보**

졸업생의 진로 경로와 경험은 전공 선택 과정에서 유용한 참고 자료가 된다. 졸업생들이 전공을 바탕으로 어떤 직업이나 분야로 진출했는지 살펴봄으로써 학생들은 해당 전공이 실제 직업 세계와 어떻게 연결되는지에 대한 구체적인 인사이트를 얻을 수 있다.

(3) **정보 제공의 방법**

전공 정보 탐색을 위한 정보 제공은 다음과 같은 다양한 방식으로 이루어질 수 있다.

① 오리엔테이션 및 세미나

신입생 대상 오리엔테이션, 전공 설명회 및 세미나를 통해 각 전공의 특징, 교육과정, 진로 방향 등을 종합적으로 소개함으로써 학생들은 전공에 대한 전체적인 이해를 높일 수 있다.

② 온라인 플랫폼 및 자료

학과 홈페이지와 전공별 온라인 플랫폼, 디지털 자료 등을 활용하면 언제 어디서나 전공 관련 정보를 손쉽게 얻을 수 있다. 이를 통해 학생들은 필요할 때마다 전공 정보에 접근하며 자신에게 맞는 전공을 탐색할 수 있다.

③ 멘토링 프로그램

선배나 졸업생과의 멘토링은 실질적인 도움을 제공한다. 선배 멘토는 전공 선택 시 생길 수 있는 궁금증이나 고민에 대해 구체적이고 경험에 기반한 조언을 해줄 수 있어, 학생들이 더욱 신중하고 올바른 결정을 내리는 데 기여한다.

④ 워크숍 및 체험 프로그램

전공 관련 워크숍이나 체험 프로그램을 통해 학생들은 해당 분야를 직접 경험하고 실천해 볼 수 있다. 이는 단순한 정보 전달을 넘어, 학생들에게 전공에 대한 현실적이고 생생한 이해를 제공하며 흥미를 고취시키는 데 큰 도움이 된다.

전공자율선택제로 입학한 학생들에게 있어 전공 정보 탐색은 1학년 과정 동안 올바른 전공을 결정하기 위한 필수적인 과정이다. 이를 위해 대학은 다양한 형태로 풍부한 정보를 제공하고, 탐색 기회를 적극적으로 마련해야 한다. 여기에는 단순히 교육과정이나 교수진에 대한 정보뿐 아니라 졸업생들의 진로 경험, 비교과 활동 소개, 멘토링 프로그램 안내 등 다각적인 지원 방안이 포함되어야 한다. 이러한 정보를 충분히 제공받은 학생들은 자신의 적성과 흥미를 보다 명확히 파악하고, 그에 맞는 전공을 선택함으로써 더욱 의미 있고 풍요로운 대학 생활을 이어갈 수 있다.

이러한 과정에서 전공 정보 탐색의 중요성을 인식하고, 이를 적극적으로 지원하는 데 있어 대학의 역할은 매우 중요하다. 학생들이 주체적으로 전공을 탐색하고 미래를 설계하는 과정은 이들의 학업적 성취와 직업적 성공에 긍정적인 영향을 미치며, 궁극적으로는 더욱 건강한 사회 구성원으로 성장하는 토대가 된다. 이에 따라 대학은 전공 정보 탐색을 위한 정보 제공의 필요성을 깊이 이해하고, 이를 체계적으로 지원할 수 있는 방안을 모색해야 할 것이다.

2. 전공 정보 탐색을 위한 교과

1) 전공 탐색 교육과정

전공자율선택제로 입학한 학생들은 1학년 동안 전공 탐색을 위한 별도의 교육과정을 이수할 수 있도록 교육과정을 편성하고 있다. 대학별 약간의 차이는 있지만, 일반적으로 1학년 교육과정은 다음과 같이 편성된다.

표 8-1

구분	교양필수	교양선택	전공기초(계열기초, 선택, 필수)
학점	18	9	9
과목 수	6	3	3

대부분의 대학에서 1학년 교육과정에 교양필수 과목을 편성하기 때문에 전공선택 여부에 따른 차이는 주로 전공기초(계열기초, 선택, 필수) 영역에서 나타난다. 기존 전공으로 입학한 학생들은 1학년 때 공학수학, 프로그래밍 언어, ○○개론, ○○원론, ○○실험기초 등 해당 전공 분야에 필요한 기초 교과목을 이수한다. 반면, 전공자율선택제로 입학한 학생들은 진로 인식, 진로 탐색, 진로 선택 등의 교과

목과 대학 내 다양한 전공을 소개하는 교과목을 이수한다. 이를 통해 학생들은 2학년에 진입할 때 자신의 진로와 적성에 맞는 전공을 직접 선택할 수 있게 된다.

전공 탐색을 위한 교과목은 신입생세미나, 전공세미나, 전공 탐색 세미나, 자아탐색과 진로 설계, 전공 탐색 기초(심화) 등 다양한 명칭으로 개설된다. 이들 교과목은 '진로 인식 → 진로 탐색 → 진로 결정'의 단계를 체계적으로 경험한 뒤 전공을 결정하도록 돕는다. 또한, 모든 전공에 대한 이해를 바탕으로 학생이 자신의 진로와 적성에 맞는 전공을 찾을 수 있도록 새로운 교과목을 신설하기도 한다.

한편, 진로 선택과 진로 설계와 관련해서는 기존에 각 대학이 축적해 온 운영 경험과 노하우가 있을 것이다. 여기에 더해 2023년 교육부에서 발간한 '진로 교육 활성화 방안'을 참고하면, 전공 탐색을 위한 교육과정을 더욱 보완하고 강화하는 데 도움이 될 것이다.

그림 8-1 진로 교육 활성화 방안

출처: 교육부(2023).

진로 교육과정은 학생들이 자신의 진로 방향을 설정하고 목표를 달성하는 데 필요한 체계적인 정보를 제공한다. 특히, 전공자율선택제로 입학한 학생들에게는 전공을 선택하기 전에 자신이 희망하는 진로에 대한 충분한 정보를 얻는 과정이 매우 중요하다. 이 점에서 진로 교육 활성화 방안 중 대학 취업 중심 진로 교육과정, 진로 결정 유형별 정보 및 활동(예시), 국가 차원의 대학생 진로 교육 확대 추진 방안 등은 참고할 만하다.

대학 취업중심 진로 교육과정을 살펴보면, '대학 생활 적응(1학년) → 진로 설계(2학년) → 역량개발(3학년) → 취 · 창업 연계(4학년)'의 과정으로 진행된다. 또한, 진로 결정 유형은 '진로 미결정 → 진로방향 설정 → 진로 구체화 → 진로결정 성숙'의 단계로 진행된다. 전공자율선택제로 입학한 학생들은 이러한 진로 결정 과정을 1학년 동안 거치며, 전공 선택이 진학 및 취업 · 창업을 포함한 진로 목표 달성에 핵심적인 요소임을 실감하게 된다. 따라서 전공을 선택하는 과정에서 자신의 희망 진로에 대한 정보를 충분히 제공받는 것이 중요하며, 이를 위해 1학년 시기부터 체계적인 진로 교육이 이뤄져야 한다.

1학년 진로 관련 교과목은 주로 진로 인식과 진로 탐색 단계에 초점을 둔다. 교육 목표는 학생들의 진로 결정 능력 및 진로 정체감, 진로 준비 행동을 강화하는 것이다. 이를 위해 단순한 이론 교육에 그치지 않고 워크북 형태의 교재를 활

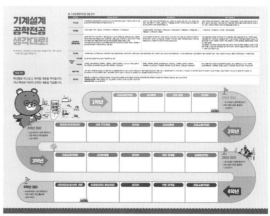

그림 8-2 │ 워크북 예시(아주대학교 외)

용하여 학생들이 직접 진로를 설계해 보게 하거나, 졸업 선배나 해당 분야 전문가를 초청한 특강을 통해 실질적인 정보를 제공하는 등 다양한 교육 방법이 활용된다. 이러한 경험들은 학생들이 자신의 적성과 흥미를 보다 명확하게 파악하고, 궁극적으로 자신에게 맞는 전공과 진로를 결정하는 데 실질적인 도움을 준다.

2) 진로 및 전공 탐색 교과목

전공 탐색을 위한 교과목 중 진로 관련 교과목은 학생들이 자신의 적성과 흥미를 파악하고, 이를 토대로 진로 방향을 설정하는 데 도움을 주는 내용으로 구성될 수 있다. 여기서는 한 과목 내에서 '진로 인식 → 진로 탐색 → 진로 결정'의 3단계 과정을 모두 다루는 것을 전제로 한다.

(1) 진로 교과목의 구성
① 진로 인식 단계
학생들이 스스로를 이해하고 자신의 가치관, 흥미, 적성, 인성 등을 파악하도록 돕는 활동을 포함한다. 이를 위해 성격검사, 흥미검사, 가치관 검사 등 다양한 진단 도구를 활용하여 자기 이해를 촉진할 수 있다.

② 진로 탐색 단계
학생들이 자신이 속할 수 있는 다양한 직업 세계를 둘러보며 구체적인 진로 방향을 모색하도록 한다. 직업 정보 탐색, 산업 분야 분석, 향후 전망 등의 정보를 제공하며, 직업기초역량(직무 관련 핵심 역량, 문제해결력, 의사소통 능력 등)을 이해하고 개발하는 과정이다.

③ 진로 결정 단계
학생들이 탐색한 진로와 자신의 특성을 종합하여 실제 진로 의사결정에 이르게 한다. 이 단계에서는 구체적인 진로 계획 수립, 목표 설정, 실행 전략 마련 등을 다루며, 이 과정에서 필요한 정보나 자원을 확인하고 이를 활용하는 방법을 포함한다.

　이러한 교과목 구성은 다양한 진단 도구와 학습 자료, 강의 및 워크숍, 상담 및 멘토링 등을 통해 학생들이 주체적으로 자신의 진로를 설계하고 선택할 수 있는 기회를 제공한다. 결과적으로 학생들은 자기 이해를 바탕으로 직업세계에 대한 폭넓은 시야를 확보하고, 적합한 진로 및 전공 선택에 한 걸음 더 가까워질 수 있다.

⤷ 표 8-2 S대학 진로와 직업선택 주차별 강의계획 예시

주차		내용
1	강좌안내	• 오리엔테이션 실시
2	21세기 커리어관리	• Icebreaking 실시 • 인재상에 대한 이해 • 발달 단계
3	자기 이해	• 성격의 개념 이해 • DISC 진단 및 Workshop을 통한 자기 이해
4	자기 이해	• DISC Workshop을 통한 자기 이해 및 타인이해
5	자기 이해를 통한 진로 탐색	• DISC Workshop을 통한 자기 이해 및 직업선택
6	진로 탐색	• 직업적성의 이해
7	중간고사	• 대한 성찰과 비전 수립
8	진로 탐색	• 직업가치관 및 자기 평가 • 직업체험에 대한 이해
9	진로 탐색	• 진로 탐색 및 직무에 대한 이해
10	직업	• 직업에 대한 이해
11	직업기초역량	• NCS 직업기초능력의 이해와 실습1
12	직업기초역량	• NCS 직업기초능력의 이해와 실습2
13	비전	• 비전과 목표설정

(2) 전공 탐색 교과목

진로가 어느 정도 구체화된 뒤에는, 해당 진로에 부합하는 전공을 선택하기 위한 전공 탐색 단계가 이루어진다. 이 과정에서 학생들은 대학 내 개설된 다양한 전공에 대해 충분한 정보를 얻어야 하며, 이를 위해 각 학과의 적극적인 참여가 필요하다. 학과 교수뿐만 아니라 재학생, 졸업생, 대학원생 등 해당 전공을 경험한 다양한 주체들이 학생들과 소통하여 전공에 대한 이해를 돕고 궁금증을 해소함으로써 학생들의 요구를 충족시킬 수 있다.

교과목 구성 방식은 대학별 교육정책이나 교육 여건에 따라 다양하게 운영될 수 있다. 예컨대, 다수의 전공을 보유한 대학에서는 모든 전공을 단일 교과목에서 간략히 소개하는 데 그치지 않고, '전공 탐색_인문' '전공 탐색_공학' 등 계열별 탐색 교과목을 별도로 개설하기도 한다. 이를 통해 계열마다 2~3회 차에 걸쳐 전공 소개와 심층적 정보 제공이 이루어져, 학생들에게 보다 체계적이고 깊이 있는 전공 탐색 기회를 제공한다. 아울러 일부 대학에서는 기존 전공으로 입학한 학생들이 수강하는 1학년 기초과목을 전공자율선택제 학생들이 참관할 수 있도록 제도적으로 지원한다. 이로써 전공 탐색 학생들은 실제 전공 수업 분위기를 직접 체험하며, 유고결석 처리나 대체출석 인정 등의 지원을 받아 탐색 활동을 한층 원활하게 진행할 수 있다.

대학별 전공 탐색이 중요한 이유는 동일한 학과명이더라도 대학마다 교육과정과 특성화 영역이 다를 수 있기 때문이다. 예를 들어, 언론홍보학과, 글로벌미디어학과, 미디어경영학과 등은 모두 미디어 관련 진로로 보이지만, 실제 교육과정과 졸업 후 진출 분야는 상이하다. 따라서, 학생들이 막연히 전공 이름에만 의존하지 않고, 각 대학의 교육과정과 진출 분야를 깊이 이해하는 과정이 필요하다.

이러한 심층적 전공 탐색을 위해 어떤 대학은 '전공 진로 설계'라는 과목을 개설하여, 학생들이 전공 교수와 직접 면담하고 상담을 받는 제도를 운영하기도 한다. 이로써 학생들은 자신의 진로 방향을 더욱 구체화하고, 전공 선택에 대한 확신을 가질 수 있게 된다.

> ↱ **표 8-3** E대학 전공 탐색 세미나 운영 계획 예시

1. 수업 개요 및 운영 방식
- ○ 본 교과는 2학년 이상 재학생의 선택 교과로 재학생들이 지도교수와 전공 진로 관련 상담, 해당 전공 출신 선배의 진학/취업/진로 등 사례 제공 등을 자기 주도적 계획을 세우는 데 도움을 주고자 함. 1전공 기반으로 전공심화/다전공 이수 등을 위한 체계적이며 융합적 학습역량을 갖출 수 있도록 지원함.
- ○ 전체 수업 운영 방식
  - – 교수연구실(혹은 별도의 장소)에서 일대일 상담 혹은 간담회 진행
  - – 온라인 상담 허용
- ○ 해당 과목은 취득 학점은 없으나 성적증명서에 '전공 진로 설계' 과목을 본 학기에 수강하였음이 표기되며, 전공 및 진로와 관련해서 지도교수와 면담할 기회가 제공됨.
- ○ 수강신청은 학과별로 해당 과목으로 신청하되, 수강신청기간 이후 지도교수별로 분반처리.

2. 학습 및 평가활동
- ○ 평가방법
  - – 오프라인/온라인 상담 1회 이상 진행 참여도 평가

[수강학생은 반드시 1회는 면담 등을 신청하여야 한다. 교수별로 일대일 또는 일대다 방식으로 자율적으로 운영한다.]

　　1학년 과정에서 학생들이 자신의 진로에 부합하는 전공을 충분히 탐색하도록 교과목을 통해 관련 정보를 제공하는 일은 매우 중요하다. 전공자율선택제로 입학한 학생들은 첫 1년을 전공 탐색의 시기로 활용하기 때문에, 곧바로 전공을 선택하고 입학한 학생들에 비해 실제 전공 학습 기간이 상대적으로 길어질 수 있다. 만약 전과 등으로 전공을 변경해야 하는 상황이 발생하면, 필연적으로 압축된 전공 학습 과정에 직면하게 되어 더 큰 어려움을 겪을 수 있다. 따라서 1학년 동안 충실한 정보 제공과 체계적인 전공 탐색 지원이 이루어져야 하며, 이를 통해 학생들이 더욱 안정적으로 진로를 확립하고 전공을 결정할 수 있도록 돕는 체계가 마련되어야 한다.

3. 전공 정보 탐색을 위한 비교과

전공자율선택제를 통해 학생들이 1학년 동안 자신의 진로와 전공을 폭넓게 탐색할 수 있도록 지원하기 위해서는 비교과 프로그램 차원에서 다양한 정보와 경험 제공이 필요하다.

1) 진로 탐색 워크숍 및 세미나

① 다양한 분야의 전문가 초청

각 직업군 및 산업 분야의 전문가를 정기적으로 초빙하여, 해당 분야의 업무 특성, 경력 경로, 필요 역량, 미래 전망 등을 소개한다.

② 전공별 직업 사례 제시

특정 전공을 선택했을 때 실제로 어떤 직업군으로 진출할 수 있는지를 구체적인 사례를 통해 설명한다. 이를 통해 학생들은 전공과 직업 세계 간의 연관성을 명확히 이해할 수 있다. 실제 졸업생의 데이터를 분석하여 직업군을 제시하면 더 현실적으로 받아들이기도 한다.

③ 졸업생 특강

해당 대학의 졸업생을 강사로 초청하면, 학생들은 선배의 경험을 생생하게 들으며 자신이 고려하는 전공이 실제 산업 현장에서 어떻게 적용되는지, 졸업 후 어떤 커리어 경로를 밟을 수 있는지를 직접 확인할 수 있다.

이러한 진로 탐색 워크숍 및 세미나는 학생들에게 다양한 직업 세계를 이해하고 자신의 흥미와 적성을 명확히 파악하는 데 도움을 주며, 궁극적으로 올바른 전공 선택을 위한 의사결정 능력을 향상시키는 데 기여할 것이다.

그림 8-3 │ 졸업생 초청 취업 특강 공고 예시

2) 멘토링 프로그램

재학생이나 졸업생과의 멘토링 프로그램을 통해 1학년 학생들은 선배들의 경험을 생생하게 접하고, 실질적인 조언을 얻을 수 있는 기회를 갖게 된다. 멘토는 학생들이 관심을 갖고 있는 분야에서 실제로 활동하고 있거나 해당 전공을 이수한 졸업생으로 선정할 수 있다. 이를 통해 1학년 학생들은 전공 선택 과정에서 맞닥뜨리는 고민을 선배들과 나누고, 진로 계획 수립에 유용한 정보를 얻을 수 있다.

특히 전공 선택에 있어 멘토로는 해당 대학을 졸업한 대학원생이나 현재 3~4학년에 재학 중인 선배가 적합하다. 이들은 대학 내부의 전공 정보를 허심탄회하게 전달할 수 있으며, 자신들이 전공 선택 과정에서 경험했던 고민과 시행착오를 진솔하게 공유해 줄 수 있다. 이를 통해 1학년 학생들은 전공에 대한 현실적 이해를 바탕으로 자신에게 맞는 방향을 더욱 명확하게 설정할 수 있다.

그림 8-4   멘토링 프로그램 예시

3) 자기 이해 및 성격 검사

학생들이 자신의 성격, 흥미, 가치관 등을 구체적으로 파악할 수 있도록 다양한 자기 탐색 프로그램을 운영하는 것도 효과적이다. 이를 위해 성격 검사, 직업 적성 검사 등 표준화된 검사 도구를 활용하여 학생들이 자신의 강점과 약점을 명확히 이해할 수 있도록 돕는다. 검사의 결과를 토대로 학생들은 전문 상담가나 멘토와 함께 개별 상담 시간을 가지며, 결과 해석과 피드백을 제공 받을 수 있다. 이를 통해 학생들은 자신에게 적합한 전공과 진로 방향을 더욱 체계적으로 탐색할 수 있게 되며, 궁극적으로 더 현명하고 만족스러운 전공 선택을 할 수 있는 기반을 마련하게 된다.

표 8-4   자기 이해 및 성격검사 관련 정보 예시

구분	내용
정보망	워크넷(www.work.or.kr)
	커리어넷(www.career.go.kr)
모바일 앱	커리어북스
진로검사 및 자기 이해 프로그램	성인용 커리어넷 진로검사 (진로개발준비도검사, 이공계 전공적합도검사, 주요 능력효능감검사, 직업가치관검사)
	워크넷 진로검사 (https://www.work.go.kr) (성인용 직업적성검사, 직업선호도검사, 구직준비도검사, 창업적성검사, 직업가치관검사, 영업직무기본역량검사, IT직무기본역량검사, 대학생 진로준비도 검사)
	대학생 핵심역량(K-CESA) 진단
진로서비스	커리어넷 온라인 진로상담
진로직업 정보	미래의 직업 세계(학과편, 직업편, 해외직업편)
	진로, 진학, 직업 전문가가 알려주는 진로솔루션 모음집
	미래 직업 가이드북
진로 지도 프로그램	청년취업성공패키지
	청년취업역량프로그램
	청년층 직업지도프로그램(CAP+) 프로그램
동영상	미래형 직업을 소개하는 진로 · 직업 동영상(30편)
	창의적 진로개발을 위한 진로 교육 동영상(지식채널 e편)
	나우미래
	드림주니어-탐나는 진로탐사대
	진로 토크 콘서트
	진로멘토링 꿈꾸는대로

4) 사례 연구 및 프로젝트 기반 프로그램

학생들에게 다양한 전공 분야를 사례로 다루는 프로젝트 기반 학습 기회를 제공하는 것도 효과적이다. 예를 들어, 학생들은 팀을 구성하여 특정 주제나 문제 상황에 대해 탐구하고, 이를 해결하는 과정에서 얻은 결과를 발표하는 과제를 수행할 수 있다. 이러한 경험을 통해 학생들은 전공 분야에서 실제로 발생하는 과제를 다뤄보며 전공의 실용적 측면을 이해하게 되고, 팀워크와 문제 해결 능력을 자연스럽게 함양할 수 있다.

5) 지속적인 상담 및 지원

학생들이 진로 탐색 과정에서 직면하는 다양한 어려움과 고민을 언제든지 공유하고 해결 방안을 모색할 수 있도록 체계적인 상담 지원 체계를 구축할 필요가 있다. 이를 위해 전문 상담사나 전공 교수와의 정기적인 상담 기회를 제공하면, 학생들은 편안한 분위기 속에서 자신의 고민을 솔직하게 털어놓고 구체적인 조언과 방향성을 얻을 수 있다. 또한 상담 결과를 토대로 심리 지원, 학습 전략 개선 프로그램, 진로 설계 워크숍 등 다양한 관련 지원 서비스로 연계하는 등 체계적으로 운영하는 것이 바람직하다. 이러한 종합적 지원을 통해 학생들은 보다 안정적인 환경에서 자신의 진로를 계획하고 전공을 선택할 수 있게 될 것이다.

6) 진로결정 · 전공 탐색 수기 공모전

전공자율선택제로 입학한 학생들이 진로 결정이나 전공 탐색 과정에서 참고할 수 있는 가장 유용한 자료 중 하나는 실제 사례이다. 비슷한 조건(소속 대학, 전공 분야, 학업 수준 등)을 가진 선배들이 어떤 과정을 거쳐 진로를 설정하거나 전공을 선택했는지에 대한 구체적 경험은 후배들에게 훌륭한 가이드가 될 수 있다. 이를 위해 대학에서는 현장실습 수기, 다전공 수기, 비교과 활동 수기 등 다양한 주제로 공모전을 개최하고, 우수 사례를 선발·공유하는 방식을 활용할 수 있다. 특히, 전공을 갓 결정한 학생들을 대상으로 진로결정 수기나 전공 탐색 수기 공모전을 진행하면, 그 과정에서 확보된 생생하고 현실적인 경험담은 다른 재학생들의 판단과 선택에 실질적인 도움을 줄 수 있다.

그림 8-5   전공 탐색 공모전 예시

이처럼 다양한 비교과 프로그램을 통해 학생들은 자신의 흥미와 적성에 부합하는 전공을 선택하기 위한 탄탄한 토대를 마련할 수 있다. 이러한 과정에서 학생들이 스스로 진로를 탐색하고, 궁극적으로 자신에게 적합한 전공을 결정하도록 돕는 지원이 중요하다. 이를 통해 학생들은 더욱 의미 있고 충실한 대학 생활을 누리게 되며, 미래 직업 세계에서도 성공적인 발판을 마련할 수 있을 것이다.

4. 전공 정보 탐색을 위한 지원 프로그램

교과 및 비교과 활동 외에도, 전공 정보 탐색을 지원하기 위한 다양한 온·오프라인 프로그램을 활용할 수 있다. 특히, 코로나19 이후 학생들의 활동 공간이 온라인으로 확대됨에 따라, 웹사이트나 온라인 플랫폼, SNS, 메타버스 등을 통한 전공 정보 제공 방안도 함께 고려할 필요가 있다. 이를 통해 시간과 공간 제약을 최소화하고, 학생들이 언제 어디서나 원하는 정보를 탐색할 수 있는 유연한 지원 환경을 조성할 수 있다.

1) 홈페이지를 통한 전공 정보 제공

전공 진로 결정을 위한 가장 풍부하고 정확한 정보의 출처 중 하나는 바로 각 학과별 홈페이지다. 원래 학과별 홈페이지는 교내 구성원들을 위해 정확하고 상세한 정보를 제공하도록 구축되었지만, 교외 구성원들에게도 다양한 자료를 제공하는 '정보의 보고(寶庫)' 역할을 하고 있다.

그림 8-6 ┃ 홈페이지 전공 정보 제공 예시

학과별 홈페이지는 해당 학과에 관한 가장 기본적이고 중요한 정보 출처로, 다양한 최신 정보를 갖추고 있다. 여기서 제공되는 정보는 구성원들이 직접 활용할 수 있도록 항상 최신 상태로 유지되며, 이를 통해 전공 선택과 진로 결정에 실질적인 도움을 얻을 수 있다. 학과 홈페이지를 통해 확인할 수 있는 주요 정보는 다음과 같다.

① 학과 소개

학과의 목표, 비전, 교육 철학 등 전반적인 학과 운영 방향을 파악할 수 있다.

② 교육과정

개설된 교과목 목록과 각 과목의 개요를 통해 관심 분야를 구체적으로 탐색하고, 수강 계획을 세울 수 있다.

③ 교수진 정보

교수들의 연구 분야와 경력, 전문 분야 등을 살펴봄으로써 어떤 교수로부터 학습받고 싶은지 판단하는 데 유용하다.

④ 졸업 후 진로 정보

졸업생들의 진로 경로와 취업 현황을 통해 해당 학과의 취업률, 직업 분야를 파악할 수 있으며, 이는 학과 선택 시 중요한 참고 자료가 된다.

그림 8-7 ┃ S대학교 학과 홈페이지 예시

2) 영상을 통한 정보 제공(유튜브, LMS 등 활용)

유튜브 영상을 활용한 전공 정보 소개는 현대 교육 환경에서 학생들에게 필요한 정보와 경험을 효과적으로 전달할 수 있는 대표적인 방식으로 부상하고 있다. 디지털 미디어의 발전으로 정보 소비 방식이 달라지면서, 특히 젊은 세대는 유튜브를 선호하는 주요 정보 플랫폼 중 하나로 여기게 되었다. 이러한 상황에서 유튜브를 통한 전공 소개는 다음과 같은 장점들을 지닌다.

① 시각적이고 직관적인 정보 전달

유튜브는 영상 기반 플랫폼으로, 시각적 요소를 활용해 복잡한 내용을 보다 쉽게 전달하는 데 탁월하다. 전공의 핵심 과목, 교육과정, 졸업 후 진로 등의 정보를 영상으로 제작하면, 학생들은 글이나 음성만으로 접했을 때보다 더욱 직관적으로 내용을 이해할 수 있다. 이를 통해 전공에 대한 이해도가 높아지고, 학습 동기 역시 강화될 수 있다.

② 높은 접근성과 편의성

유튜브는 시간과 장소에 구애받지 않고 언제든 접근 가능한 플랫폼이다. 학생들은 자신이 원하는 시간에 전공 관련 영상을 시청할 수 있으며, 필요하다면 반복 시청을 통해 이해도를 높일 수 있다. 이러한 접근성과 편의성은 바쁜 일상 속에서 학생들이 원하는 정보를 빠르고 간편하게 얻는 데 큰 도움을 준다.

③ 다양한 콘텐츠 형식

유튜브를 활용하면 전공 소개 콘텐츠를 다양하고 창의적인 형태로 제작할 수 있다. 전공 소개 영상, 학과 생활을 담은 브이로그, 교수 인터뷰, 졸업생 진로 스토리 등 다양한 형식의 콘텐츠는 학생들의 흥미를 유발하고, 전공에 대한 폭넓은 시각을 제공한다. 예를 들어, 졸업생 인터뷰를 통해 학생들은 전공의 실제 산업 현장에서 어떤 일이 이루어지고, 어떤 역량이 필요한지 생생하게 확인할 수 있다.

종합적으로, 유튜브를 통한 전공 정보 소개는 시각적 직관성, 높은 접근성, 다양한 콘텐츠 형식을 통해 학생들이 자신의 진로를 보다 명확하게 인식하고, 전공 선택에 실질적인 도움을 얻을 수 있는 효과적인 방법이라 할 수 있다.

그림 8-8   유튜브 학과 소개 예시

3) 전공 박람회(전공 페스티벌)

전공 정보 제공을 위해 학생들과 양방향 소통을 강화할 수 있는 대표적인 행사가 바로 전공 박람회이다. 학생들이 고등학생 시절 대학 진학을 위해 참석했던 대학 박람회와 유사한 형태로, 전공 박람회는 각 전공 분야의 교수, 대학원생, 선배들이 참여해 학생들의 궁금증을 실질적으로 해소해 준다. 단순한 정보 전달을 넘어 학생들이 직접 참여하고 체험할 수 있는 기회를 제공하는데, 이를 통해 학생들은 각 전공에 대한 현실적이고 풍부한 이해를 얻을 수 있다.

전공 박람회의 주요 활동은 다음과 같다.

① 직접 상담 기회 제공

교수 및 선배들과의 1:1 혹은 소그룹 상담을 통해 전공 관련 궁금증을 직접 해소할 수 있다. 이는 학생들이 자신에게 적합한 전공을 탐색하는 데 실질적인 도움을 준다.

② 세미나 및 발표 진행

각 학과에서는 전공의 특징, 강점, 교육과정 및 향후 진로 등을 요약해 발표하는 세션을 마련할 수 있다. 이를 통해 학생들은 다양한 전공에 대한 핵심 정보를 한 자리에서 얻을 수 있다.

③ 네트워킹 기회 마련

전공 박람회장 내에서 다양한 전공에 관심을 가진 학생들과 교류하며, 각기 다른 시각을 접하고 진로 탐색의 폭을 넓힐 수 있다.

전공 박람회가 성공적으로 운영되기 위해서는 학생 중심의 기획이 중요하다. 단순히 일방적으로 정보를 전달하는 자리보다는 학생들의 필요와 궁금증을 먼저 파악하고, 이를 토대로 맞춤형 정보 제공 및 상담 환경을 구축해야 한다. 또한, 심층적이고 지속적인 상담이 가능하도록 상담 코너를 체계적으로 운영하는 것도 필요하다.

전공 박람회는 특강이나 세미나보다 더 큰 규모와 자원이 투입되는 행사이므로, 타 대학의 성공 사례를 벤치마킹하는 것이 효과적이다. 이미 여러 대학에서 다전공 박람회나 대학원 전공 박람회를 운영한 경험을 살펴보고, 운영 노하우를 참고하면 보다 성공적인 계획을 수립할 수 있다. 이처럼 충분한 사전 준비와 타 대학 사례 분석을 통해 전공 박람회를 학생 중심, 밀도 높은 행사로 기획한다면 학생들의 전공 선택에 큰 도움을 줄 수 있을 것이다.

그림 8-9   전공 박람회 예시

4) 전공 체험 프로그램

학생들이 다양한 전공을 보다 직접적으로 체험할 수 있는 프로그램을 운영하는 것은 전공 선택에 큰 도움이 된다. 예를 들어, 특정 전공 분야의 수업을 청강하거나, 해당 전공과 관련된 실험실, 연구실, 기업 현장 등을 방문하여 실제 업무 환경을 경험하도록 지원할 수 있다. 이를 통해 학생들은 텍스트나 설명만으로 접하던 전공 정보에 생생한 감각을 더해, 전공 선택 시 더욱 구체적이고 실질적인 판단 기준을 마련하게 된다.

이러한 체험 프로그램은 이미 고등학생을 대상으로 다양한 대학에서 운영되고 있으나, 전공자율선택제 1학년 학생들을 대상으로 한 심층적인 정보 제공은 전공 선택 과정에 더 큰 가치를 가져다줄 수 있다. 전공자율선택제 학생들이 직접 체험을 통해 해당 전공의 난이도, 요구되는 역량, 특수한 학습 및 연구 환경 등을 미리 파악하고, 자신의 적성과 흥미, 진로 방향과의 적합성을 심사숙고할 수 있도록 돕는다면, 보다 만족스럽고 의미 있는 전공 선택이 이뤄질 수 있을 것이다.

그림 8-10   전공 체험 프로그램 예시

5) 정보 자료실 및 온라인 플랫폼 구축

진로 및 전공 탐색을 지원하기 위해 다양한 정보를 제공하는 자료실을 운영하거나 온라인 플랫폼을 구축하는 것도 유용한 방안이다. 이 자료실 또는 플랫폼에서는 전공별 직업 정보, 관련 자격증, 인턴십 기회, 산업 동향 등 학생들이 실제 진로 결정 시 참고할 수 있는 폭넓고 유용한 정보를 제공해야 한다. 더 나아가, 학생들의 관심 분야나 조건(전공 분야, 직무 유형, 필요 역량 등)에 따라 맞춤형으로 정보를 탐색할 수 있도록 필터링 기능을 추가하면 학생들의 정보 접근성을 한층 높일 수 있다.

이미 많은 대학은 '전공능력로드맵(전공역량로드맵)'과 같은 형태의 자료를 오프라인 형태로 보유하고 있다. 이러한 기존 자료를 온라인 형태로 구축하고, 웹 기반 워크북 형식으로 각 학생이 직접 자신의 역량과 흥미를 기록하고 분석할 수 있는 자가입력 양식을 제공한다면, 학생들은 단순히 정보를 열람하는 데 그치지

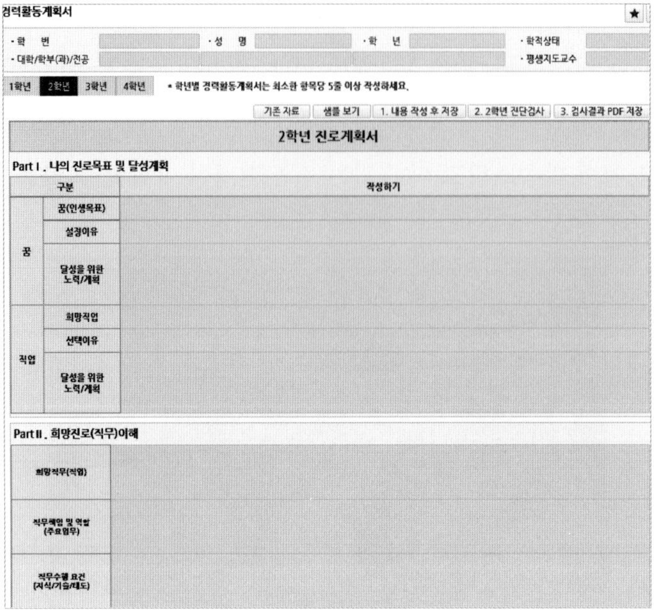

그림 8-11 | 온라인 플랫폼 구축 예시

않고 적극적으로 활용할 수 있을 것이다. 이를 통해 학생들은 자기주도적으로 진로를 설계하고, 전공 선택 과정에서 보다 명확하고 구체적인 판단을 내릴 수 있을 것으로 기대된다. 또한, 각 요소별로 전문가가 개입하여, 도움을 줄 수 있는 장점도 있다.

6) 학생자치기구(총학생회, 단과대학 학생회, 학과학생회, 동아리 등) 활용

학생자치기구는 학생들이 자율적으로 운영하며, 학생들의 의견을 반영하고 다양한 활동을 통해 권익을 신장시키는 조직이다. 또한 대학 문화를 형성·발전시키며 학생 간 유대관계를 깊게 형성하는 역할을 담당한다. OT(오리엔테이션), MT(Membership Training), 동아리 박람회, 대학 축제, 체육대회 등의 대표적인 행사를 비롯해 다양한 학술 행사도 추진하는 등 학생 생활 전반에서 중요한 역할을 한다.

특히, 전공자율선택제 적용 학과(자유전공·자율전공학과)의 경우, 1학년을 마친 후 기존 학과로 진입하는 '1+3'형태 때문에 신입생에게 직속 선배가 없는 상황이 발생한다. 이는 OT나 MT 등의 학과 행사를 자체적으로 진행하기 어려운 문제를 야기한다. 이를 해결하기 위해 학생회 임기를 조정(예: 1월~12월에서 5월~다음해 4월로 변경)하여 학생자치기구 간의 원활한 연계를 지원할 수도 있다.

학생자치기구를 활용하면 다음과 같은 이점이 있다.

① 정보 제공 및 공유

학생자치기구는 학생들의 눈높이에서 전공 관련 정보를 수집·제공할 수 있다. 전공 관련 세미나, 워크숍, 패널 토론 등을 개최해 학생들이 직접 경험을 쌓고, 교수·선배와 소통하며 깊이 있는 정보를 얻게 돕는다.

② 네트워킹 기회 마련

학과 간 교류를 촉진하여 다양한 전공 학생들이 서로 소통하고 경험을 공유하는 장을 마련한다. 이를 통해 학생들은 보다 폭넓은 시각을 갖게 되고, 전공 선택시 다양한 가능성을 고려할 수 있다.

③ 멘토링 프로그램 운영

학생자치기구는 재학생 중심으로 운영되므로 선배-후배 멘토링 프로그램을 쉽게 운영할 수 있다. 선배들은 본인의 전공 경험을 바탕으로 실질적인 조언과 정보를 제공하며, 이는 후배들의 전공 선택에 확신을 가질 수 있도록 돕는 효과적인 방안이다.

종합적으로, 학생자치기구를 활용함으로써 학생 중심의 정보 소통, 참여와 주인의식 고취, 상호 교류 기회 확대, 멘토링을 통한 실질적 피드백 제공이 가능하며, 이는 학생들이 자신의 진로와 전공을 더욱 주체적으로 탐색하고 결정하는 데 크게 기여할 것이다.

 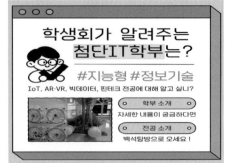

그림 8-12   학생회 연계 학과 소개 예시

7) 에듀테크(디지털 기반 전공 선택 지원 시스템)

전공자율선택제로 입학하는 학생 수가 많은 대학에서는 주임교수나 아카데믹 어드바이저, 행정팀이 개별 학생을 일일이 상담하고 지도하는 데 어려움이 있다. 모든 학생의 진로에 알맞은 학과를 찾고, 이에 맞게 학습 설계를 해주는 것은 사실상 한계가 있기 때문이다. 이럴 때 에듀테크를 활용하여 학생들의 진로에 맞는 전공을 제안하고, 전공 진입 이후 구체적인 학습 과정을 설계해 주는 시스템을 도입할 수 있다.

전공자율선택제로 입학한 학생들은 전공 선택의 자유로움과 동시에 미래에 대한 불확실성으로 인한 불안감을 느낄 수 있다. 또한 전공을 정하고 입학한 학생들과 다른 교육과정을 이수했다는 점에서, 자칫 졸업 기간이 연장될 수도 있다는 막연한 두려움도 존재한다.

이러한 불안감을 줄이는 데 도움이 되는 것이 바로 학습설계 관련 시스템이다. 이 시스템은 학생이 지금까지 취득한 학점을 기반으로 전공 선택 후의 교육과정 이수 방법을 안내하기 때문에, 학생들은 막연한 두려움을 해소하고 학업에 더욱 전념할 수 있는 장점이 있다.

에듀테크 기반 학습설계 시스템은 다음과 같은 장점을 제공한다.

① **개인 맞춤형 전공 제안**

학생의 적성, 관심사, 진로 목표 등을 분석하여 최적의 전공을 제안함으로써, 보다 정확한 전공 선택을 지원한다.

② **효율적인 학습 계획 수립**

전공 선택 후 필요한 전공필수 과목과 선택 과목을 체계적으로 배열하여, 졸업까지의 학습 과정을 명확히 계획할 수 있도록 돕는다.

③ **실시간 피드백 및 조정**

학생의 학업 진행 상황을 지속적으로 모니터링하고, 필요에 따라 학습 계획을 유연하게 조정할 수 있는 기능을 제공한다.

④ **심리적 지원 강화**

학습설계 시스템을 통해 학업 경로가 명확해짐으로써 학생들의 불안감을 감소시키고, 자신감을 높여 준다.

자율전공 지원 시스템	자기 이해	정보 수집	목표 설정	경험 쌓기	전공 결정 및 실행	커뮤니티
	학부/학과 소개	교과목이수체계도	NCS직무능력탐색	희망직무탐색		
	전공 로드맵	학과별 교육 체계	NCS직무능력탐색	희망직무탐색		
	학부/학과 소개	나의 교육 체계				

welcome
MAJOR HUB CAREER WIZARD

자율전공 지원 시스템	자기 이해	정보 수집	목표 설정	경험 쌓기	전공 결정 및 실행	커뮤니티
		전공 찾기 프로그램		멘토링	진로 경험 획득	
		마이크로 러닝		멘토 현황	인턴십 프로그램	
		전공 관련 프로그램		멘토 등록	전문가 네트워킹	
				멘토링 신청		
				나의 멘토링 현황		

welcome
MAJOR HUB CAREER WIZARD

그림 8-13 │ 에듀테크 활용 학생 지원 시스템 예시

5. 전공 탐색 정보 제공을 위한 제언

1) 전공 탐색 정보 제공 시 고려 사항

앞서 언급한 바와 같이 전공자율선택제는 학생들이 1학년 기간 동안 다양한 전공을 탐색하고 자신의 진로를 결정할 수 있는 기회를 제공하는 중요한 제도이다. 이 제도를 성공적으로 활용하기 위해서는 전공 정보 제공이 핵심적인 역할을 한다. 학생들이 전공 선택 과정에서 효과적인 의사결정을 내릴 수 있도록 하기 위해서는 다음과 같은 고려 사항들이 필요하다.

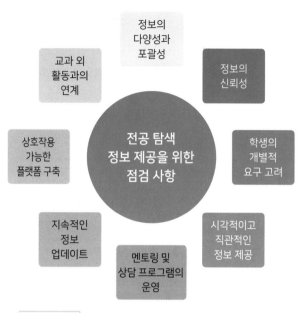

> 그림 8-14 　 **전공 탐색 정보 제공을 위한 점검 사항**

(1) 정보의 다양성과 포괄성

첫 번째로 고려해야 할 사항은 정보의 다양성과 포괄성이다. 학생들은 전공 탐색을 다양한 관점에서 접근할 수 있어야 하며, 각 전공의 특성과 교육과정, 졸업 후 진로에 대한 정보를 충분히 파악할 수 있어야 한다. 이를 위해 각 전공에 대한 기본적인 설명뿐만 아니라, 관련 직업군, 산업 동향, 필요한 기술과 자격증 등에 대한 정보도 제시해야 한다. 이러한 포괄적인 정보는 학생들이 각 전공의 장단점을 비교하고, 자신에게 적합한 전공을 선택하는 데 도움을 줄 수 있다.

(2) 정보의 신뢰성

정보의 신뢰성 또한 중요하다. 학생들이 접하는 정보는 정확하고 신뢰할 수 있어야 하며, 이를 위해 공인된 출처에서 제공되는 정보를 활용해야 한다. 예를 들어, 대학의 홈페이지, 교육과정, 교수진 구성, 교수진의 관심 분야와 연구결과, 졸업생의 진로 및 진학 등을 바탕으로 한 정보를 제공하는 것이 좋다. 또한, 정보 제공 시 최신 데이터를 반영하여 학생들이 현재의 직업 시장과 전공의 변화에 대해 잘 이해할 수 있도록 해야 한다. 신뢰할 수 있는 정보는 학생들이 전공 선택에 대한 확신을 가질 수 있게 도와줄 것이다.

(3) 학생의 개별적 요구 고려

학생들은 각기 다른 배경과 흥미, 적성을 가지고 있다. 따라서 정보 제공 시 개인의 요구와 상황을 고려해야 한다. 예를 들어, 특정 전공에 대한 흥미가 있는 학생에게는 그 전공의 심화한 정보와 관련된 경험담을 제공할 수 있고, 아직 전공에 대한 방향성이 불확실한 학생에게는 폭넓은 전공 소개와 다양한 진로 탐색 기회를 제시하는 것이 좋다. 또한, 성격 유형 검사와 같은 도구를 활용하여 학생들이 자신의 적성을 이해하고, 이를 바탕으로 전공을 탐색할 수 있도록 지원하는 것도 좋은 방법이다.

(4) 시각적이고 직관적인 정보 제공

전공 탐색에 필요한 정보를 제공할 때, 시각적이고 직관적인 자료를 활용하는 것이 효과적이다. 단순한 텍스트보다 인포그래픽, 동영상, 프레젠테이션 등 다양한 형식을 통해 정보를 전달하면 학생들의 이해도를 높일 수 있다. 예를 들어, 전공 설명 영상을 제작하여 교수의 설명과 실제 수업 장면을 담는다면, 학생들은 전공에 대한 생생한 이미지를 얻을 수 있다. 이런 방식은 학생들이 전공에 대해 더욱 흥미를 느끼고, 자기 주도적으로 탐색할 수 있는 환경을 조성하는 데 이바지한다.

(5) 멘토링 및 상담 프로그램의 운영

전공 탐색을 위한 정보 제공 시 멘토링과 상담 프로그램을 운영하는 것도 중요한 고려 사항이다. 학생들은 직접적인 경험담을 듣고 조언을 받을 기회를 통해 자신이 선택할 전공에 대한 확신을 가질 수 있다. 멘토링 프로그램을 통해 재학생이나 졸업생과의 연결을 통해 그들의 경험을 공유하도록 하고, 진로 상담을 통해 학생들의 고민을 해결하는 데 도움을 줄 수 있다. 이는 학생들이 전공 선택 과정에서 겪는 불안감을 줄이고, 보다 명확한 방향성을 갖도록 하는 데 크게 이바지한다.

(6) 지속적인 정보 업데이트

전공 선택 과정은 단순히 일회성으로 끝나는 것이 아니다. 학생들은 지속적으로 새로운 정보를 받아들이고, 자신의 선택을 재검토할 필요가 있다. 따라서 전공 탐색을 위한 정보는 정기적으로 업데이트되어야 한다. 대학의 새로운 전공 개설, 교육과정 변경, 졸업생의 진로 및 취업 동향 변화 등 최신 정보를 반영하여 학생들에게 제공해야 한다. 이를 통해 학생들은 항상 현재 상황을 반영한 정보를 기반으로 의사를 결정할 수 있게 된다.

(7) 상호작용 가능한 플랫폼 구축

정보 제공 시 상호작용 가능한 플랫폼을 구축하는 것도 중요하다. 학생들이 질문하고, 의견을 나눌 수 있는 공간을 마련함으로써, 정보의 소통이 원활하게 이루어질 수 있다. 온라인 포럼이나 소셜 미디어 그룹을 활용하여 학생들이 자유롭게 토론하고, 서로의 경험을 나눌 수 있는 장을 마련하는 것이 좋다. 이러한 플랫폼은 학생들이 서로의 의견을 듣고, 다양한 시각을 접하며, 전공 선택에 대한 자신감을 높이는 데 큰 도움이 된다.

(8) 교과 외 활동과의 연계

전공 탐색을 위한 정보는 교과 외 활동과도 연계되어야 한다. 인턴십, 자원봉사, 학술 동아리 등 다양한 경험을 통해 학생들은 자신의 흥미와 적성을 발견할 수 있다. 따라서 이러한 활동에 대한 정보를 제공하고, 관련 프로그램을 홍보하는 것이 중요하다. 특정 전공과 관련된 인턴십 기회를 소개하거나, 관련 학술 동아리의 활동을 안내하여 학생들이 실질적인 경험을 쌓을 수 있도록 지원해야 한다.

　　이상과 같이 전공자율선택제 학생들에게 전공 탐색을 위한 정보를 제공하는 것은 그들의 진로 결정에 있어 매우 중요한 요소이다. 정보의 다양성과 포괄성, 신뢰성, 개별적 요구 고려, 시각적 자료 활용, 멘토링 및 상담 프로그램 운영, 지속적인 정보 업데이트, 상호작용 가능한 플랫폼 구축, 교과 외 활동과의 연계 등 여러 가지 고려 사항을 반영하여 학생들에게 효과적으로 정보를 제공해야 한다. 이러한 노력은 학생들이 자신의 전공을 탐색하고, 보다 나은 선택을 하도록 돕는데 이바지할 것이다. 궁극적으로는 학생들이 전공 선택 과정에서 자신감을 가지고, 자신에게 맞는 진로를 찾아갈 수 있도록 지원하는 것이 중요하다.

2) 전공 탐색 정보 제공을 위한 점검 사항

　　전공 탐색을 지원하는 정보 제공 프로그램의 효과를 극대화하기 위해서는 체계적인 평가 및 개선 전략이 필요하다. 각 프로그램이 종료된 후 학생들로부터 피드백을 수집하고, 이를 바탕으로 프로그램의 강점과 약점을 파악하는 과정은 필수적이다. 이러한 평가는 단순히 결과를 수치화하는 것에 그치지 않고, 학생들이 실제로 필요로 하는 정보와 경험을 충분히 제공했는지, 그리고 사용한 전달 매체가 적절했는지를 중심으로 이뤄져야 한다.

　　평가 결과를 토대로 프로그램 개선안을 마련하고, 이후에도 주기적으로 평가 · 보완하는 선순환 구조를 형성한다면 전공 탐색 지원의 질을 지속적으로 높일 수 있다. 또한, 다음과 같은 전공 탐색 정보 제공을 위한 체크리스트를 구성해 활용함으로써 빠진 부분이 없는지 확인하고, 정보 제공 과정이 균형 있고 완전하게 이뤄지는지 점검할 수 있다.

> 표 8-5　전공 탐색 정보 제공을 위한 체크리스트

단계	점검사항	점검내용	수행 여부 (Y/N)
정보 내용 측면	전공별 기본 정보 제공	교육목표, 교육과정, 졸업 후 진로, 교수진, 핵심 역량 등 핵심 정보 제공하고 있습니까?	
	추가 실용 정보 제공	산업 동향, 직업군, 관련 자격증 등 실무적 정보 및 최신 데이터 반영하고 있습니까?	
전달 방식 측면	다양한 정보 전달 형식 활용	텍스트, 인포그래픽, 동영상, 인터랙티브 콘텐츠 등 시각적·직관적 자료 활용하고 있습니까?	
	다채널 접근성 확보	온라인 플랫폼, 오프라인 행사, 멘토링 등 복합적 정보 제공 채널 확보하고 있습니까?	
맞춤형 제공 측면	개별 맞춤 정보 제공	학생 흥미·적성 반영한 정보 제공, 성격/적성검사 결과와 연계하고 있습니까?	
상호작용 및 참여 측면	소통 기회 제공	학생 의견 교환 가능한 온라인 커뮤니티, Q&A, 포럼 운영하고 있습니까?	
	멘토링 및 상담 지원	선배·졸업생 멘토링, 전공 교수 상담 기회를 제공하고 있습니까?	
지속적 관리 및 개선 측면	정기적 평가 및 피드백	프로그램 종료 후 학생 피드백 수집, 개선사항을 도출하고 있습니까?	
	정보 업데이트 및 반영	전공 개편, 산업 변화 등 새로운 정보 주기적으로 반영하고 있습니까?	

제9장

전공 선택 후 학생 지원

이 장에서는 전공자율선택제에서 전공을 선택한 후, 학생이 학업을 성공적으로 이수하고 졸업 이후 명확한 진로를 설계할 수 있도록 대학이 제공하는 다양한 지원 방안을 다룬다. 학생은 체계적인 이수 로드맵과 학년별 필수 교과목, 심화 학습 과정 등을 통해 명확한 학업 계획을 수립하고, 정기적인 학사 상담을 통해 맞춤형 학습 지원을 받을 수 있다.

교수와 전문가 멘토링은 전공 지식과 실무 역량 강화를 돕는 중요한 역할을 하며, 정기적인 진로 상담은 학생이 목표를 재점검하고 학습 계획을 조정할 수 있도록 지원한다. 특히, 전공 전환 학생을 위한 브릿지 프로그램은 학문적 격차를 줄이고 새로운 전공에 신속히 적응할 수 있는 발판을 제공한다. 선배와 교수의 조언은 학생의 학업과 진로 방향성을 명확히 설정하는 데 크게 기여한다.

이러한 지원 방안들은 학생이 전공 선택 이후 학업 및 진로 설계 과정에서 겪을 수 있는 어려움을 효과적으로 해결하고, 학문적·실무적 역량을 극대화할 수 있도록 돕는 핵심적 요소이다.

1. 전공 선택 이후 학생 지원의 이해

1) 전공 선택 이후 학생 지원의 필요성

전공자율선택제는 학생이 입학 후 다양한 학문을 탐색하며 적성과 흥미에 맞는 전공을 선택할 수 있도록 기회를 제공하는 제도이다. 이 과정은 치열한 대학입시에 시달리느라 자신의 전공에 대해 깊이 있는 고민을 해 볼 기회가 부족한 우리나라 학생들에게 학문적 탐구의 자유를 보장하고, 자신의 강점과 약점을 고려해 최적의 전공을 선택하도록 도울 수 있는 좋은 제도일 수 있다(전종희, 2024). 그러나 전공 선택 이후에도 안정적으로 학업을 이어가고 성공적인 진로를 설계할 수 있도록 대학의 체계적인 지원이 필수적이다. 전공 결정은 학업의 중요한 이정표이지만, 그 이후에도 지속적인 관심과 지원이 부족할 경우 학업성취도 미흡, 소속감 결여로 인한 중도탈락 증가 등으로 이어질 수 있다.

(1) 학업 지원

전공을 선택한 후 학생은 해당 분야에서 심화 학습을 진행해야 하며, 대학은 이를 위해 체계적인 학습 계획과 지원을 제공해야 한다. 필수이수 과목과 선택과목을 체계적으로 배정하고, 전공의 기초와 심화를 동시에 고려한 학습 로드맵을 제시하여 학생이 효과적으로 전공을 이수할 수 있도록 돕는 것이 중요하다. 또한, 학업 중 어려움을 겪는 학생에게는 맞춤형 학사 상담과 보충수업, 개별 학습 계획 등을 통해 학업성과를 향상시키고 학습에 대한 자신감을 회복할 수 있도록 지원해야 한다.

(2) 멘토링과 상담 프로그램

전공을 선택한 이후에도 학생은 학업과 진로에 대해 지속적인 조언을 받을 필요가 있으며, 이를 위해 교수진 및 외부 전문가와의 멘토링 시스템이 중요하다. 멘토링은 학생이 학업 성과를 점검하고 구체적인 목표를 설정하는 데 도움을 주며, 학생은 멘토와의 정기적인 만남을 통해 전공 관련 정보와 진로 계획 등에 대해 실질적인 조언을 받을 수 있다. 또한, 대학의 진로·상담센터는 전공을 기반으로 한 진로 선택을 구체화하고 복수전공, 부전공, 융합·연계전공 등을 추가하는 선택을 도울 수 있다.

(3) 전공 전환

전공을 한 번 선택한 후 다시 전공을 변경하는 전공 전환은 학생이 자신의 적성과 흥미에 맞는 학문 분야를 찾아 학업 성과와 진로 목표를 효과적으로 달성하기 위한 중요한 과정이다. 이를 지원하기 위해 전공 상담 및 진로 재탐색, 브릿지 프로그램, 선배 멘토링, 맞춤형 학습 프로그램이 필요하다. 전공 전환 상담과 진로 탐색 프로그램은 학생들이 새로운 전공의 적합성을 명확히 파악하고 자신에게 맞는 선택을 할 수 있도록 돕는다. 또한, 기초 과목과 보충 학습을 제공하는 브릿지 프로그램은 전공 간 학문적 차이를 극복하고 학업 격차를 줄이는 데 기여한다. 선배와의 멘토링은 전공 전환 경험을 바탕으로 실질적인 조언과 학습지원을 제공하며, 맞춤형 학습 프로그램은 보충 수업, 튜터링, 학습 관리를 통해 전공 전환 후 학업 성과를 유지하도록 돕는다. 이러한 지원은 전공 전환 과정에서 발생할 수 있는 어려움을 완화하고, 학생이 새로운 환경에 성공적으로 적응할 수 있는 기반을 제공한다.

2) 전공 선택 이후 학생지원의 내용

전공 선택 이후 학생 지원은 대학이 전공을 선택한 학생에게 학업과 진로에서 성공적인 결과를 얻을 수 있도록 제공하는 구체적인 지원 활동을 의미한다. 이는 학생 맞춤형 지원을 위한 체계적인 지원체계를 구축하고 전공 탐색 교과목뿐만 아니라 다양한 비교과 프로그램과 상담 및 멘토링 프로그램을 운영하여 학생에게 바람직한 학습 경험을 정밀하게 계획하여 제공하는 것이다(이수정, 2024). 이 책은 다음과 같이 학업 지원, 멘토링 및 상담지원, 전공 전환 지원 방안으로 구성되어 있다.

(1) 학업 지원

학업지원에서는 학생이 선택한 전공에서 요구되는 이수과정을 성공적으로 이행하도록 돕는 다양한 활동을 소개한다. 여기에는 전공이수 로드맵 제공, 맞춤형 학습 계획 수립, 정기적인 학사상담, 성적관리 시스템 구축 등이 있다. 이러한 지원은 학생이 필수 및 선택 과목을 적절한 시기에 이수할 수 있도록 돕고, 학문적 깊이를 더할 수 있도록 체계적인 학습환경을 제공하는 데 중점을 둔다. 또한, 학업성취도가 낮거나 학습에서 어려움을 겪는 학생을 위해 추가적인 보충 수업이나 학습 튜터링을 제공하는 것도 중요한 부분이다. 이를 통해 학생은 학업에서 성공적인 성과를 얻고 학문적 자신감을 유지할 수 있다.

(2) 멘토링 및 상담 지원

멘토링 및 상담 지원은 학생이 학업이나 진로에서 겪는 다양한 고민을 해결할 수 있도록 돕는 프로그램을 소개한다. 교수나 관심 분야 전문가와의 멘토링 프로그램을 통해 학생은 전공과 관련된 학문적 조언을 받을 수 있으며, 진로상담을 통해 장기적인 커리어 목표를 설정하는 데 필요한 구체적인 정보를 얻을 수 있다. 이러한 멘토링과 상담은 학생이 전공 학습뿐만 아니라 진로 선택 과정에서 필요한 실질적인 도움을 제공받을 수 있도록 한다.

(3) 전공 전환

전공 전환에서는 학생이 기존 전공에서 새로운 전공으로 변경하는 과정에서 자신의 적성과 흥미, 진로 목표에 더 적합한 학문 분야를 선택하는 데 필요한 지원방안에 대하여 소개한다. 이를 통해 학생은 학업 및 진로에서 최적의 경로를 모색할 수 있으며, 성공적인 적응을 위해 체계적인 상담 지원, 기초 과목 및 보충 학습, 선배 멘토링, 맞춤형 학습 프로그램 등을 제공할 수 있다. 이러한 지원은 학문적 격차를 줄이고, 새로운 전공에서 학업 성과를 유지하며 성장할 수 있는 기반을 마련한다.

이처럼, 전공 결정 이후의 학생 지원은 학업적, 진로적, 그리고 멘토링 측면에

서 학생이 전공 선택 후에도 학업과 커리어 목표를 성공적으로 달성할 수 있도록
돕는 체계적이고 실질적인 조치를 의미한다.

2. 전공 선택 이후 학생 지원의 주요 내용

전공자율선택제에서는 전공 선택 후에도 학문적 성취감과 소속감을 유지하도
록 체계적인 학업 지원이 필수적이다. 학습 로드맵과 맞춤형 상담을 통해 학업
자신감을 향상시키고, 멘토링 프로그램을 통해 진로 목표를 설정하며 최신 정보
를 제공받을 수 있는 환경을 마련해야 한다. 또한, 전공 전환 학생을 위한 브릿지
프로그램은 학문적 격차를 줄이고, 선배 및 전문가의 조언을 통해 전공 적응과
학업 방향성을 명확히 할 수 있도록 지원한다.

1) 학업지원

학생이 전공을 선택한 이후에도 안정적으로 학업을 이어가고 학업 성취도를
높일 수 있도록 대학의 체계적인 학업 지원이 필요하다.

▸ 표 9-1 학업지원을 위한 프로그램 지원체계

구분	세부 내용	담당부서
전공 이수 로드맵 제공	• 학년별 · 진로별 이수 과목 및 필수 요건의 명확화 • 심화 학습 과정 제공 • 졸업논문 또는 졸업 프로젝트 요건 제시 • 학업 계획 수립과 학습 관리 지원 • 학업 성취도 향상과 실패 예방	CTL, 교무처, 해 당 전공 트랙, 학과(부)
학사관리 및 성취 평가 지원 (학업 저성취자 지원)	• 정기적인 학사 상담 • 성취도에 따른 추가 지원 • 학습 지원 프로그램 운영 • 성취 평가와 피드백 제공	상담센터, CTL, 해당 전공 트랙, 학과(부)

(1) 전공 이수 로드맵 제공

전공 이수 로드맵 제공은 학생이 전공 학업을 체계적으로 진행하고 성공적으로 이수할 수 있도록 대학이 단계별로 학습 계획을 제시하는 중요한 지원 방법이다. 대학이 제공하는 전공 이수 로드맵은 학생이 각 학년마다, 혹은 진로 분야별로 이수해야 할 필수 및 선택 과목, 심화 학습 과정, 그리고 졸업 논문이나 프로젝트와 같은 졸업 요건을 포함한 전반적인 학업 계획을 포함한다. 이 로드맵은 학생이 자신의 학업 목표를 명확하게 설정하고, 전공 이수과정에서 요구되는 모든 요건을 성공적으로 충족할 수 있도록 돕는다.

① 학년별·진로별 이수 과목 및 필수 요건의 명확화

전공 이수 로드맵의 첫 번째 핵심 요소는 학년별·진로별 이수 과목을 명확히 정리하여 학생에게 구체적인 학습 방향을 제시하는 것이다. 전공의 경우, 기초 단계에서 심화 단계로 학습 내용이 발전해 가기 때문에, 각 과목이 어떤 순서로 이수되어야 하는지가 매우 중요하다. 로드맵은 학생들에게 전공의 기초 과목을 어떤 시기에 수강해야 하며, 해당 기초가 심화 과정과 어떻게 연결되는지를 설명해 준다. 예를 들어, 1학년 때는 기초 이론 수업을 통해 학문의 전반적인 틀을 이해하고, 2~3학년 때는 이를 바탕으로 심화 과목을 이수하게 한다. 그리고 4학년이 되면 이론과 실습을 종합하여 논문이나 프로젝트를 완성하도록 지도한다.

이러한 학년별·진로별 이수 과목 설정은 학생이 수업 선택 시 혼란을 줄이고, 효율적인 학습 진행을 돕는 중요한 역할을 한다. 특히, 학습 부담을 분산시켜 학업 성취도를 높이는 데 기여한다. 로드맵을 통해 학생은 각 학기에 이수해야 할 필수 과목을 미리 계획할 수 있어, 불필요한 과목 중복이나 이수 시기의 혼동을 피할 수 있다. [그림 9-1] 동덕여자대학교의 신입생 전공이수 가이드북에서는 학부 내 공통교과목과 필수 및 선택교과목을 명확하게 구분하여 제시하고 있고, [그림 9-2] 차 의과학대학교의 신입생 안내서에서는 진로별 전공필수 및 전공 선택 교과목을 구분하여 제시하고 있다.

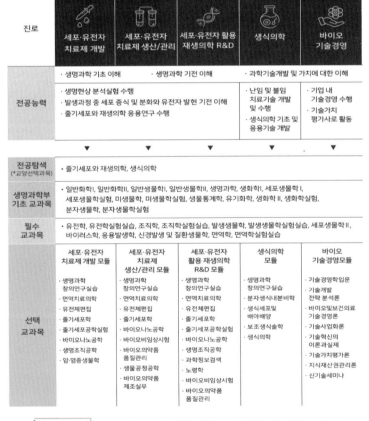

학부 내 공통 교과목 6개 교과목(1학년 교과목)

학부 내 어떠한 전공을 선택하더라도 자신의 전공 선택으로 인정받으며 1학년 교과목으로만 구성됨

1학년 1학기(인문A0002) 한국문학과 대중매체
1학년 1학기(인문A0004) 역사와 미디어
1학년 1학기(인문A0006) 미디어서사란 무엇인가
1학년 2학기(인문A0001) 한국어 정서법
1학년 2학기(인문A0003) 문화유산으로 읽는 한국사
1학년 2학기(인문A0005) 영화와 소설

국어국문학전공 교과목 34개 교과목(1~4학년 교과목)

• 전공필수 3과목
1학년 1학기(국문B0003) 현대문학의 이론과 실제
2학년 1학기(국문B0002) 한국어의 이해
2학년 2학기(국문B0004) 한국어와 생활한자
• 전공 선택 31과목

국사학전공 교과목 31개 교과목(1~4학년 교과목)

• 전공필수 3과목
1학년 2학기(국사B0001) 자료로보는 한국사
3학년 2학기(국사B0003) 한국사회경제사
4학년 1학기(국사B0005) 한국사세미나
• 전공 선택 29과목

문예창작전공 교과목 26개 교과목(1~4학년 교과목)

• 전공필수 3과목
1학년 1학기(문창B0003) 시란 무엇인가
1학년 1학기(문창B0004) 소설이란 무엇인가
1학년 2학기(문창B0008) 내러티브의 실제와 감상
• 전공 선택 23과목

국문 / 인문 / 국사 / 문창

그림 9-1 │ 2023년 동덕여자대학교 신입생 전공이수 가이드북 일부

진로	세포·유전자 치료제 개발	세포·유전자 치료제 생산/관리	세포·유전자 활용 재생의학 R&D	생식의학	바이오 기술경영
전공능력	·생명과학 기초 이해 · 생명과학 기전 이해			·과학기술개발 및 가치에 대한 이해	
	·생명현상 분석실험 수행 ·발생과정 중 세포 증식 및 분화와 유전자 발현 기전 이해 ·줄기세포와 재생의학 응용연구 수행			·난임 및 불임 치료기술 개발 및 수행 ·생식의학 기초 및 응용기술 개발	·기업 내 기술경영 수행 ·기술가치 평가사로 활동
전공탐색 (*교양선택과목)	·줄기세포와 재생의학, 생식의학				
생명과학부 기초 교과목	·일반화학I, 일반화학II, 일반생물학I, 일반생물학II, 생명과학, 생화학, 세포생물학I, 세포생물학실험, 미생물학, 미생물학실험, 생물통계학, 유기화학, 생화학II, 생화학실험, 분자생물학, 분자생물학실험				
필수 교과목	·유전학, 유전학실험실습, 조직학, 조직학실험실습, 발생생물학, 발생생물학실험실습, 세포생물학II, 바이러스학, 응용발생학, 신경발생 및 질환생물학, 면역학, 면역학실험실습				
선택 교과목	세포·유전자 치료제 개발 모듈 ·생명과학 창의연구실습 ·면역치료의학 ·유전체편집 ·줄기세포학 ·줄기세포공학실험 ·바이오나노공학 ·생명조직공학 ·암·염증생물학	세포·유전자 치료제 생산/관리 모듈 ·생명과학 창의연구실습 ·면역치료의학 ·유전체편집 ·줄기세포학 ·바이오나노공학 ·바이오비임상시험 ·바이오의약품 품질관리 ·생물 공정공학 ·바이오의약품 제조실무	세포·유전자 활용 재생의학 R&D 모듈 ·생명과학 창의연구실습 ·면역치료의학 ·유전체편집 ·줄기세포학 ·바이오나노공학 ·생명조직공학 ·과학정보검색 ·노령학 ·바이오비임상시험 ·바이오의약품 품질관리	생식의학 모듈 ·생명과학 창의연구실습 ·분자생식내분비학 ·생식세포및 배아배양 ·보조생식술학 ·생식의학	바이오 기술경영모듈 ·기술경영학입문 ·기술개발 전략 분석론 ·바이오|보건의료 기술경영론 ·기술사업화론 ·기술혁신의 이론과실제 ·기술가치평가론 ·지식재산권관리론 ·신기술세미나

그림 9-2 │ 2023년 차 의과학대학교 신입생 안내서의 일부

② 심화 학습 과정 제공

전공 이수 로드맵은 기본 과목 이수뿐만 아니라, 심화 학습 과정을 포함하여 학생이 전공 분야에서 더 깊이 있는 학문적 탐구를 할 수 있도록 지원한다. 심화 과정은 전공의 기초를 충분히 이해한 후에 고급 지식을 습득할 수 있는 기회를 제공한다. 이 과정에서는 이론적 내용에 대한 더 심층적인 분석과 함께 실질적인 사례 연구, 실습 등이 병행된다. 또한, 각 분야의 최신 연구 동향을 반영한 과목이 포함되어 있어 학생이 변화하는 학문적 트렌드에 뒤처지지 않도록 한다.

심화 학습 과정은 학생이 단순히 졸업 요건을 충족하는 것을 넘어, 해당 분야의 전문가로 성장하기 위한 기틀을 마련해 준다. 예를 들어, 과학이나 공학 분야에서는 연구실 실습을 통해 실험 능력을 키우거나, 인문학 분야에서는 다양한 논문을 읽고 비판적으로 분석하는 능력을 기르는 것이 심화 과정의 일환이 될 수 있다. 대학은 이러한 심화 과정을 통해 학생이 더 나은 학문적 성취를 이루고, 장기적으로는 학문적 또는 직업적 성공을 거두는 데 필요한 역량을 함양할 수 있도록 한다.

③ 졸업논문 또는 졸업 프로젝트 요건 제시

전공 이수 로드맵에는 학업의 마지막 단계로서 졸업 논문 또는 졸업 프로젝트 요건이 포함되어 있어야 한다. 졸업논문은 학생이 전공 분야에서 배운 내용을 종합적으로 응용하고, 특정 주제에 대해 독창적인 연구를 수행하는 과정이다. 이 과정에서 학생은 자신의 연구문제를 설정하고, 이를 해결하기 위한 방법론을 고안하며, 실험 또는 데이터를 분석해 결론을 도출한다. 이러한 과정은 학생이 전공 교육과정에서 학습했던 내용들을 실제로 적용하는 기회를 제공하며, 해당 분야의 전문가로 성장할 수 있는 중요한 경험을 쌓게 한다.

또한, 졸업 프로젝트는 논문보다 실질적인 과업을 수행하는 것을 목표로 한다. 이는 특히 공학, 디자인, 경영학 등의 실무 중심 전공에서 중요한 역할을 한다. 예를 들어, 공학 전공 학생은 시스템 설계 프로젝트를 진행하거나, 경영학 전공 학생은 실제 기업 문제를 분석하고 해결책을 제시하는 프로젝트를 수행할 수 있다. 대학은 이러한 프로젝트 수행을 통해 학생들이 학문적 지식뿐만 아니라 실무 능력도 겸비할 수 있도록 지원해야 한다. [그림 9-3]에서는 강남대학교에서 2019년도부터 운영 중인 K-프로젝트 프로그램의 운영절차를 보이고 있다. 'K-프로젝트'는 학생이 자율적으로 설계한 프로젝트의 연구 수행 및 결과를 도출해 내는 과정을 통해 학생의 실무능력을 높이는 교과목이다(대학저널, 2021).

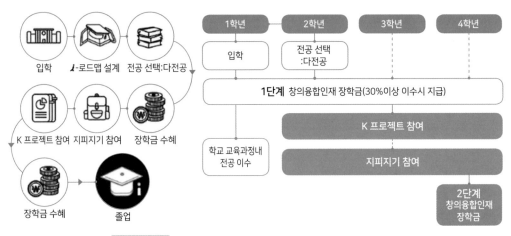

그림 9-3 │ 강남대학교의 학생설계 프로젝트(K-프로젝트)

④ 학업 계획 수립과 학습 관리 지원

전공 이수 로드맵은 학생들이 명확한 학업 계획을 세우는 데 필수적인 역할을 한다. 학생들은 로드맵을 통해 자신의 전공 과정에서 이수해야 할 과목, 심화 과정, 졸업 요건 등을 미리 파악하고, 이를 바탕으로 자신만의 학습 계획을 체계적으로 수립할 수 있다. 이러한 계획은 학업 진행 상황을 점검하는 데도 유용하며, 학생이 필요한 학점이나 필수 과정을 놓치지 않고 이수할 수 있도록 도와준다.

또한, 대학은 이수 로드맵을 기반으로 학생의 학습 관리를 지원해야 한다. 정기적인 학사 상담을 통해 학생들이 로드맵에 따라 학습이 잘 진행되고 있는지 점검하고, 학업적 어려움이 발생할 경우 추가적인 지원을 제공할 수 있다. 예를 들어, 특정 과목에서 성적이 저조한 학생에게는 보충 수업이나 튜터링을 제공하거나, 진로와 관련된 조언을 통해 학업 동기를 부여할 수 있다. 이처럼 학업 관리 시스템은 학생이 로드맵에 따라 성공적으로 전공 과정을 이수하고, 학문적 목표를 달성할 수 있도록 돕는 중요한 역할을 한다.

⑤ 학업 성취도 향상과 실패 예방

전공 이수 로드맵의 가장 큰 장점 중 하나는 학업 성취도 향상과 학업 실패 예방에 있다. 명확한 로드맵은 학생에게 학업의 방향성을 제시하고, 각 학기마다 구체적으로 이수해야 할 과목과 학습 목표를 제공하므로 학업의 효율성을 높인다. 또한, 로드맵은 학생이 학업 중간에 필요한 학습을 놓치는 것을 방지하여 졸업 요건을 충족하지 못하거나 학업을 중단하는 상황을 예방할 수 있다.

특히 복잡한 전공 과정에서는 이수 요건을 잘못 이해하거나 필수과목을 이수하지 못하는 경우가 발생할 수 있는데, 이수 로드맵은 이러한 문제를 사전에 방지하는 역할을 한다. 이를 통해 학생은 학업 부담을 체계적으로 분산시키며, 전공 이수에 필요한 모든 요건을 충족하면서도 학문적으로 성장할 수 있다.

전공 이수 로드맵 제공은 학생이 전공을 성공적으로 이수하고, 학문적 깊이를 더하며, 졸업 후 성공적인 진로로 나아가기 위한 필수적인 지원 방안이다. 대학은 이수 로드맵을 통해 학생에게 체계적인 학업 계획을 제시하고, 이를 기반으로 한 학업 관리와 지원을 제공함으로써 학생들이 학문적으로나 실무적으로 탁월한 성과를 이룰 수 있도록 돕는다.

(2) 학사관리 및 성취 평가 지원(학업 저성취자 지원 포함)

학사관리 및 성취 평가 지원은 학생이 전공을 선택한 후에도 학업에서 겪을 수 있는 어려움을 최소화하고, 학문적 성취를 극대화할 수 있도록 지속적인 관리와 지원을 제공하는 중요한 제도이다. 전공 교육과정에서 학생이 필요한 도움을 적시에 제공받을 수 있도록, 정기적인 학사상담을 통해 학생의 학업 진행 상황을 점검해야 한다. 이를 통해 학생이 계획하거나 대학이 지정한 학업 경로를 이수하고 있는지 확인하고, 어려움을 겪는 경우에는 신속하게 대처할 수 있다.

① 정기적인 학사 상담

정기적인 학사상담은 학생의 학업성취도를 높일 수 있는 핵심적인 지원 방법 중 하나이다. 학생이 전공을 선택한 이후, 매 학기에 학사상담을 통해 학업 진행 상황을 점검하고 필요에 따라 학습계획을 조정할 수 있다. 이를 통해 학생은 자신의 학업 목표를 재확인하고, 성과를 바탕으로 다음 단계의 학습을 계획할 수 있다. 상담과정에서는 학생의 학업성취도뿐만 아니라 개인적 고민이나 진로에 대한 조언도 포함되어, 학생의 전반적인 학습 경험을 풍부하게 만들어준다.

② 성취도에 따른 추가 지원

학사상담을 통해 성취도가 저조하거나 학업에 어려움을 겪는 학생을 위해서는 보충수업이나 학습워크숍과 같은 추가적인 학습지원과 함께 학생 참여를 독려할 수 있는 제도화가 이루어져야 한다. 이러한 프로그램은 학업성과를 개선하고자 하는 학생에게 필수적인 지원을 제공하며, 특히 특정 과목에서 성적이 저조한 학생이 다시 학습동기를 얻고, 자신의 약점을 보완할 수 있는 기회를 마련해 준다. 예를 들어, 기초과목에서 어려움을 겪는 학생에게는 해당 과목의 보충수업을 제공하거나, 학기 중간에 학습워크숍을 열어 학습전략과 시간 관리 방법 등을 교육할 수 있다. 이외에도 교수-학생 간 멘토링 프로그램 운영과 조교 혹은 친구 등을 통한 중간 역할자를 설정하여 학업 성취도가 낮은 학생을 지원할 수 있다(김은영, 2022). 〈표 9-2〉에서 해당 내용들을 정리하여 제시하고 있다.

표 9-2 학업 격차 해소를 위한 방안

구분	내용	세부 내용
제도화	학업 저성취자의 프로그램 참여 등의 제도화	• 멘토링. 학사상담 등의 프로그램 참여를 필수 요건으로 제시

프로그램 운영	보충수업 및 학습워크숍 운영	• 교과목별 보충수업 프로그램 운영 • 학기 중 학습워크숍을 개최
	교수-학생 멘토링 프로그램 운영	• 멘토 교수 간의 경험 공유 필요 • 멘토 교수에 대한 체계적인 상담 교육 필요
	교수-학생 간 중간 역할자(친구, 조교 등) 프로그램 운영	• 등교, 수업출석, 과제제출 등을 지속적으로 관리 • 밀착 모니터링 및 정서적 지지자로서의 역할

③ 학습 지원 프로그램 운영

대학은 학생들이 전공 교육과정에서 겪는 학습적 어려움을 극복할 수 있도록 튜터링 프로그램이나 스터디 그룹과 같은 학습지원 프로그램을 운영해야 한다. 튜터링 프로그램은 특정 과목에서 고난도 학습을 요구하는 학생에게 선배나 교수진의 도움을 받을 수 있는 기회를 제공하며, 학생이 이해하기 어려운 개념을 더 쉽게 습득할 수 있도록 돕는다. 또한, 스터디 그룹은 학생 간의 협업을 촉진하고, 서로의 학습 과정을 공유하면서 더 깊이 있는 학습을 할 수 있는 환경을 조성한다. 이를 통해 학생은 전공 학습에서 겪는 어려움을 해소하고, 학문적 성취를 더욱 강화할 수 있다.

④ 성취 평가와 피드백 제공

학생이 자신의 학습 성과를 객관적으로 평가받고, 이를 바탕으로 성장을 도모할 수 있도록 성취 평가 시스템을 구축하는 것도 중요하다. 학생이 이수한 과목에 대해 단순히 성적을 부여하는 것뿐만 아니라, 학습 과정에서 무엇을 잘했는지, 어떤 부분에서 개선이 필요한지에 대한 구체적인 피드백을 제공함으로써 학생이 자신을 더 발전시킬 수 있는 기회를 제공한다. 이러한 피드백은 교수진이 제공할 수도 있지만, 동료 간의 피드백이나 자가 평가를 통해서도 이루어질 수 있다. 학생은 피드백을 통해 자신의 학습 과정에서 어떤 부분이 약점이었는지 인식하고, 이를 바탕으로 향후 학습 계획을 더욱 효과적으로 세울 수 있다.

　학사관리 및 성취 평가 지원은 학생이 학업 과정에서 지속적으로 성장할 수 있도록 돕는 중요한 요소이다. [그림 9-4]에서는 강원대학교-강릉원주대학교의 글로컬대학 실행계획서에서 제시된 학습약자 밀착 지원 체계를 보이고 있다. 이처럼 대학은 정기적인 학사상담과 추가 학습지원, 다양한 학습 프로그램 운영을 통해 학생이 전공 교과목의 학습과정에서 겪는 어려움을 극복하고, 자신의 학업 목표를 성공적으로 달성할 수 있도록 지원해야 한다.

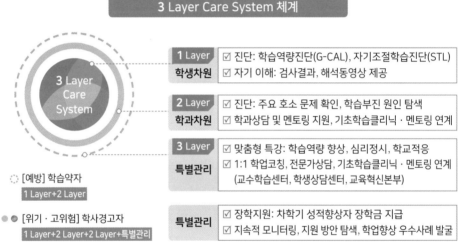

3 Layer Care System 체계

	1 Layer 학생차원	☑ 진단: 학습역량진단(G-CAL), 자기조절학습진단(STL) ☑ 자기 이해: 검사결과, 해석동영상 제공
	2 Layer 학과차원	☑ 진단: 주요 호소 문제 확인, 학습부진 원인 탐색 ☑ 학과상담 및 멘토링 지원, 기초학습클리닉 · 멘토링 연계
	3 Layer 특별관리	☑ 맞춤형 특강: 학습역량 향상, 심리정서, 학교적응 ☑ 1:1 학업코칭, 전문가상담, 기초학습클리닉 · 멘토링 연계 　(교수학습센터, 학생상담센터, 교육혁신본부)
	특별관리	☑ 장학지원: 차학기 성적향상자 장학금 지급 ☑ 지속적 모니터링, 지원 방안 탐색, 학업향상 우수사례 발굴

3 Layer Care System

◌ [예방] 학습약자
　1 Layer+2 Layer

●● [위기 · 고위험] 학사경고자
　1 Layer+2 Layer+2 Layer+특별관리

그림 9-4 학습약자 밀착 지원 체계(강원대학교-강릉원주대학교 글로컬대학 실행계획서)

2) 멘토링 및 상담 프로그램 운영

　멘토링 및 상담 프로그램은 전공을 선택한 이후에도 학생이 학업과 진로에 대한 고민을 해결하고, 목표를 명확히 설정할 수 있도록 돕는 중요한 지원체계이다. 이 프로그램들은 학생에게 지속적인 조언과 지원을 제공함으로써, 학문적 성취와 더불어 졸업 후 진로 성공을 위한 방향성을 제시하는 데 중요한 역할을 한다.

> 표 9-3 | 멘토링 및 상담을 위한 프로그램 지원체계

구분	프로그램	담당부서
교수 및 전문가 멘토링 프로그램	• 교수 멘토링 프로그램 운영 • 전문가 멘토링 프로그램 운영	해당 전공 트랙, 학과(부)
정기적인 진로 및 학업 상담 프로그램	• 진로상담 프로그램 제공 • 학업상담 상담 프로그램 제공	상담센터, CTL, 해당 전공 트랙, 학과(부)

(1) 교수 및 전문가 멘토링 프로그램 운영

전공 선택 이후, 학생이 학업과 진로 목표를 구체화하고 달성하는 과정에서 멘토링은 매우 중요한 역할을 한다. 특히, 전공교수(지도교수 등) 및 관련 분야의 전문가와의 멘토링은 학생이 학업성과를 점검하고 진로 방향을 설정하는 데 필요한 구체적인 조언을 받을 수 있는 귀중한 기회를 제공한다. 이 프로그램은 학생의 개인적 상황에 맞춘 학업 및 진로 지도를 통해 보다 전문적이고 맞춤형 지원을 제공한다.

① 교수 멘토링 프로그램 운영

교수는 학생이 전공 지식을 심화하고, 이를 효과적으로 활용할 수 있도록 돕는 중요한 역할을 한다. 교수는 학생의 학업 성과를 지속적으로 점검하며, 전공과목에서의 어려움을 해결하기 위한 지침을 제공한다. 예를 들어, 특정 과목에서 성적이 저조한 학생에게는 학습 방법을 개선할 방안을 제시하거나, 학업 목표를 달성하기 위한 추가 자료나 학습 방법을 추천할 수 있다. 또한, 교수는 연구 프로젝트 진행 시 필요한 조언을 제공해 학생이 학문적 성과를 극대화할 수 있도록 돕는다.

② 전문가 멘토링 프로그램 운영

대학 밖에서 활동하는 관련 분야의 전문가들은 학생이 실제 산업 현장에서 필요로 하는 기술과 역량을 이해하는 데 중요한 역할을 한다. 전문가 멘토는 학생에게 학문적 조언뿐만 아니라, 실제로 직업 세계에서 성공하기 위해 필요한 역량

을 조언해 줄 수 있다. 예를 들어, IT 관련 전공을 선택한 학생은 현직 엔지니어와의 멘토링을 통해 최신 기술 트렌드와 실제 개발 환경에서의 도전 과제에 대해 배울 수 있다. 이러한 전문가 멘토링은 학생이 진로를 구체화하고, 실제 산업 환경에서 요구되는 능력을 사전에 준비할 수 있는 중요한 기회를 제공한다.

멘토링 프로그램은 1:1 상담 형식으로 진행될 수 있으며, 정기적인 만남을 통해 학생의 학업과 진로 목표가 어떻게 발전하고 있는지를 추적할 수 있다. 이를 통해 학생은 실질적인 도움을 받고, 학업적 · 진로적 성장을 경험하게 된다.

(2) 정기적인 진로 및 학업 상담 프로그램 제공

멘토링 프로그램 외에도, 대학은 학생이 전공과 관련된 진로를 명확히 설정할 수 있도록 정기적인 진로 및 학업 상담 프로그램을 운영해야 한다. 이 상담은 학생이 학업에서 겪는 어려움을 해결하고, 진로 목표를 점검할 기회를 제공한다.

① 진로상담 프로그램 제공

대학 진로 · 상담센터는 학생이 전공과 관련된 구체적인 진로를 설정하는 데 도움을 준다. 상담사는 학생의 학업 성취도, 흥미, 개인적 목표를 종합적으로 고려해 적합한 직업 분야를 추천하고, 복수전공 및 부전공 선택 등을 조정할 수 있도록 맞춤형 상담을 제공한다. 예를 들어, 경영학 전공 학생이 마케팅에 관심이 있다면, 부전공으로 마케팅을 선택하거나 실무 경험을 쌓을 수 있는 기회를 추천할 수 있다.

② 학업상담 상담 프로그램 제공

학업 상담은 학생이 학업 성과를 점검하고 목표를 재정비하는 데 중요한 역할을 한다. 상담 과정에서 학생의 성적과 학습 패턴을 분석해, 어떤 과목에서 어려움을 겪고 있는지, 학습 전략을 어떻게 개선할 수 있을지에 대한 맞춤형 조언을 제공한다. 예를 들어, 특정 과목에서 성적이 저조한 학생에게는 보충 수업이나 학습 튜터링을 권장하거나, 학습 습관을 개선하기 위한 전략을 제시할 수 있다.

정기적인 상담을 통해 학생은 학업 성과와 진로 목표를 주기적으로 점검할 수 있으며, 이를 바탕으로 학습 계획을 수정하거나 더 나은 진로 결정을 내릴 수 있는 기회를 얻게 된다. 상담 과정에서 학생들의 흥미와 성향, 미래 목표를 반영한 구체적인 조언이 제공되므로, 학생은 자신에게 맞는 진로와 학업 목표를 설정하는 데 큰 도움을 받을 수 있다.

멘토링 및 상담 프로그램은 전공 선택 이후에도 학생이 학업과 진로 목표를 달성하는 데 필요한 조언과 지도를 제공하는 중요한 지원 체계이다. 교수 및 전문가 멘토링을 통해 학생은 학문적 · 실무적 조언을 받을 수 있으며, 정기적인 진로 및 학업 상담을 통해 목표를 주기적으로 점검하고 조정할 수 있다. 이러한 프로그램들은 성공적인 학업 이수와 졸업 후 진로 성취에 필수적이며, 학생이 학업과 진로에서 겪는 어려움을 극복하고 더 나은 미래를 설계하는 데 큰 역할을 한다.

3) 전공 전환 지원

전공을 한 번 선택한 후 다시 전공을 변경(전공 전환)하는 학생들에 대한 지원책은 전공 선택 후 학생 지원과 유사한 측면이 많다. 그러나 전공을 변경하는 학생에게는 더 특화된 프로그램과 조언이 요구될 수 있다. 이를 반영하여 다음과 같은 지원이 이루어질 수 있다.

표 9-4 전공 전환 지원을 위한 프로그램 지원체계

구분	프로그램	담당부서
전공 전환 상담 및 진로 재탐색	• 전문 상담 지원 • 진로 탐색 프로그램 • 사전 학습 자료 제공	상담센터, 해당 전공 트랙, 학과(부)
전공 간 전환을 위한 브릿지(Bridge) 프로그램 운영	• 기초 과목 제공 • 보충 학습 자료 및 워크숍 • 온라인 학습 콘텐츠 활용	해당 전공 트랙, 학과(부)

전공 전환 선배 멘토링 프로그램 운영	• 전공 전환 선배와의 매칭 • 멘토-멘티 간 정기 모임 • 교수 멘토링	해당 전공 트랙, 학과(부)
맞춤형 학습 프로그램 제공	• 학습 방법 및 전략 지도 • 보충 수업 및 튜터링 • 학습 관리 프로그램	CTL, 해당 전공 트랙, 학과 (부)

(1) 전공 전환 상담 및 진로 재탐색

전공자율선택제를 운영하는 대학은 학생이 자신의 적성과 흥미에 맞는 전공을 선택하고, 성공적으로 적응할 수 있도록 체계적인 전공 전환 지원 프로그램을 마련해야 한다. 이를 위해 상담 지원, 진로 탐색, 사전 학습 자료 제공을 통합적으로 운영하여 학생들에게 구체적이고 실질적인 도움을 제공해야 한다.

전공 전환을 고민하는 학생을 돕기 위해 대학은 전문 상담, 진로 탐색, 사전 학습 자료 제공을 포함한 통합적인 지원 프로그램을 운영해야 한다. 먼저, 1:1 상담을 통해 학생이 자신의 적성과 흥미에 맞는 전공을 선택할 수 있도록 전문적인 도움을 제공해야 한다. 전공 전환 상담을 전문으로 하는 상담사나 교수와의 맞춤형 상담을 통해 변경하려는 전공의 학문적 요구사항, 학습 내용, 예상되는 학업 부담 등을 구체적으로 설명함으로써 학생이 명확한 결정을 내릴 수 있도록 지원해야 한다. 이러한 상담은 전공 변경에 대한 불안을 완화하고 신중한 선택을 지원하는 첫 단계가 된다.

상담 이후에는 변경하려는 전공과 관련된 직업군과 진로 경로를 탐색할 수 있는 진로 탐색 프로그램을 운영해야 한다. 직무 설명, 실무 예시, 현장 견학, 직업군 전문가 초청 강연 등 다양한 활동을 통해 학생이 전공 선택이 미래 진로와 직접적으로 연결된다는 점을 인식하도록 돕는다. 이러한 활동은 학생이 장기적인 경력 계획을 구체화하는 데 기여한다.

진로 탐색 프로그램을 통해 전공 변경의 필요성을 확신한 학생에게는 변경하려는 전공의 핵심 개념과 기초 지식을 미리 학습할 수 있는 자료를 제공해야 한다. 동영상 강의, e-러닝 콘텐츠, 추천 도서 등 다양한 학습 자료를 활용하여 학생이 전공 전환 후 학업에 빠르게 적응할 수 있도록 돕고, 전공 선택에 대한 자신감을 키울 수 있도록 해야 한다. 이와 같은 통합적인 지원은 학생이 전공 전환 과정을 원활하게 진행하고 성공적으로 적응할 수 있는 기반을 제공한다.

(2) 전공 전환을 위한 브릿지(Bridge) 프로그램 운영

전공 간 학문적 차이가 클 경우, 학생이 새로운 전공에서 요구하는 기본 지식과 기술을 습득하는 데 어려움을 겪을 수 있다. 이를 보완하기 위해 대학은 기초 과목과 보충 과정을 포함한 '브릿지 프로그램'을 운영하여 학문적 격차를 줄이고, 전공 전환 후 학업 적응을 돕는 체계를 마련해야 한다.

브릿지 프로그램은 전공 전환 과정에서 발생할 수 있는 학문적 격차를 줄이고, 학생들이 새로운 전공에 성공적으로 적응할 수 있도록 지원하는 체계적인 방안이다. 이를 통해 학생들이 기초 지식을 습득하고 학업에 자신감을 가질 수 있도록 다양한 학습 기회를 제공해야 한다.

전공 전환 시 필요한 기초 과목을 제공하는 것이 브릿지 프로그램의 핵심이다. 새로운 전공에서 요구되는 기초 지식을 학습할 기회를 마련하여 학생이 학업 격차를 줄이고 학문적 전환을 원활하게 할 수 있도록 돕는다. 예를 들어, 인문학에서 공학으로 전공을 변경하는 학생에게는 수학, 기초 물리학과 같은 필수 과목을 학습할 기회를 제공해야 한다. 또한, 전공 전환 후 초기 학기에 학생이 새로운 전공의 기본 개념과 학습 방식을 익힐 수 있도록 보충 학습 자료와 학습 워크숍을 운영해야 한다. 학기 초에 집중적으로 진행되는 워크숍은 단기간에 필수 내용을 습득할 수 있도록 지원하며, 학생이 새로운 학습 환경에 빠르게 적응할 수 있는 기회를 제공한다. 이러한 워크숍은 학업 부담을 줄이고 학업의 효율성을 높이는 데 기여한다.

기초 과목과 보충 학습 자료는 온라인 학습 콘텐츠 형태로도 제공되어야 한다. 이를 통해 학생은 시간과 장소에 구애받지 않고 자율적으로 학습할 수 있는 환경을 조성할 수 있다. 학습 진도와 성과를 관리할 수 있는 시스템을 활용하여 학생이 브릿지 과정을 효과적으로 마칠 수 있도록 지원한다. 이와 같은 브릿지 프로그램은 전공 전환 과정에서 발생할 수 있는 어려움을 완화하고, 학생의 성공적인 학업 적응을 돕는 데 필수적인 역할을 한다.

(3) 전공 전환 선배 멘토링 프로그램 운영

전공 전환 과정에서 이미 성공적으로 전공을 변경한 선배나 해당 전공 교수와의 멘토링은 학생이 새로운 전공에 적응하고 학업 및 진로를 설계하는 데 큰 도움이 된다. 이러한 멘토링 프로그램은 실질적인 조언과 지지를 제공하며, 전공 전환 후 성공적으로 정착할 수 있도록 돕는 데 중점을 둔다.

전공 전환 후 성공적으로 학업을 수행 중인 선배와 매칭하여 새로운 전공의 학습 방법, 공부 요령, 학업과 관련된 다양한 조언을 받을 수 있는 기회를 제공하는 것을 생각해 볼 수 있다. 전공 전환에 성공한 선배와의 매칭은 학생에게 실질적인 경험을 바탕으로 한 조언을 제공하며, 새로운 환경에서 느낄 수 있는 불안을 완화하는 데 도움을 준다. 또한, 멘토와 멘티 간 정기적인 모임을 운영하여 학업, 학습 방식, 진로 등에 대해 자유롭게 질문하고 논의할 수 있는 장을 마련한다. 이 과정에서 멘토는 자신의 전공 전환 경험을 공유하며, 학생이 직면한 어려움에 대한 해결책을 제시한다. 이러한 상호작용은 학생에게 동기를 부여하고 학업 적응을 지원하는 중요한 역할을 한다.

전공 전환 후 학기 초기에는 해당 전공 교수와의 멘토링 세션을 제공하여 학생이 새로운 학문적 환경에 잘 적응할 수 있도록 지도해야 한다. 교수는 전공과 관련된 최신 정보, 연구 주제, 수업 성과를 높이는 전략 등을 안내하며, 학생이 장기적인 학업 목표를 설정하고 이를 달성할 수 있는 방향성을 제시할 수 있다.

이와 같은 멘토링 프로그램은 학생이 전공 전환 과정에서 필요한 실질적인 지원을 받으며 성공적으로 적응할 수 있도록 돕고, 학업과 진로 설계를 위한 탄탄한 기반을 마련한다.

(4) 맞춤형 학습 프로그램 제공

전공을 변경한 학생이 새로운 전공에 원활히 적응하고 학업 성과를 유지할 수 있도록 맞춤형 학습 프로그램을 제공하는 것도 매우 중요하다. 이러한 프로그램은 학생의 학업 성취도를 높이고, 전공에 대한 자신감을 키우는 데 기여한다.

전공 변경에 따른 학습 방식의 차이를 극복하도록 돕기 위해 학습 방법 및 전략을 지도하는 프로그램을 운영할 수 있다. 이론 중심의 전공에서 실습 중심의 전공으로 전환하는 경우, 실습을 효과적으로 수행하는 방법이나 실습 과정에서 필요한 기술을 교육함으로써 학생이 새로운 환경에 적응할 수 있도록 지원한다. 이러한 지도는 전공 간 학습 방식의 차이로 인한 혼란을 줄이고 학업 효율성을 높이는 데 도움을 준다.

또한, 학생이 전공 전환 후 기초 개념을 보충하고 부족한 부분을 강화할 수 있도록 보충 수업 및 튜터링 프로그램을 제공해야 한다. 이 프로그램은 전공 전환 후의 학업 격차를 줄이고, 기초 지식을 탄탄히 다질 수 있는 기회를 제공하며, 성취도를 높이는 데 효과적이다. 개별 또는 소그룹 튜터링은 학생에게 맞춤형 학습 지원을 제공하며, 구체적인 학업 문제 해결을 돕는다.

학생의 학습 진도를 주기적으로 확인하고 필요한 경우 조정을 지원하는 학습 관리 프로그램을 운영해야 한다. 이를 통해 학습 성과가 미흡한 부분을 빠르게 파악하고, 보충 학습이 필요한 영역을 지도할 수 있다. 학습 관리 프로그램은 학생 개인의 학업 진행 상황에 맞춰 실질적인 피드백과 조언을 제공함으로써 지속적인 학업 성장을 돕는다.

이와 같은 맞춤형 지원 프로그램은 전공을 변경한 학생이 학업 성과를 유지하며 새로운 전공에 성공적으로 적응할 수 있도록 돕는다. 기존 전공 선택 후의 지원책과 유사하지만, 전공 전환 후 학생이 직면하는 새로운 어려움에 대응하기 위해 보다 세밀하고 차별화된 접근이 필요하다. 이러한 프로그램은 학생 중심의 학습 환경을 조성하는 데 필수적이다.

3. 전공 선택 후 학생 지원 방안을 위한 제언

전공자율선택제의 성공적인 운영을 위해서는 학생이 전공을 결정한 이후에도 체계적이고 지속적인 지원을 받을 수 있도록 다양한 방안을 마련해야 한다. 이는 학생이 전공 학습에서 높은 성취를 이루고, 졸업 후 명확한 진로를 설계할 수 있도록 돕는 대학의 중요한 책무이다.

1) 학업 지원 체계의 강화

학생이 선택한 전공에서 요구되는 학습 과정을 체계적으로 수행할 수 있도록 전공 이수 로드맵을 제공하고, 심화 학습 과정과 졸업 요건을 명확히 안내해야 한다. 또한, 학업 성과가 저조한 학생에게는 보충 수업, 튜터링, 학습 관리 프로그램 등을 제공하여 학업 성취도를 높이고, 학습에서의 어려움을 효과적으로 극복할 수 있도록 지원해야 한다.

2) 멘토링 및 상담 프로그램 확대

교수진 및 외부 전문가와의 멘토링을 통해 학생에게 학문적 조언과 진로 설계에 필요한 실질적인 정보를 제공해야 한다. 전공 선택 이후의 정기적인 진로 상담 프로그램은 학생이 진로 목표를 명확히 하고, 복수전공, 융합전공 등 다양한 학문적 선택을 탐색하는 데 도움을 줄 것이다. 특히, 전공 전환 학생들을 위해 기존 선배들과의 멘토링 프로그램을 통해 실질적인 조언과 학습 전략을 지원할 수 있는 기회를 마련해야 한다.

3) 체계적인 브릿지 프로그램 운영

전공 전환 시 학문적 격차를 줄일 수 있도록 기초 과목 및 보충 학습 자료를 제공하고, 학업 적응을 돕는 학습 워크숍을 운영해야 한다. 이를 통해 학생이 새로운 전공의 요구 사항에 신속히 적응하고 자신감을 가질 수 있도록 지원해야 한다. 특히, 온라인 학습 콘텐츠와 학습 진도 관리 시스템을 활용하여 학생이 자율적으로 학습할 수 있는 환경을 제공해야 한다.

4) 맞춤형 학습 프로그램 운영

전공 전환 학생이 직면할 수 있는 학업 적응의 어려움을 극복하기 위해 학습 방법 지도, 보충 수업 및 학습 관리 프로그램을 운영해야 한다. 개별 학습 지원과 소규모 튜터링을 통해 전공 학습에서 겪는 문제를 해결하고, 학업 성취를 높이는 데 초점을 맞추어야 한다. 이러한 프로그램은 전공 전환 후에도 학생이 학업과 진로 설계를 성공적으로 이어갈 수 있는 기반을 제공할 것이다.

결론적으로, 전공 결정 이후의 체계적인 지원은 학생이 전공 학습에서 성공을 거두고, 미래 진로를 명확히 설계할 수 있도록 돕는 핵심 요소이다. 이를 통해 학생이 학문적 성장과 함께 실질적인 진로 성취를 이루며, 전공자율선택제가 대학과 학생 모두에게 실질적인 성과를 가져오는 제도로 자리 잡을 수 있을 것이다.

표 9-5 전공 선택 후 학생 지원에 관한 체크리스트

단계	점검사항	점검 내용	수행 여부 (Y/N)	판단
준비	지원 프로그램 구성	전공 선택 후 학생 지원을 위한 프로그램이 체계적으로 구성되었는가?		
	세부 지원 범주 설정	학업 지원, 진로상담, 멘토링 등 세부 범주가 명확히 설정되었는가?		
	전략적 과제 설정	학생 지원 프로그램에 맞춘 구체적인 전략적 과제가 수립되었는가?		
	장애 요인 파악	학생 지원 프로그램 운영 시 예상되는 장애 요인이 파악되었는가?		
	촉진 요인 파악	지원 프로그램을 성공적으로 운영할 수 있는 촉진 요인이 파악되었는가?		
실행 (운영)	주관 부서 설정	각 프로그램별 주관 부서와 협력 부서가 명확히 설정되었는가?		
	성과 지표 설정	각 지원 프로그램별 성과를 평가할 수 있는 성과 지표가 설정되었는가?		
	세부 실행 계획	프로그램별 세부 실행 계획이 수립되고 우선순위가 정해졌는가?		
	인력 및 자원 확보	프로그램 운영에 필요한 인력과 자원(공간, 예산 등)이 확보되었는가?		
평가	중간 점검	학생 지원 프로그램의 중간 점검이 이루어지고, 그에 따른 후속 조치가 이루어졌는가?		
	성과 지표 달성 여부	설정한 성과 지표에 따른 목표 달성이 이루어졌는가?		
환류	피드백 반영	프로그램 실행 결과를 토대로 향후 계획 수립에 피드백이 반영되었는가?		

제10장

전공자율선택제의 평가 및 개선

이 장에서는 전공자율선택제의 효과적 운영을 위한 핵심 요소로 학업 모니터링 체계, 학생 만족도 조사와 환류 구조, 예상 문제에 대한 선제적 대응방안을 제시하고자 한다. 특히, AI 기반 학업 성과 관리 시스템의 도입과 맞춤형 학습 지원을 통해 전공 적응을 돕고, 학생들의 피드백을 반영한 프로그램 개선이 제도의 안정성을 강화하는 데 필수적임을 논의한다. 또한, 전공 쏠림 현상과 비인기 전공의 위축 등 운영 과정에서 나타날 수 있는 문제를 예방하고 해결하기 위한 구체적 전략을 다룬다.

이 장에서 다룰 평가와 개선의 내용은 단순히 제도적 운영을 넘어, 전공자율선택제가 학생의 학업 성취와 진로 설계에 실질적인 도움이 되는 방향으로 자리 잡기 위한 구체적인 길잡이가 될 것이다. 대학의 유연성과 지속 가능성을 실현하는 이 제도가 한국 고등교육의 새로운 모델로 발전할 수 있도록 방향성을 제안한다.

1. 전공자율선택제 평가 및 개선의 이해

전공자율선택제는 학생에게 학문 탐색의 자유와 적성에 맞는 전공 선택의 기회를 제공하는 유연한 교육 제도이다. 학생 중심의 교육 철학을 바탕으로 설계된 이 제도는 학문적 다양성을 존중하며, 현대 사회가 요구하는 융합적 사고와 적응력을 갖춘 인재 양성을 목표로 한다. 그러나 제도의 효과를 극대화하고 지속 가능한 운영을 위해서는 체계적인 평가와 개선 노력이 동반되어야 한다.

1) 평가 및 개선의 필요성

전공자율선택제는 학생이 입학 후 전공을 미리 선택하지 않고, 다양한 학문을 탐구한 뒤 자신에게 가장 적합한 전공을 선택할 수 있도록 돕는 혁신적인 제도이다. 이 제도는 학생에게 학문적 유연성과 선택의 폭을 제공함으로써, 급변하는 사회적 요구와 개인의 적성 및 흥미를 반영한 전공 선택을 가능하게 한다.

(1) 학업 모니터링

학업 모니터링은 전공 선택 이후 학업 성과와 적응 과정을 체계적으로 점검하기 위해 필수적이다. AI 기반 학업 성과 관리 시스템을 활용하면 학생의 학습 데이터를 실시간으로 분석하고, 맞춤형 학습 자원과 학업 경로를 제공할 수 있다. 이러한 시스템은 중도 탈락을 감소시키고 학생의 학업 성과를 향상시키는 데 중요한 역할을 한다. 정기적인 학업 리뷰와 지도 교수와의 상담은 학생에게 학업 목표를 명확히 설정할 기회를 제공하며, 이를 통해 개인화된 학습 계획을 수립하도록 돕는다.

(2) 학생 만족도 조사

학생 만족도 조사는 전공자율선택제의 성공 여부를 평가하고, 제도의 개선 방향을 모색하기 위한 핵심 도구이다. 정기적으로 시행되는 설문조사를 통해 학생들의 전공 선택 과정, 학업 지원 프로그램, 진로 연계 프로그램 등에 대한 피드백을 수집할 수 있다. 이 피드백은 학습환경 개선과 프로그램 보완에 근거가 된다. 예를 들어, 진로 탐색 지원이 부족하다는 의견이 많다면 이를 바탕으로 진로 상담 프로그램과 취업 연계 기회를 강화할 수 있는 방안을 마련할 수 있다. 또한, 학생이 전공 선택 과정에서 겪는 다양한 경험과 문제점을 분석함으로써 지속 가능한 제도를 설계할 수 있다.

(3) 예상 문제와 대응방안

전공자율선택제의 운영에서 예상되는 문제와 그 대응방안을 사전에 준비하는 것도 매우 중요하다. 전공 쏠림 현상, 비인기 전공 위축, 중도 탈락 문제는 제도의 성공적인 운영에 걸림돌이 될 수 있다. 이를 해결하기 위해 복수전공 의무화, 융합전공 과정 개발, 장학금 지원 등 다양한 정책적 대안을 마련해야 한다. 예컨대, 특정 전공에 학생들이 집중되는 현상을 완화하기 위해 전공 탐색 과정에서의 상담과 정보 제공을 강화하고, 비인기 전공에는 장학금을 통한 인센티브를 제공하는 방식을 고려할 수 있다. 이러한 접근은 학생이 다양한 전공을 골고루 탐색하고 선택하도록 유도할 수 있다.

멘토링 프로그램과 상담 체계를 확대하는 것도 중요하다. 학생은 전공을 선택한 후에도 학업과 진로에 대해 지속적인 조언을 받을 수 있어야 한다. 교수진이나 외부 전문가와의 정기적인 만남을 통해 학습 방법, 전공 관련 최신 정보, 진로 계획 등에 대해 실질적인 도움을 받을 수 있다. 이를 통해 학생은 자신이 선택한 전공에 대한 자신감을 얻고, 학업 성취도를 높일 수 있다. 더불어, 심리적 안정감과 소속감을 강화하는 멘토링은 학생들이 학업 과정에서 겪는 어려움을 극복하고, 성공적인 대학 생활을 이어가는 데 도움을 준다.

결론적으로, 전공자율선택제는 단순히 학생에게 전공 선택의 자유를 제공하는 데 그치지 않고, 학생이 자신의 적성과 흥미를 발견하고, 학문적 성장과 진로 설계를 체계적으로 이룰 수 있도록 지원하는 데 그 목적이 있다. 학업 모니터링, 만족도 조사, 예상 문제에 대한 선제적 대응은 이 제도의 성공을 위한 필수적인 요소이다. 이 제도는 학생이 변화하는 사회적 요구에 부응하고, 미래의 융합적이고 창의적인 인재로 성장하는 기반을 마련하게 할 것이다.

2) 평가 및 개선의 개요

평가와 개선의 핵심은 학생의 성공적인 학업 경험과 전공 선택을 보장하는 것이다. 이를 위해 이 장에서는 학업 모니터링, 만족도 조사 및 개선, 예상 문제와 대응방안의 세 가지 측면에서 평가와 개선의 구체적 방안을 제시하고자 한다.

학업 모니터링은 학생이 전공 선택 이후 학업 성과를 유지하고 발전시킬 수 있도록 지원하는 체계를 의미한다. AI 기반 성과 분석 도구를 활용하여 학생 개인의 학업 데이터를 실시간으로 점검하고, 필요시 학업 계획을 조정하거나 대체 전공을 추천함으로써 학업 중단율을 줄일 수 있다.

학생 만족도 조사는 제도운영의 질을 점검하고, 이를 통해 학생들이 제안하는 개선점을 수용하여 학습환경을 보완하는 데 활용된다. 이는 교육과정 개편, 학습 인프라 개선, 진로 연계 프로그램 확대와 같은 구체적 실행 방안으로 이어져야 한다.

예상 문제에 대한 대응방안은 전공자율선택제의 안정성을 유지하는 데 필수적이다. 전공 간 균형을 유지하기 위해 전공 허들 설정, 인기 전공 정원 관리, 비인기 전공 장려책 등을 마련해야 하며, 멘토링과 자기 설계 전공 프로그램을 통해 학생들의 다양한 학문적 요구를 충족시킬 필요가 있다.

전공자율선택제의 평가와 개선은 제도의 안정성과 지속 가능성을 보장하기 위한 핵심 과정이다. 이러한 노력을 통해 학생이 전공 선택 과정에서 유의미한 학업 경험을 얻고, 학문적 성장과 진로 성공을 동시에 이룰 수 있는 환경을 조성해야 한다.

2. 전공자율선택제 평가 및 개선의 주요 내용

1) 학업 모니터링

학생이 전공에 진입한 후에 전공에의 적응 여부에 따라 적응을 잘 된 경우에는 해당 전공을 기반으로 진로개발과 전공심화를 진행해야 할 것이나, 전공이 적합하지 않을 경우 로드맵을 변경할 수 있도록 해야 한다. 이를 위해 전공 진입 후에 학생의 학업에 관한 지속적인 모니터링과 학업 성과 관리 시스템을 마련하여 운영하는 것은 필수적이다.

특히, AI 기반 시스템을 활용하여 실시간 데이터 분석과 예측을 통해 학생의 학업 성과를 체계적으로 지원하는 것은 학업 성과 데이터에 기반한 맞춤형 학습 경험을 제공하고 학생의 진로 선택 및 변경 과정에서의 체계적인 지원을 하기 위해 이미 많은 대학이 도입 노력을 기울이고 있다.

(1) 학업 모니터링 및 학습성과관리

① 정기적인 학업 리뷰

학생의 학업 적응과 전공 적합성을 높이기 위해 정기적인 학업 리뷰는 필수적이다. 학업 리뷰는 [그림 10-1]에서 보이는 바와 같이 학생 개인의 성과를 면밀히 분석하여, 성적, 과제제출 현황, 출석률 등 전반적인 학업 데이터를 기반으로 평가를 진행한다. 이를 통해 학생의 전공 선택이 적합했는지 판단하며, 필요에 따라 개선 방향을 제시할 수 있다. 예를 들어, 학업 성적이 특정 전공의 필수 역량과 부합하지 않거나, 출석률 및 과제 제출 비율이 낮은 학생은 전공 적합성에 문제가 있을 가능성이 있다. 이러한 경우, 지도 교수와의 정기 상담을 통해 학업 목표와 방향성을 재조정하고, 학생의 학습 동기를 높이는 방안을 모색해야 한다. 이러한 리뷰는 단순히 현재의 학업 상황을 점검하는 데 그치지 않고, 학생의 장기적인 학업 및 진로 설계를 위한 기초 자료로 활용된다.

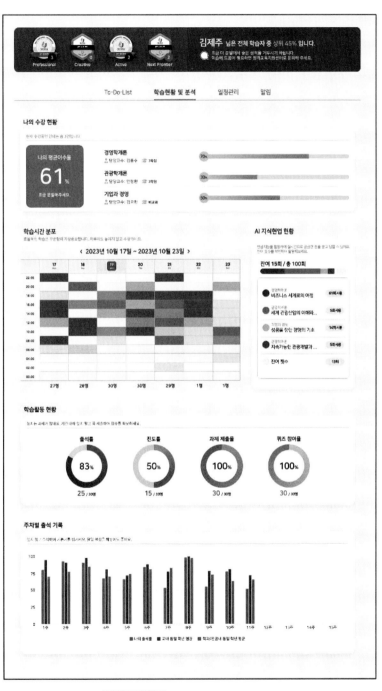

그림 10-1   학업리뷰 시스템의 예

② **성과 대시보드 제공**

AI 기반 성과 대시보드는 학생 개개인에게 학습 성과를 시각적으로 제공하는 효과적인 도구이다. 이 대시보드는 [그림 10-2]에서 보이는 바와 같이 교과 이수 현황, 과목별 평균 점수, 학점 분포, 진로 관련 강점과 약점, 전공 적합성 점수 등을 한눈에 볼 수 있도록 구성된다. 이를 통해 학생은 자신의 현재 위치와 개선이 필요한 영역을 쉽게 파악할 수 있으며, 학업 계획을 자율적으로 조정할 수 있다. 예를 들어, 특정 과목에서 낮은 점수를 받은 학생은 대시보드를 통해 약점을 명확히 확인하고, 해당 과목의 기초 강의를 수강하거나 튜터링 프로그램을 활용할 수 있다. 또한, 대시보드는 전공 적합성 평가를 시각적으로 제공함으로써, 학생이 스스로 자신의 전공 선택에 대해 평가하고 필요한 조치를 취할 수 있는 기회를 제공한다.

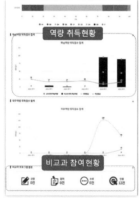

그림 10-2 **성과 대시보드의 예**

③ **학업 저성취자 경고 시스템**

학업 성과가 특정 기준 이하로 하락할 경우, 자동으로 학업 경고를 발송하는 시스템은 학생 지원 체계에서 핵심적인 역할을 한다. 예를 들어, 전공과목의 평균 학점이 2.5 미만인 경우 시스템은 지도교수와 학사팀에 자동 알림을 제공하여 즉각적인 상담을 요청한다. 이러한 경고 시스템은 단순히 저성취자를 식별하는 데 그치지 않고, 학생이 학업 성과를 개선할 수 있는 실질적인 조치를 취할 수 있도록 돕는다. 경고 시스템은 또한 학생 개인의 학업 문제를 조기에 발견하여 중도 탈락을 방지하는 데 중요한 역할을 한다. 경고를 받은 학생은 개별화된 학업 상담을 통해 맞춤형 학습 계획을 수립하며, 이를 기반으로 학업 성과를 점진적으로 향상시킬 수 있다.

(2) 맞춤형 학습 및 진로개발 지원
① AI 기반 맞춤형 학습 지원

AI 기술은 학생 개개인의 학습 데이터를 분석하여 최적의 학습 자원을 추천하고, 전공 또는 진로 변경 가능성을 사전에 진단하는 데 중요한 역할을 한다. 학생은 AI 기반 학습 지원 프로그램을 통해 학습 자원(도서, 강의, 튜터링 프로그램 등)에 대한 구체적인 제안을 받을 수 있다. 또한, AI 모델은 학생의 학습 패턴과 성과 데이터를 분석하여 전공 적합성을 예측하고, 필요할 경우 전공 전환을 추천한다. 예를 들어, 특정 과목에서 낮은 점수를 반복적으로 받는 학생의 경우, AI 시스템은 해당 과목과 유사한 과목에서의 성과를 기반으로 전공 전환 또는 복수전공 옵션을 제안할 수 있다. 이러한 맞춤형 지원은 학생의 학업 성과를 극대화하며, 학습 과정에서 겪는 어려움을 줄여 준다.

② 학업 로드맵 수정 지원

전공 적합성이 낮은 학생에게는 기존 이수 과목을 활용한 새로운 학업 로드맵을 제안하는 체계적인 지원이 필수적이다. 예를 들어, 학생이 전공 과목에서 학점이 지속적으로 낮은 경우, 대체 전공이나 복수전공 옵션을 통해 새로운 학업 경로를 제공할 수 있다. AI 시스템은 이수한 과목의 학점, 전공 적합성 데이터 등을 분석하여, 대체 가능한 전공과 이를 기반으로 한 학업 로드맵을 자동으로 생성한다. 이 과정에서 학생은 기존에 이수한 학점을 최대한 활용할 수 있어 학업 기간의 연장을 최소화할 수 있다. 이러한 로드맵 수정 지원은 학업 중단율을 감소시키고, 학생이 학문적 성취를 지속적으로 이룰 수 있도록 돕는다.

③ 진로 개발 프로그램

학생이 학문적 이론을 실제 업무 환경에 적용할 수 있도록 돕는 진로 개발 프로그램은 필수적이다. 전공과 연계된 인턴쉽, 캡스톤 디자인, 표준(자율)현장실습 등을 통해 학생이 실질적인 경험을 쌓을 수 있도록 지원한다. 예를 들어, 전공 필수 과목에서 우수한 성과를 낸 학생에게는 관련 기업과의 인턴쉽 프로그램에 참여할 수 있는 기회를 제공하며, 이는 졸업 후 취업에도 직접적인 도움이 된다. 또한, 융합형 워크숍과 같은 프로그램은 전공 내외의 역량을 통합적으로 강화하여 학생이 더욱 경쟁력 있는 인재로 성장할 수 있도록 한다. 이를 통해 학생은 학업과 진로를 효과적으로 연계하며, 장기적인 경력 설계의 기초를 마련할 수 있다.

2) 학생 만족도 조사 및 환류

전공 선택 후 학생 지원의 평가 및 개선은 전공자율선택제가 효과적으로 운영되고, 학생이 만족하며 학업과 진로에서 성공적인 결과를 얻을 수 있도록 지속적인 피드백과 개선을 위한 체계를 구축하는 중요한 과정이다. 이 과정은 학생의 학업 경험을 모니터링하고, 개선할 수 있는 구체적인 방향을 설정하는 데 중점을 둔다. 주기적인 평가와 개선 작업을 통해 대학은 전공자율선택제를 지속적으로 발전시킬 수 있다.

(1) 학생 만족도 조사

학생 만족도 조사는 전공자율선택제와 관련된 프로그램의 운영 성과를 평가하고, 이를 바탕으로 개선 방안을 모색하는 중요한 과정이다. 학생의 학업 경험과 전공 선택 후 제공되는 지원에 대한 평가를 주기적으로 실시함으로써, 대학은 학생들이 겪는 문제점이나 개선이 필요한 부분을 파악할 수 있다.

① **정기적인 만족도 조사**

학기 말이나 학년도 말에 학생들을 대상으로 전공자율선택제에 대한 만족도 조사를 실시하여 프로그램의 전반적인 질을 평가해야 한다. 이 과정에서는 학생이 전공 선택 과정에서의 경험, 학업 지원 프로그램의 효율성, 진로 연계 프로그램의 효과성 등을 평가할 수 있는 질문들을 포함해야 한다. 이러한 설문조사를 통해 학생이 느끼는 문제점이나 개선 요구 사항을 파악하고, 구체적인 데이터를 바탕으로 프로그램을 개선해야 한다.

② **피드백 반영 및 개선**

학생 만족도 조사 결과는 단순한 데이터 수집에 그치지 않고, 구체적인 개선 작업으로 이어져야 한다. 학생들의 의견을 적극 반영해 학업 지원, 진로 연계 프로그램, 멘토링 프로그램 등을 수정하거나 보완해야 한다. 예를 들어, 학생이 진로 탐색에 대한 지원이 부족하다고 느낀다면, 대학은 진로상담이나 취업 연계 프로그램을 강화하는 방식으로 개선할 수 있다. 또한, 특정 전공에 대한 심화 학습 프로그램의 필요성이 제기된다면, 이에 맞춰 새로운 학습 기회를 제공할 방안을 마련할 수 있다.

(2) **프로그램 개선 및 환류**

프로그램 개선 및 환류는 학생들의 피드백을 바탕으로 전공자율선택제 운영 방식을 개선하고, 프로그램의 효과를 극대화하는 과정이다. 학생 만족도 조사와 내부 평가 결과를 기반으로, 교육과정 전반을 재검토하고 필요한 자원을 보강하는 등 개선 작업이 이루어져야 한다.

① **교육과정 개편**

전공자율선택제의 성공적인 운영을 위해서는 교육과정의 지속적인 개편이 필수적이다. 학생의 학업 성취도와 피드백을 바탕으로 전공 과정에서 부족한 부분을 보완하고, 최신 학문 동향과 산업계 요구를 반영해 새로운 과목을 추가할 수 있어야 한다. 예를 들어, 특정 산업에서 요구하는 기술이나 역량이 빠르게 변할 경우, 이를 반영한 새로운 과목이나 실습 기회를 제공해 학생이 변화하는 환경에 적응할 수 있도록 도와야 한다.

② 학습 인프라 보강

학생이 전공을 선택한 후 원활하게 학업을 이어가려면 충분한 학습 인프라가 제공되어야 한다. 여기에는 도서관 자료, 온라인 학습 플랫폼, 실험실 및 연구 장비 등이 포함된다. 특히, 기술적 지원이 중요한 공학, 자연과학, 의료 분야 전공에서는 최신 연구 장비나 소프트웨어 사용이 필수적일 수 있다. 대학은 이러한 자원을 충분히 제공해 학생들이 학습환경에서 최적의 성과를 낼 수 있도록 학습 인프라를 적시에 보강해야 한다.

③ 프로그램 환류 체계

환류는 프로그램의 평가와 개선 결과를 실제 운영에 반영해 학습 경험을 점차 개선하는 선순환 체계를 구축하는 것을 의미한다. 프로그램 환류 체계가 효과적으로 운영되기 위해서는, 개선된 프로그램에 대한 지속적인 모니터링과 재평가가 이루어져야 한다. 학생들의 피드백을 바탕으로 프로그램이 실제로 학생들에게 도움이 되었는지, 기대한 성과를 거두었는지를 평가하고, 이를 다시 프로그램 운영에 반영하는 체계가 필요하다.

3) 예상문제 및 대응방안

전공자율선택제는 학생에게 다양한 학문을 탐색하고 자신에게 가장 적합한 전공을 선택할 수 있는 기회를 제공한다는 점에서 장점이 크다. 하지만 대학이 이를 추진할 때 여러 부작용이 발생할 수 있다. 따라서 대학은 자유전공 결정을 위한 계획을 수립하는 과정에서 예상되는 주요 부작용과 각각에 대한 대처 방안을 고려해야 한다.

이 책을 쓰면서 저자들은 전공자율선택제에 대한 전문가 의견을 조사하였다. 해당 조사는 전국 21개 대학의 31명의 전문가들을 대상으로 인터뷰와 설문조사를 실시하였다. 전문가들은 전공자율선택제 운영에서 가장 문제가 되었거나 될 수 있는 내용으로 다음의 다섯 가지를 제시하였다.

표 10-1

전공자율선택제 운영상 가장 큰 문제점	① 전공자율선택제에 대한 이해 부족 ② 전공 쏠림 현상 ③ 비인기학과의 학문생태계 위협 ④ 중도탈락 증가 ⑤ 학생공동체 형성의 어려움

다음으로 전공자율선택제의 효과적인 운영을 위해 대학이 시급히 준비하거나 개선해야될 문제로는 다음의 다섯 가지를 제시하였다.

표 10-2

전공자율선택제 운영상 가장 시급한 문제	① 학사정비 ② 아카데믹 어드바이저 제도 마련 ③ 전담기구, 조직, 인력 문제 ④ 비선호전공 보호, 폐전공 및 지원 문제 ⑤ 쏠림학과 교육환경 문제

이상의 내용을 정리해 보면 전공자율선택제 운영을 위해 개선해야 될 문제들은 다음과 같다.

표 10-3

① 인기학과 편중 문제이다. 전공자율선택제에서 가장 흔하게 발생하는 대표적인 문제이며, 이하 다른 문제들의 원인이 되기도 한다.

② 인기학과 편중으로 인한 교육환경 및 교육격차 문제이다. 인기학과 쏠림 현상은 다양한 문제를 야기한다. 대표적인 문제로 교육환경 문제와 학생의 전공기초 문제를 들 수 있다.

③ 중도탈락 증가 문제이다. 전공자율선택제로 인한 중도탈락문제는 학생들 간 융화 및 소속감 문제와 대학 내 자신의 적성 및 흥미에 맞는 전공이 없는 문제들이 주요 원인이라고 할 수 있다.

④ 비인기 학과 보호 및 구조조정 문제이다. 해당 문제는 인기학과 쏠림 현상으로만 생각할 수 없는 문제이다. 시대적 변화 요구와 수요자 요구에 따른 문제인 경우들도 많이 있기 때문이다.

(1) 전공 쏠림 현상

전공자율선택제에서 인기 있는 일부 학과에 학생들이 몰리는 현상은 쉽게 예상할 수 있는 문제이다. 이로 인해 비인기 학과의 경우 학생 수 부족으로 인한 학과 운영에 어려움이 생기는 한편, 인기 학과 역시 학생 수 대비 교원 부족, 강의실 실습실 등 자원의 부족, 강의 규모 확대에 따른 교육의 질 저하 등의 불균형 문제들이 발생할 수 있다.

이에 대학들은 전공 쏠림 현상을 방지하기 위해 다양한 고민과 노력을 하고 있지만 여전히 유형1 학생들을 대상으로 할 때에는 큰 의미는 없어 보인다.

① 복수전공제도 의무화

복수전공을 의무화함으로써 전공 쏠림 현상을 최소화하기 위해 노력하고 있지만, 실제 그 실효성에는 의문이 있다. 또한 복수전공제도 의무화는 전공 쏠림 현상을 더 가중시킬 수 있다. 단, 유형2의 경우에는 효과적인 방안이 될 수 있어 보인다. 유형1을 대상으로 복수전공제도를 통해 전공 쏠림 현상을 어느 정도 해소하기 위해서는 단일계열 내에서의 복수전공이 아닌 2개 이상의 계열에서 복수전공을 의무화한다든지 해야 어느 정도 해소될 것으로 기대된다.

② 전공 선택 시 최소 기준 마련

전공 선택 시 최소한의 허들을 마련하는 방안이다. 일정 기준과 조건을 제시하여 제한된 인원을 선발함으로써 학과별 정원에 맞춰 운영하고 쏠림 현상을 완화하는 제도로 유형2의 경우에는 적용할 수 있어 보이지만 유형1에서는 학생들의 선택권을 제한한다는 문제가 발생할 수 있다.

(2) 인기학과 편중으로 인한 교육환경 및 교육격차 문제

인기학과 쏠림 현상은 대학교육 환경에 심각한 불균형을 초래하며, 학생들의 전공기초 능력 격차를 발생시키는 주요 원인으로 작용한다. 특히 유형1의 학생들은 매년 수급 규모를 정확히 예측하기 어려워, 선호학과에 대한 우선순위를 입학 시점에서 조사할 필요가 있다. 이러한 조사 결과는 학과별 자원 배분과 수요를 예측하는 데 중요한 데이터를 제공할 수 있다. 인기 학과에 학생들이 몰리면서 발생하는 대표적인 문제로는 교원 부족, 강의실 및 실습실 부족, 그리고 전공학습 격차가 있다.

① 교원 부족 문제

교원 부족은 학교 재정 문제와 밀접하게 연결된다. 현재 대부분의 대학은 재정적으로 여유가 없어 충분한 교원 충원이 어렵다. 이를 해결하기 위해 JA(Joint Appointment) 제도를 활용하여 학문 간 교원을 공유하거나, 전공 간 교과목을 Double Listing 방식으로 운영하여 교수 자원을 효율적으로 활용할 수 있다. 이 방법은 교원 확보의 부담을 줄일 수 있는 실질적인 대안이 될 수 있다. 다만, 이를 실행하려면 학과 간 교육과정의 재설계와 조율이 필요하다는 어려움이 따른다. 이는 대학 차원의 합의와 협력이 필요하다.

② 강의실 및 실습실 재배치 문제

전공 쏠림 현상은 강의실과 실습실의 물리적 자원 부족 문제를 초래한다. 단순히 강의실이나 실습실 배정을 변경하는 것만으로는 문제가 해결되지 않을 가능

성이 크다. 인기 학과의 경우, 과밀화로 인해 실험이나 실습 수업이 원활히 진행
되지 못하거나 학생들이 불편함을 겪는 사례가 많다.

이 문제를 해결하기 위해, 대학은 학과별로 필요한 자원을 미리 파악하고 예측
가능한 수준에서 자원을 유연하게 재배치하는 시스템을 도입해야 한다. 강의실
예약 시스템을 중앙 집중형으로 운영해 자원 활용도를 높이고, 인기 학과의 경우
시간대별로 강의실을 분산 배치하는 방안을 검토할 수 있다. 실습실은 학생들의
학습 경험에 직접적인 영향을 미치므로, 우선적으로 확보해야 할 핵심 자원이다.
이를 위해 실습실의 장비를 추가하거나, 다른 학과와 실습 공간을 공유할 수 있
는 협력 체계를 마련할 필요가 있다. 예를 들어, 공용 실습실을 만들어 여러 학과
가 시간대를 나눠 사용할 수 있도록 조정하면, 자원 부족 문제를 완화할 수 있다.

장기적으로는 인기 학과의 학생 수를 조정하거나, 온라인 강의를 도입하여 물
리적 공간 의존도를 낮추는 방법도 검토해야 한다. 이러한 노력은 대학 전체의
교육 질을 유지하고, 특정 학과의 자원 부족으로 인한 교육 격차를 줄이는 데 기
여할 것이다.

③ 전공 학습 격차 발생 문제

전공자율선택제를 운영하는 대학에서는 2학년 1학기에 기존 전공 학생과 새
롭게 해당 전공을 선택한 유형1 및 유형2 학생들이 한 강의실에서 만나는 경우가
흔하다. 이에 따라 전공에 대한 지식과 이해도가 다른 학생들이 혼재하게 되며,
이는 학생과 교수 모두에게 어려움을 준다. 교수는 전공 교과를 수준에 맞게 조
정하기 어려워지고, 학생들은 학습 내용에 적응하는 데 어려움을 겪을 수 있다.

이를 해결하기 위해서는 전공 교육과정을 재배치하는 방안이 효과적이다. 1학
년 과정에서는 전공 과목을 배치하지 않거나, 전공필수 과목을 최소화하며, 전공
기초(개론) 과목을 1학년 2학기에 배치해 학생들이 입학 후 1학기 동안 전공을 탐
색할 시간을 제공해야 한다. 또한, 학생들이 제1 관심 전공과 제2 관심 전공의 기
초 과목을 의무적으로 수강하도록 설계해 전공 선택의 폭을 넓히는 동시에 학습
격차를 줄일 수 있다.

만약 전공교육 재배치가 어렵다면, 2학년 1학기 개강 전이나 학기 초에 전공자율선택제 학생들을 대상으로 집중학기제를 운영해 기초 전공 지식을 보완할 기회를 제공해야 한다. 이러한 집중학기제는 학생들의 전공 적응도를 높이고, 학업 격차를 줄이는 데 효과적인 해결책이 될 것이다.

(3) 부적응으로 인한 중도탈락 문제

학생들의 중도탈락 원인은 다양하며, 전공자율선택제를 운영하는 대학에서는 중도탈락 문제가 가장 중요한 이슈 중 하나로 꼽히고 있다. 전공자율선택제 학생들의 중도탈락 주요 원인은 크게 두 가지로 나눌 수 있다. 첫째, 소속감 부족으로 인한 학교 부적응 문제이며, 둘째, 관심 있는 전공이 없거나 전공 선택이 어려운 상황에서 오는 문제이다.

전공자율선택제 체제에서 전공 선택 전에 학생들은 특정 전공에 소속되지 않은 상태로 대학 생활을 하게 된다. 고등학교의 수동적 학습 환경에 익숙한 학생들은 이 시기에 스스로 학업을 설계하고 전공을 선택하기 위해 다양한 활동을 해내야 하는 환경으로 인해 학업 스트레스를 겪게 된다. 특히, 밀착 지도 역량이 부족한 교수 배치, 선배의 부재 등은 문제를 심화시킨다. 이로 인해 전공자율선택제 학생들은 소속감을 느끼기 어려운 구조에서 학교생활에 대한 행복감과 적응력이 저하되고 중도탈락으로 이어질 수 있다. 〈표 10-4〉와 〈표 10-5〉에서는 전공 선택 전·후 발생할 수 있는 대학 생활 부적응 문제에 대한 해결방안을 제시하고 있다.

① 소속감 부재로 인한 중도탈락 문제

이를 해결하기 위해 [그림 10-3]과 같은 루터대학교 사례를 참고해 볼 수 있다. 이 사례는 전공자율선택제 학생들이 소속감을 느낄 수 있도록 지원체계를 강화한 성공적인 모델로, 전공자율선택제를 운영하는 다른 대학들에게 유용한 벤치마크가 될 수 있다.

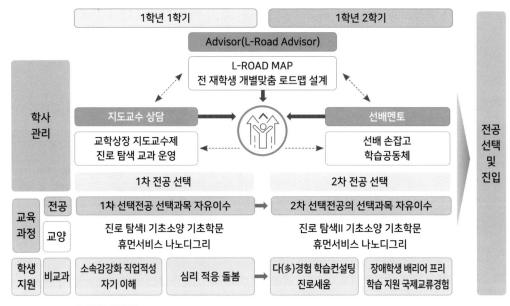

```
┌──────────────┐                           ┌──────────────┐
│  1학년 1학기  │                           │  1학년 2학기  │
└──────────────┘                           └──────────────┘
        ┌──────────────────────────────────┐
        │      Advisor(L-Road Advisor)      │
        └──────────────────────────────────┘
                ┌──────────────────────┐
                │      L-ROAD MAP      │
                │ 전 재학생 개별맞춤 로드맵 설계 │
                └──────────────────────┘
```

학사 관리			

지도교수 상담
교학상장 지도교수제
진로 탐색 교과 운영

선배멘토
선배 손잡고
학습공동체

1차 전공 선택 / 2차 전공 선택

전공 선택 및 진입

교육 과정	전공	1차 선택전공 선택과목 자유이수	2차 선택전공의 선택과목 자유이수
	교양	진로 탐색I 기초소양 기초학문 휴먼서비스 나노디그리	진로 탐색II 기초소양 기초학문 휴먼서비스 나노디그리

학생 지원	비교과	소속감강화 직업적성 자기 이해	심리 적응 돌봄	다(多)경험 학습컨설팅 진로세움	장애학생 배리어 프리 학습 지원 국제교류경험

그림 10-3 전공 선택 전 학교생활 적응을 높이기 위한 학생지도 모형

출처: 루터대학교.

표 10-4 전공 선택 전 학생의 부적응 문제해결 방안

전공 선택 전의 부적응 문제	주요 원인
전공 선택 전에는 소속된 학과가 없고, 어떠한 학과로 진입하게 될지 모른다는 불안감 등이 작용하여 대학 생활에 원활하게 적응하는데 어려움을 겪을 수 있음	• **학문적 관심 부족**: 전공 탐색을 위한 충분한 기회가 제공되지 않아 관심 분야를 명확히 파악하지 못한 경우 • **전공 선택 과정의 제한**: 전공 탐색 시간이 짧거나 선택 절차가 복잡하여 부담을 느낄 때 • **정보 부족**: 전공 선택과 관련된 학사 정보(전공별 과목, 졸업 요건 등)가 부족할 경우 • **사회적 소속감 부족**: 전공 선택 전 학생 커뮤니티에 소속감을 느끼지 못해 외로움을 겪는 경우

↓

교육과정	
다양한 전공 체험 기회 제공	① **전공 맛보기 강좌** 전공 선택 전에 학생들이 다양한 전공의 기초 내용을 담은 과목을 듣거나, 해당 전공에 대한 기본적인 이해를 가질 수 있도록 하는 제도임

	② 전공체험 프로그램 다양한 전공에 대한 소개 세미나 혹은 워크숍에 참여하여 해당 전공 교수자들과 꾸준한 만남을 지속할 수 있음. 이 과정을 통해 학생들은 여러 전공에 대한 이해를 기반해서 자신의 적성에 맞는 분야를 찾을 수도 있지만, 전공 분야 교수와의 만남을 통해 전공 선택과 대학 생활에 대한 조언을 받으며 전공적응을 위한 준비도를 갖출 수 있음
학사 전공 선택 지원 진로 지도	**① 아카데믹 어드바이저 배치 및 상담 상시진행** 진로 및 전공 선택에 대한 전문적인 상담을 통해 학생들의 수강신청 지도, 진로 관련 진단 결과 안내 및 지도, 진로에 적합한 전공 선택 가이드라인 제공 등을 제공할 수 있음 **② 지도교수제 운영** 전공 선택 전에는 자율전공을 관리하는 학부에서 지도교수를 지정하고 지속적이 상담과 아카데믹 어드바이저와의 협력체계를 통해 전공 선택 이전에 대학생활에 원활하게 적응할 수 있도록 함
학생지원 소속감 강화 프로그램	**① 학과별 오리엔테이션 및 멘토링 프로그램 지원** 교수 및 선배와의 멘토링 프로그램 운영, 전문 상담인력 배치 등을 통해 학생이 학과에 대한 소속감을 느낄 수 있도록 다양한 활동을 맞춤형으로 제공함 **② 학생 자치 활동 및 행사 참여 장려** 학생자치 활동을 통해 학과탐구 외의 다양한 경험을 가질 수 있도록 함. 대학 정책에 따라 동아리나 학회 활동에 반드시 참여하는 것을 전제로 할 수 있음. 학생 자치 활동은 전공 혹은 이외의 분야에 대해 동일한 관심사를 가진 학생과의 친밀도를 높이는 방법으로 심리·사회적 적응도를 높이는데 기여함

표 10-5 전공 선택 후 학생의 부적응 문제와 해결 방안

전공 선택 후의 부적응 문제	주요 원인
전공 선택 후에는 교육과정과 흥미의 불일치, 전공 변경의 어려움, 진로 불확실성 등에서 오는 문제가 부적응을 경험하게 할 수 있음	• **교육과정과 개인 흥미의 불일치**: 학문적 관심과 전공과목의 내용이 일치하지 않을 때 • **전공에 대한 사전 이해 부족**: 선택한 전공의 내용, 특성에 대한 명확한 이해 없이 선택했을 경우 • **학업 성취 부족**: 전공과목에서 낮은 성적을 받아 자신감을 잃는 경우 • **심리적 어려움**: 전공 선택에 대한 후회나 동기 부족으로 인한 스트레스와 불안

교육과정 탄력적이고 유연한 교육과정 운영	① 전공 연계 교양과목 제공 전공과 관련된 교양과목을 운영하여 학생들이 타전공도 꾸준히 접할 수 있도록 도움 ② 유연한 다전공제 운영 복수전공, 부전공, 융합전공 선택을 장려하거나 필수지정하여 다양한 전공 경험을 할 수 있도록 함 ③ 전공 입문 과목의 강화 기초 지식 없이 심화과목 중심으로 학업이 진행되지 않도록, 전공 기초 과목을 강화하여 학생이 점진적으로 전공에 적응해 나갈 수 있도록 설계함
학사 전공 변경 지원 및 졸업요건 완화	① 전공 변경 지원 체계 마련 전공 변경 절차를 간소화하거나 전공 변경 허용범위를 넓혀서, 적성에 맞는 전공으로 전환할 수 있도록 상담을 지속적으로 지원해야 함 ② 졸업요건의 탄력적 적용 필수 요건과 선택 요건을 유연화하여 학생의 부담을 완화하고, 다양한 융합교육도 시도할 수 있는 제도적 환경을 마련해 줌
학생지원 전공 선택 후 스트레스 및 불안 관리	① 학습 보조 프로그램 운영 전공과목별 튜터링, 학습 워크숍, 시험불안 관리 등 학업 성취를 높이기 위한 지원을 제공함 ② 심리 상담 및 멘토링 제공 전공 관련 고민을 해결할 수 있도록 전문 심리 상담사와 멘토링 프로그램을 제공함 ③ 전공 내 커뮤니티 강화 전공 관련 세미나, 워크숍, 동아리 등 교류와 네트워킹 기회를 제공함 ④ 진로 지원 확대 전공과 연계된 진로 로드맵 제공, 인턴쉽 및 취업 연계 프로그램을 운영하여 진로에 대한 확신을 갖도록 해 주고 진로 관련 취업역량을 조기에 갖출 수 있도록 하여 진로 전망에 대한 불안감을 관리함

② **관심전공을 선택하지 못하는 문제로 인한 중도탈락**

전공자율선택제 학생들은 대학에 입학한 후 진로 및 전공을 탐색하여 자신에게 맞는 전공을 선택한다. 그러나 일부 학생들에서 관심 전공이 없는 경우들을 볼 수 있다. 또한 유형2에서 학과 제한으로 인해 원하는 전공을 선택하지 못하는 경우들이 발생하게 된다. 이러한 문제를 해결하기 위해 부·복수전공 의무화 제

도를 도입하거나, 학생들이 부·복수전공을 선택하도록 유도하는 방안을 고려할
수 있다. 또한, 대학 내 관심 전공이 없는 경우에는 학생(자기)설계전공 제도를 도
입하는 것도 효과적인 대안이 될 수 있다.

안양대학교 사례를 살펴보면, 이 대학은 LDC(Life Design College)를 통해 자기
설계전공을 운영하고 있다. 이를 위한 운영위원회를 운영하고 있으며, 해당 운영
위원회를 통하여 자기설계전공을 검토-확인-승인하고 있다. 자기설계전공을 위
한 전담기구인 융합전공센터를 운영하고 있으며, 자기설계전공을 설계하기 위해
서는 전담교수와의 면담을 통하여 전공을 설계하도록 하고 있다. 각 단계를 살펴
보면 다음의 [그림 10-4]와 같다.

단계	내용	비고
① 신청 단계	LDC신청	신청계획서 제출
② 교육과정 설계	자기설계전공을 위한 이수교과 선정	전담교수의 진도 및 상담을 통한 교육과정 설계
③ 확인 및 승인	LDC위원회에서 교육과정 확인 후 승인	수정 요구 및 승인 도전학기 신청학점 조정
④ 최종이수 확인	이수과정 및 도전학기 결과 확인	도전학기에 대한 LDC위원회 확인 승인

그림 10-4　안양대학교의 자기설계전공의 운영 절차

(4) 학과 구조조정 문제

전공 쏠림 현상으로 인한 가장 큰 문제는 비인기학과의 교육운영 및 구조조정
문제이다. 학과구조 조정은 교수와 전공학생들과의 협의가 매우 어려운 문제이
지만, 전공자율선택제의 성공적인 운영을 위해 반드시 해결해야 할 과제 중 하나

라고 할 수 있다.

① 폐강 기준 완화

이러한 문제를 해결하기 위해 대학은 대학의 기초학문 보호 정책으로 폐강 기준 완화 등의 차별화 전략을 고려할 수 있고, 비인기 학과와 인기 학과 간의 융합 교육과정 운영도 고려해 볼 만하다. 다만, 이러한 전략은 대학 재정의 문제를 고려해야 한다. 특히 인기학과와 연계한 융합교육은 인기학과의 매력도를 저하할 가능성이 있어 학과 간 합의가 쉽지 않을 수 있다.

② 모듈형 트랙제 운영

비인기학과의 구조조정이 불가피한 경우, 모듈형 트랙제 운영으로 전환하여 복수전공의무제나 학생설계전공이 쉽도록 유도해 볼 수 있다. 학과 교육과정을 2개의 트랙(각 18~21학점 정도)으로 개발하여 해당 전공을 제1전공으로 하고 복수전공을 유도하거나, 1개 트랙 이상을 의무이수하여 타 전공 트랙과의 융합을 통하여 자기설계 전공을 유도할 수 있는 방안을 고려할 수 있다. 또한 트랙은 2개 정도의 마이크로디그리(MD)로 구성된 모듈 형식으로 구성함으로써 수강 매력도를 높이는 노력이 필요하다.

(5) 다양한 전공형태에 대처하기 위한 제도적 준비

많은 대학들이 전공의 벽을 허무는 노력을 기울이는 과정에서 필수적으로 선택하고 있는 것은 다양한 전공 형태를 취하는 것이며, 이를 위해 다학문적, 융합적, 복합적 교육을 선택하고 있다. 트랙과 모듈의 조합을 활용하여 학생의 선택에 따라 융합전공을 이수하거나, 학생설계 혹은 자기설계 전공의 활성화도 진행되고 있다. 이러한 상황에 대학이 갖추어야 할 것은 전공 선택 및 변경 과정에서 유연성을 확보하고, 학생진로가 변경되었을 때도 그것을 학생 개별의 로드맵으로 인정해 주며, 다양한 학문의 융합과 복합이 존재하는 교육과정에 대해 적절한 학위를 인정하여 줄 수 있는 제도적 준비이다.

이를 통해 학생은 다양한 학문을 탐색하고, 진로에 맞는 최적의 전공을 선택하거나 변경할 수 있으며, 궁극적으로 학문적 깊이와 폭을 동시에 키울 수 있게 된다. 따라서 대학은 기본적인 학사 구조가 준비되었는지 다음의 다양한 제도들을 검토하면서 확인해 볼 필요가 있다.

① 전공 간 학점 인정 제도

전공 학점 통합 및 호환 시스템은 학생들이 전공을 변경할 때 이미 이수한 과목 중 해당 전공에 맞는 학점을 인정받을 수 있도록 하는 제도로, 전공 변경 시 학점 손실을 최소화하여 학업 진행을 원활하게 돕는 한편, 미국의 UC 시스템처럼 특정 과목을 새 전공의 필수 또는 선택 과목으로 인정해 전공 변경의 유연성을 제공함으로써 학생이 학점을 유지하며 새로운 전공을 탐구할 수 있도록 지원한다.

② 전공 변경을 위한 전환 프로그램; 전공 전환 준비 학기

전공 변경을 원하는 학생이 원활하게 새로운 전공에 적응할 수 있도록 지원하는 전환 준비 학기 프로그램은, 학생이 새 전공과 관련된 기초 과목을 수강하며 학문적 배경을 쌓을 기회를 제공한다. 예를 들어, [그림 10-5]와 같이 일리노이대학교 어바나 샴페인 캠퍼스는 학생의 관심사와 일치하지 않는 전공을 전환할 수 있도록 돕는 프로그램을 운영하며, 덴마크 코펜하겐대학교는 전공 변경 시 한 학

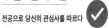

그림 10-5 일리노이대학교(어바나-샴페인)의 전공 전환 지도 프로그램

출처: https://dgs.illinois.edu/i-explore-week

기 동안 새로운 전공에 필요한 기본 과목을 이수할 수 있는 프로그램을 통해 학업 공백을 최소화하고 전공 적응을 지원한다.

③ 복수전공 및 융합전공 제도

학생이 두 개 이상의 전공을 선택하거나 학제 간 융합전공을 이수할 수 있도록 지원하는 제도로, 이를 통해 학생은 다양한 분야를 통합적으로 학습하며 자신의 관심사에 맞는 맞춤형 학문적 경험을 쌓을 수 있고, 전공 변경에 대한 부담을 줄일 수 있다. 예를 들어, 미국 MIT는 공학과 인문학, 자연과학과 예술 등의 융합전공을 제공하여 학생이 다방면의 학문을 경험하고 자신만의 독창적인 전공을 설계할 수 있도록 돕는다.

3. 전공자율선택제도의 평가 및 개선을 위한 제언

전공자율선택제는 학생에게 학문적 탐색의 자유와 적성과 흥미에 기반한 전공 선택의 기회를 제공하는 제도로, 현대 대학교육에서 중요한 위치를 차지하고 있다. 그러나 이 제도를 효과적으로 운영하고 지속 가능한 체계로 정착시키기 위해서는 다각적인 평가와 개선이 요구된다.

먼저, 학업 모니터링 체계의 강화가 필요하다. 학생이 전공에 적응하고 학업 성과를 지속적으로 유지할 수 있도록 체계적인 지원이 이루어져야 한다. 이를 위해 AI 기반의 학업 성과 관리 시스템을 도입하여 학생의 성적, 과제 제출, 출석률 등의 데이터를 실시간으로 분석하고 맞춤형 학습 자원을 제공할 필요가 있다. 이와 함께, 학업 진척 모니터링 시스템을 통해 성적 저하나 학점 부족 상태를 조기에 파악하고, 지도 교수와 학사팀의 협력 하에 문제를 신속히 해결할 수 있는 체계를 마련해야 한다. 더불어, 전공과 연계된 진로 개발 프로그램, 인턴쉽, 캡스톤 디자인 등을 통해 학생이 학문적 성취와 실무적 역량을 균형 있게 성장시킬 수 있도록 지원하는 것이 중요하다.

또한, 학생들의 만족도를 정기적으로 조사하고 이를 기반으로 프로그램을 개선하는 환류 체계를 구축해야 한다. 학기 말 또는 연말에 실시되는 만족도 조사를 통해 학생들이 전공 선택 과정과 학업 지원 프로그램, 진로 연계 프로그램에서 경험한 만족도와 불만 사항을 파악해야 한다. 조사 결과는 단순한 데이터 수집에 그치지 않고, 학습 지원 체계 강화, 진로 탐색 프로그램 확대, 멘토링 프로그램 개선 등의 구체적인 작업으로 이어져야 한다. 예를 들어, 진로 탐색 지원이 부족하다는 피드백이 많을 경우 대학은 이를 보완하기 위해 진로 상담 프로그램과 취업 연계 기회를 확대해야 한다. 또한 특정 전공에서 심화 학습 기회가 부족하다는 의견이 제기된다면, 해당 전공의 심화 과정과 학습 자원을 추가하는 방안을 마련해야 한다. 개선된 프로그램의 효과를 다시 평가하고 이를 지속적으로 반영하는 선순환 구조는 제도의 안정성과 지속 가능성을 높이는 데 핵심적인 역할을 할 것이다.

　이와 함께, 전공자율선택제에서 발생할 수 있는 문제점에 대한 사전 대응방안을 마련해야 한다. 대표적인 문제로는 특정 전공으로의 쏠림 현상, 비인기 전공의 위축, 중도 탈락 문제가 있다. 전공 쏠림 현상은 교육 자원의 불균형을 초래하고, 비인기 전공의 축소는 학문의 다양성을 저해할 수 있다. 이를 해결하기 위해 복수 전공 의무화, 전공별 최소 기준 설정, 융합전공 과정 개발 등과 같은 제도적 노력이 필요하다. 또한, 중도 탈락 문제는 학생의 소속감 부족이나 적합한 전공 선택 실패와 밀접히 연결되어 있다. 이를 해결하기 위해 전공 탐색 기간 동안 충분한 정보를 제공하고, 전공 변경 절차를 간소화하며, 자기 설계 전공 제도를 도입하여 학생이 스스로 학문적 흥미와 진로 목표를 연결할 수 있도록 지원해야 한다.

　전공자율선택제는 학생에게 학문적 자유와 융합적 사고를 키울 수 있는 기회를 제공하는 혁신적 제도이다. 그러나 이를 성공적으로 운영하기 위해서는 체계적인 학업 모니터링, 만족도 조사 및 환류 체계 구축, 예상 문제에 대한 선제적 대응방안이 필수적이다. 이러한 노력을 통해 학생이 학문적 성장과 진로 설계에서 성공할 수 있는 환경을 조성하고, 제도의 지속 가능성과 성과를 강화할 수 있을 것이다.

⤷ 표 10-6 **평가 및 개선에 관한 체크리스트**

단계	점검사항	점검 내용	수행 여부 (Y/N)	판단
준비	프로그램 설계	전공자율선택제 운영을 위한 체계적인 학업 지원 프로그램이 구성되었는가?		
		학업 지원, 진로 상담, 멘토링 등 구체적인 세부 지원 범주가 명확히 설정되었는가?		
	문제 요소 분석	제도 운영 시 예상되는 장애 요인(예: 전공 쏠림, 비인기 전공 위축)이 파악되었는가?		
		제도의 성공적 운영을 촉진할 수 있는 요인(예: AI 기반 모니터링, 진로 연계 강화)이 확인되었는가?		
	전략 설정	학생의 요구를 반영한 프로그램별 전략적 과제가 수립되었는가?		
실행	주관 부서 및 협력 부서 설정	전공자율선택제 운영에 필요한 주관 부서 및 협력 부서가 명확히 지정되었는가?		
	성과 지표 및 실행 계획	각 프로그램별 성과 평가를 위한 지표가 설정되었는가?		
		세부 실행 계획이 수립되고 우선순위가 명확히 정해졌는가?		
	인력 및 자원 확보	운영에 필요한 인력과 자원(예: 예산, 공간, 기술)이 충분히 확보되었는가?		
평가	중간 점검	프로그램 진행 상황에 대한 중간 점검과 이에 따른 후속 조치가 이루어졌는가?		
	성과 분석	설정된 성과 지표에 따른 목표 달성이 이루어지는가?		
환류	피드백 반영	프로그램 실행 결과를 바탕으로 향후 계획 수립에 피드백이 반영되었는가?		
		학생 만족도 조사 결과가 제도 개선에 활용되었는가?		

부록

부록 1 전공자율선택제 운영 사례

전공자율선택제를 운영하면서 대학이 반드시 해야 할 일은 교육과정을 조정하고 학생 지도 방안을 수립해야 하며 합리적 전공 결정방법을 제시해야 한다. 기타 부수적인 일들도 있겠지만 최소한 이 세 가지가 없어서는 안 된다.

1. 교육과정 사례

1) 대학 생활, 진로 설계, 전공 탐색 목적의 교양과목

교양에서는 대학 생활, 진로 설계, 전공 탐색이라는 키워드를 포함한 필수 교양과목(1~3학점)이 개설되는 것을 볼 수 있다. 이 과목들은 전통적인 지식을 전달하는 것이 아니라, 학생들이 대학 생활에 적응하고, 진로를 계획하며, 앞으로 3년 동안 공부할 전공을 탐색할 수 있도록 안내하고 정보를 제공하는 데 초점이 맞춰져 있다. 이러한 과목들은 학습 수준을 평가하기 어렵기 때문에 대부분의 대학에서 Pass/Fail 방식으로 평가하며, 학점은 보통 1학점으로 설정된다.

이 과목이 필요한 이유는 많은 수의 '1유형 입학생'과 '2유형 입학생'(1유형 입학생보다는 적지만 단일 학과에 등록한 학생 수보다는 많은 학생들)이 동일한 수업을 수강할 수 있기 때문이다. 이를 통해 학생들은 대학과 학과에 대한 소속감을 느끼고, 입학 초기부터 친구 관계를 형성할 수 있는 기회를 얻게 된다.

수업 구성은 전공 결정, 전공 변경, 복수전공 이수에 초점을 맞춘 학사 안내와 함께 진로 검사 및 해석, 전공 로드맵을 활용한 개별 진로 로드맵 작성, 진로 상담 등을 제공한다. 또한, 수강생들에게 진로 캠프, 전공 박람회와 같은 비교과 활동에 참여할 수 있도록 안내하여 비교과 활동의 참여율은 높이고 다양한 경험을 통해 대학 생활 적응과 본인에게 적합한 전공을 선택할 수 있게 돕는다. 다음은 주요 교과목명의 예시이다.

> <자유전공 세미나> <대학 생활과 진로 설계> <대학 생활과 미래 설계> <진로 탐색세미나> <전공 탐색세미나> <진로 설계프로젝트> <주제 탐구세미나> <창의 융합세미나> 등

수업을 대규모 1개 분반으로 편성하기보다는 적정 수의 수강인원(20~40명)으로 분반하여 개설하고 아카데믹 어드바이저가 담당하고 있으며, 분반 당 1~2명의 재학생 선배를 조교로 활용한다.

2) 교양교육 개편을 통한 기초 교육 및 융합교육 강화

일부 대학에서는 교양선택 과정을 개편하여 기초 교육을 강화하고 있다. 이 과정의 목표는 학생들이 1학년 때부터 전공 학습을 지원하고 핵심역량을 향상시키며 미래 삶을 준비할 수 있도록 교양교육을 재구성하는 것이다. 기존 학생들의 교육과정 이수에 혼란을 줄 수 있는 완전한 개편보다는 새로운 영역을 도입하고, 과목을 재배치하며, 새로운 과목을 개발하는 데 중점을 두고 있다.

전공 학습 지원을 위해 시대적 흐름에 맞고 전공 관련 수학 능력을 향상시키는 과목을 제시하고 있다. 〈사고와 표현〉〈의사소통 기술〉〈컴퓨팅 사고〉〈수학의 세계〉〈화학과 생활〉 등 전공수업을 수강하면서 겪게 될 소통과 협업은 물론이고 자연과학을 전공하게 될 학생들을 위한 기초교육을 제공한다. 예를 들어 〈수학의 세계〉를 개설하고 01반은 컴퓨터 수학을 부제로, 02반은 공학 수학을 부제로, 03반은 생활 수학을 부제로 운영하는 방식도 기초학습 능력을 길러줄 수 있는 괜찮은 방법이다.

핵심 역량과 관련하여 융합적 성격의 교과목들에 대한 예시는 다음과 같다. 〈법과 행정과 사회〉〈문학과 역사〉〈도시와 환경〉〈융합과 재생〉 등 2개 이상의 학문 분야가 융합된 교과목을 개설하고 비교과 연계 과정으로 수업에서 배운 내

용을 중심으로 프로젝트를 수행해 볼 수 있는 기회를 제공한다.

미래의 삶 대비를 돕는 부분은 주로 〈데이터 리터러시〉〈데이터 분석관리〉〈인공지능과 인간의 삶〉〈소셜리빙랩〉 등 지금 필요한, 그리고 곧 필요하게 될 교과목들을 제공하고 있다. 이러한 교과목들을 중핵 과정, 기초교육이라는 영역에 넣어 1학년 때 수강하도록 지도하거나, 아예 대학에서 신입생 때 반드시 교육하고 싶은 교과목들을 선별하여 1학년 대상 교양과목으로 개설하고 신입생 수강 신청할 때만 오픈하는 것도 하나의 방법이다.

다른 교양과목에 관심 있는 신입생들의 불만이나 1학년 대상 교양과목에 관심 있는 재학생들의 불만이 있을 수 있지만, 신입생들은 다른 교양과목을 1학년 2학기부터 7개 학기 동안 수강하면 되고 재학생들에게는 해당 과목에 대해 재학생이 수강신청할 수 있는 분반을 열어주면 되기 때문에 크게 문제가 되지는 않을 것이다. 더 중요한 것은 대학 생활의 첫걸음을 시작하는 학생들에게 전공 교육에서 해결해 주지 못하는 부분을 지원하여 성공적인 대학 생활을 도와줄 필요가 있다는 것이다.

3) 전공 기초 과목 제공의 필요성

전공과목은 1학년 교과과정에서 '개론'이나 '입문' 성격의 기초 과목만 개설하고 자유전공 입학생들의 수강을 제한하지 않는다. 특히 자유전공으로 입학한 학생들은 필수 교양과목의 시간표 중복으로 인해 한 과목도 수강하지 못할 경우, 2학년 수업을 따라가기 어려울 수 있기 때문이다.

또한, 1학년 초에 A전공을 목표로 하고 해당 전공 과목을 수강했으나, 1학년 2학기에 B전공으로 변경해 실제로 B전공을 선택한 학생들은 1학년 1학기에 수강하지 못한 B전공 기초 과목으로 인해 어려움을 겪을 수 있다. 이를 해결하기 위해 많은 대학에서는 전공 기초 지식 교육을 무전공 학생들에게도 제공하고 있다. 이 교육은 대면 수업이든 비대면 수업이든 상관없으며, 비대면 수업이 더 효율적일 수 있다. 우수한 영상 콘텐츠를 제작하면 매년 반복적으로 활용할 수 있기 때문이다.

일부 대학이지만 1학년에는 전공과목을 개설하지 않고 2학년부터 개설하는 사례도 있다. 이유는 자유전공 입학생들이 1학년 때 전공과목을 수강하지 않은 채 전공으로 진입하면 학과 입학생과 비교해서 기초가 부족해 수업을 따라올 수 없을 수도 있으므로 학과 입학생과 똑같이 전공 학습을 시작하게 하려는 것이다. 그러나 이는 학과 입학생들의 불만을 일으킬 수 있다. 전공 공부하러 입학했는데 1학년 때는 교양이나 들으라는 거냐고 볼멘소리를 할 수 있다. 따라서 학과 입학생을 고려한다면 1학년 과정에 최소한의 전공 기초는 개설할 필요가 있다.

4) 전공별 전공 탐색 과목 운영 사례

모든 전공에서 1학년 1학기에 전공 진로 탐색 과목을 개설하는 사례도 있다. 1학점 P/F 평가로 개설하고 학과별로 지정되어 있는 진로 전담 교수가 또는 전공 교수 전원이 팀티칭으로 담당한다. 수업은 전공 및 교과과정 소개, 전공 관련 진로 소개와 나만의 진로 로드맵 만들기, 전공 분야 유명 인사 특강, 산업체 전문가 특강 또는 견학, 졸업생 특강, 진로상담 등으로 구성한다. 1학점 과목이라 2개 이상 전공에 관심 있는 자유전공 입학생이 2과목 수강하는 데 별로 부담이 없고, 어떤 전공을 주전공으로 선택한 후 다른 전공은 복수전공으로 이수할 계획을 세워볼 수도 있다. 교양필수로 수강하는 대학 생활과 진로 설계, 자유전공 세미나 같은 과목보다 전공에 대한 상세한 정보를 알 수 있으며, 학과 입학생과 같이 수강하므로 2학년 전공 진입할 때 이미 전공 교수들도 알고 학과 입학생 친구도 있어 한결 적응이 쉬울 수 있다.

5) 교양과 전공의 연계 운영

교양과 전공을 연계하여 운영하는 사례도 있다. 기초 공통으로 전문 교양이라는 전공 성격의 교양 교과목과 전공 기초 교과목을 모듈화하여 제공하거나, 동일/유사 계열 전공 기초 교과목들을 모아서 모듈로 제공하고 이를 이수한 학생이 어떤 전공을 선택하더라도 전공학점으로 인정해 주기도 한다.

6) 비교과 프로그램

　비교과는 대체로 교과와 연계하여 운영한다. 비교과 운영 부서는 잘 알겠지만, 따로 비교과 프로그램을 운영하면 많은 참여를 끌어내기 어렵기 때문에 교과와 연계하는 것이 훨씬 효과적이다. 여기서 교과란 주로 전공 탐색이나 진로 설계 과목이다. 전공 설명회나 전공 박람회를 따로 운영하면 생각보다 많은 학생들이 참여하지 않는다. 1학기에 전공 설명회 주간을 설정하여 월요일부터 목요일까지 가급적 시간 중복을 피해 1시간 정도의 전공 설명회를 실시한다. 무전공 입학생들은 모두 교양필수로 전공 탐색 과목을 수강하고 있으므로 전공 설명회 주간에는 수업 대신 관심 있는 전공 설명회에 참석하게 하고 학과로부터 참석 확인부를 전달받아 출석을 인정한다. 중소 규모 대학은 1주일간, 전공이 많은 대규모 대학은 2주간에 걸쳐 시행하는 것이 좋겠다. 2학기에는 교수와 재학생 선배가 함께하는 전공 박람회를 개최한다. 강당이나 체육관과 같은 교내 가장 넓은 장소 또는 야외 광장 등에서 부스나 천막을 설치하고 운영한다. 축제처럼 이벤트(상담 부스 방문 후 스탬프 찍고 기념품 받기, 퀴즈 풀고 선물 받기 등) 를 같이 운영하면 더욱 참여도를 높일 수 있다.

전공 박람회

진로 캠프 역시 진로 설계 과목과 연계하여 집중이수제로 운영할 수 있다. 모든 분반 수강 학생들과 함께 혁신사업비 등을 통해 1박 2일 또는 2박 3일로 운영하곤 하는데 취업·진로 부서와 그들이 섭외한 외부 전문가를 활용하는 것이 좋다. 내용 구성은 진로 설계가 왜 필요한지 어떻게 진로를 설정해 보고 어떻게 실천하는지에 대한 전문가 특강, 검사 도구를 활용하여 나는 어떤 사람인지 무엇을 좋아하는지 알아가는 시간, 진로 멘토와 함께하는 활동을 통해 나만의 진로 로드맵을 만들어 보고 발표하는 시간을 제공한다.

2. 학생 지도 사례

1) 학사 지도교수

무전공 입학생에 대한 지도교수는 보통 대학 생활과 진로 지도의 듀얼 지도교수 체제로 운영하는 모습을 볼 수 있다. 대학 생활 지도교수는 Academic Advisor(이하 'AA'로 표기)를 채용하여 배정하거나 교양대학 교수들을 AA로 임명하여 배정하고, 진로 지도교수는 Joint Appointment(이하 'JA'로 표기) 제도를 활용하여 각 학과의 교수 중 1인을 지정한다. 진로 지도교수는 학과와 자유전공학부에 각각 소속하게 되므로 JA인 셈이다. AA는 자유전공 세미나와 같은 교과목을 담당하면서 수시로 수강생과 상담을 진행하고 전공이나 진로에 대한 세부적인 정보를 원하는 학생에게는 해당 전공의 진로 지도교수와 상담할 수 있도록 자리를 마련해 준다. 진로 지도교수가 누구인지 알려주면서 찾아가 보라고만 하면 실제 상담으로 이어지지 않을 수 있으므로 진로 지도교수에게 연락해서 상담 시간을 잡아 주는 역할까지 해야 한다.

2) AA의 학사지도

AA를 채용한다면 다수를 채용하긴 어려울 것이므로 AA 1인당 지도학생 수는 상당히 클 수도 있다. 예를 들어 1, 2유형 무전공 입학생이 400명인데 AA를 2명 채용했다면 1인당 지도학생 수는 200명이니 감당하기 어렵다. 그럴 때는 교양대학 교수를 AA로 임명하여 AA 1인당 학생 수는 줄여줘야 학생 지도의 질을 보장할 수 있다. 자유전공 세미나 교과목의 분반 당 수강인원을 40명으로 설정했다면 10개 분반이 필요하다. 채용한 AA는 5개 분반씩 담당하면서 각각 5시수를 채우고 지도학생은 교양대학 소속 AA 8명과 함께 1인당 40명의 학생을 지도한다. 만약 가용할 수 있는 AA가 20명이라면 무전공 입학생 400명을 20으로 안분하여 AA 1인당 20명의 학생을 지도하면 된다. 진로 지도교수는 해당 전공과 진로에 관심 있는 학생들만 만나면 되므로 배정 학생 수는 따로 없지만 학과 입학생에 대한 진로 지도 역할도 하는 것이 좋으므로 교수업적점수나 시수 인정 등의 인센티브는 필요하다.

3) 멘토링

교수에 의한 학생 지도도 중요하지만, 선배에 의한 후배 지원도 중요하다. 또래집단 형성을 통한 활동이 상당히 긍정적이고 시너지 효과를 나타내는 경우를 자주 볼 수 있어서 그렇다. 또래집단 활동의 대표적인 형태는 멘토링이다. 전공자율선택제로 30% 이상을 모집하라는 교육부의 드라이브로 인해 무전공 입학생 수가 큰 편이라 재학생 멘토 1인당 신입생 멘티 수는 5~10명 정도 된다. 효율적인 멘토링은 1:1이고 상황이 여의찮아 1:N 멘토링을 한다 해도 5명을 넘어가면 운영이 쉽지 않아 효과성은 떨어질 수 있다. 하지만 멘토링은 의무가 아니라 원하는 멘티의 신청에 따라 진행하는 것이므로 효과성을 높이기 위해 3~5명으로 구성하는 것이 좋다. 활동기간은 4~6월이고 활동 횟수는 월 2회 이상 또는 주 1회 정도, 소정의 활동비 지원과 멘토 보고서 제출 후 장학금 지급을 제시하고 있다. 채워야 하는 활동 횟수 외에 전공 박람회 등 무전공 입학생 대상 행사, 교내 포럼이나 세미나에는 반드시 참여하게 한다.

멘토-멘티 구성 시 꼭 무전공 신입생이 관심갖고 있는 전공의 선배를 멘토로 지정하려 애쓰지 않는다. 인기 전공의 멘토를 충분히 확보하지 못한다면 멘토 1명 당 멘티가 너무 많아 효과적인 활동이 안 될 수도 있기 때문이다. 멘토의 역할이 전공에 대한 정보를 제공하는 것이라기 보다는 교우관계나 학업 등 대학 생활 적응을 돕는 것이므로 랜덤하게 매칭하거나 MBTI를 보고 매칭하는 것도 나쁘지 않다.

4) 커뮤니티 활동

동아리 활동을 통한 학생 지도도 소속감과 전공 탐색, 사제 및 교우관계 형성에 크게 기여한다. 여기서 동아리는 각 전공에서 자체 운영하는 동행 커뮤니티, 전공 소학회 등을 말한다. S대는 30년 전통의 전공 소학회를 운영하고 있다. 학과마다 4~6개의 소학회가 있는데 해당 학과 학생들 90% 이상 1~2개의 소학회에 소속되어 활동하고 있다. 무전공 입학생에게도 문호를 개방하면 소학회 지도교수와 선배들로부터 전공에서 어떤 공부를 하는지 어떤 분야로 진출할 수 있는지를 매우 구체적으로 알 수 있어 마음에 두고 있던 전공에 대한 확신을 가질 수 있게 된다. 3월 한 달 동안 소학회 홍보와 회원 모집을 한 후 무전공 입학생에 대해서는 동일한 활동은 하되, 1학년 동안은 인턴 회원이고 전공 결정 후 정회원으로 전환한다.

3. 전공 결정 사례

1) 전공 선택 자율권 보장

전공 결정은 두 가지로 나누어진다. 학생의 전공 선택 자율권을 100% 보장하는 형태와 전공 정원의 일정 비율까지만 선발하는 형태이다. 100% 보장하는 체제는 몇몇 인기 전공으로 쏠리는 현상이 발생했을 때 교수 충원, 예산 확보, 교육 공간 확보를 어떻게 할 것인가를 해결해야 한다.

교수 부분은 단기적으로 JA 제도를 통한 보완을 제시하고 중장기적으로는 충원을 제시하고 있다. 교수 충원에 걸리는 시간이 있어 전공 학생 수가 급격히 증가해도 즉각 대응이 어렵기 때문에 충원이 완료되는 시점까지는 JA 활용, 겸임교수나 강사 활용 외엔 뾰족한 수가 없기 때문이다. 예산 부분은 학과로 배정하는 예산이 재학생 수를 기반으로 하므로 전공 결정 시기를 예산 확정 시기보다 앞서 진행하면 바로 반영할 수 있다. 교육 공간 부분은 여유 공간을 보유하고 있는 대학이 별로 없으므로 공간 활용도를 측정한 후 일정 비율 이하로 운영되는 공간은 즉시 회수하여 학생 수가 많은 전공으로 배정한다. 또는 공유공간으로 지정하여 재학생 수가 많은 학과에 우선 사용권은 부여하되, 사용하지 않는 시간대에는 공용공간으로 활용할 수 있게 한다. 인문 사회계열은 이런 방식으로 해결할 수 있지만 실험과 실습이 많은 계열은 해결이 어렵다. 컴퓨터 실습실이 필요한 IT 계열은 일반 강의실에 노트북 이용이 가능한 하이브리드 형태로 구조변경을 하면 컴퓨터 실습수업과 일반 수업을 모두 할 수 있다. 자연 계열 실험이나 공학계열 실습은 단지 공간만 필요한 것이 아니라 장비와 인력(조교)까지 필요하고 구축하기까지 오랜 시간이 걸리므로 당분간 저녁 수업, 토요일 수업, 집중이수제로 해결할 수밖에 없다.

2) 학과 정원의 150% 이상 범위 내 선택

전공 정원의 일정 비율까지만 선발하는 형태는 100% 자율선택 형태에 비해 비교적 쏠림 현상은 덜 하겠지만 또 다른 문제를 일으킨다. 합리적인 선발 기준을 설정하기 어렵다는 점이다. 성적으로 하게 되면 전공 결정 시기가 늦어질 수밖에 없다. 2학기 성적이 확정된 이후여야 하므로 다음 연도 1월 초에 전공 결정을 해야 한다. 1학기 성적 만으로 결정하기엔 변별력이 부족할 수 있다. 그래서 비교과 참여, 신청 전공 교과목 이수 여부, 상담 참여 등의 요구조건을 추가하기도 하는데, 이 역시 합리적인 기준이라 보기 어렵다. 결국 1년간 자유롭게 전공을 탐색하여 흥미와 적성에 맞는 전공을 선택할 수 있다는 전공자율선택제의 취지에 맞지 않게 학생들을 고등학교 4학년으로 전락하게 만들 수 있다. 이 때문에 신입생 중도 탈락률이 높아질 수도 있는 것이다.

쏠림 현상으로 인해 전공 선택에 제한을 두는 방식은 학생을 우선으로 생각하는 것이 아닌 학과를 우선으로 생각하는 것이므로 권장할 만한 방식은 아니다. 그러나 쏠림으로 인한 수업의 질 저하와 기초학문 분야가 붕괴되는 것도 바람직하지 않으니, 제한을 둔다면 학생들의 열정과 노력을 측정할 수 있는 합리적인 기준이 필요하다.

성적은 최소한 학생의 성실한 학업태도를 확인할 수 있는 결과이므로 여러 대학에서 포함하고 있는데, 학기당 권장학점인 15학점 이상 이수한 1학기 성적만 포함하거나 1학년 전체 성적을 포함하고 비중은 30~40% 정도로 크게 두지 않았다. 2학기 성적을 포함하지 않는다 하더라도 신청한 전공에서 개설한 전공과목 수강 여부와 해당 과목의 성적은 확인한다.

대학의 교육목표에 따라 1학년 대상으로 권장하는 비교과 프로그램이 있다면 이에 대한 참여 여부를 포함하기도 한다. 중도 포기하지 않고 성실하게 수료했다면 만점이고 참여 횟수에 따라 차등으로 점수를 부여한다. 면접을 시행하겠다는 대학도 있다. 신청한 학생 전체를 대상으로 면접할 수도 있고 일정 점수 미만인 학생들만 대상으로 실시할 수도 있다. 현재로썬 신청 사유와 학업 계획을 기록한 전공신청서, 성적, 신청한 전공과목 이수 여부, 비교과 참여 여부, 면접 정도가 전공 결정 기준에 포함되어 있었다.

4. 학사 조직, 교육환경 사례

1) 무전공 입학생 학사 조직

이전부터 학부대학을 설치하여 운영한 대학은 무전공 입학생을 학부대학에 소속시키고, 그렇지 않은 대학은 학부대학을 새롭게 설치하여 소속시키던지 '자유전공학부'라는 학사 조직을 설치하여 소속시킨다. 또는 1유형 입학생만 학부대학 또는 '자유전공학부'에 소속시키고 2유형 입학생은 단과대학에 소속시키기도 한다. 하나 더 다른 사례는 1, 2유형 입학생 모두를 학부대학에 소속시키기도 하고 1유형 입학생은 '자유전공학부'에, 2유형 입학생은 'ㅇㅇ대학(계열) 자유전공학부'에 소속시킨다.

이후 1학년 말 전공 결정과 함께 2학년부터 선택한 학과 소속으로 변경한다. 그러나 "ㅇㅇ 학과 나왔어"가 아닌 "ㅇㅇ를 전공했어"라는 개념으로 접근하는 대학들은 '자유전공학부'라는 소속을 졸업 때까지 유지한다. 즉 전공 결정 후 무전공 입학생의 소속은 '△△대학 ㅇㅇ 전공' 또는 '자유전공학부 ㅇㅇ 전공'인 것이다.

이런 방식은 전공 변경에도 자율성을 부여할 수 있다. 이를테면 전과 제도에 포함하지 않고 '전공 변경'이라는 제도를 별도로 두어 재학 중 일정 횟수 또는 제한 없이 전공을 바꿀 수 있게 한다. 물론 이에 대한 대학 내 합의는 이루어져야 한다. 전과는 진입장벽이 있을 수 있지만 전공 변경에는 진입장벽을 두지 않거나 전과보다는 완화하기 때문이다. 그러나 단점도 있다. 기우일 수도 있지만 출신성분에 따른 갈라치기가 있을지도 모르기 때문이다. 같은 학과에서 같은 수업을 수강하고 같은 팀에 소속되어 프로젝트를 수행하다 보면 사라질지도 모르지만, 학생들끼리 프로젝트팀을 짜게 두면 갈라치기로 팀이 만들어질 수 있으니 이런 현상이 나타나지 않도록 담당 교수들의 세밀한 배려가 필요하다.

2) 전공 결정시기에 따른 소속

전공 결정시기를 1학년 2학기 말부터 4학년 1학기 말까지 매 학기 제공하는 대학도 있다. 1년의 전공 탐색 기간이 불충분해서 결정하기 어려운 학생은 좀 더 탐색하게 두는 것이다. 전공 결정을 미루는 학생들이 많으면 쏠림이 나중에 몰려서 나타날 수 있고, 그렇게 되면 과목 개설, 예산 배정 등에 문제가 발생할지도 모른다는 우려를 할 수 있다. 그러나 대부분 대학이 인기 전공의 개설 과목은 주 전공자와 복수전공자에게 수강 우선순위를 부여하고 있으므로 전공 결정을 미뤘다가는 전공과목 수강을 못할 수도 있으므로 학생 관점에서 마냥 미룰 수는 없을 것이니 크게 걱정하지 않아도 될 것이다. 더구나 1학년 2학기 말 전공 결정 기간에 전공 신청을 하지 않는 학생이 발생하면 학교에서 임의 배정을 할 수도 없는 노릇이니, 전공 결정 기회를 더 주는 방안과 미신청자만 다음 학기에 1회의 기회를 주는 방안 중 대학이 선택하면 된다. 전공 결정 기회를 더 줄 계획이라면 전공을 나중에 신청할 학생들은 전공 신청 기간에 'Undecided'라고 표현하게 한다.

3) 무전공 입학생 지원 조직

이미 학부대학이 설치되어 있는 경우 행정 부서까지 보유하고 있으므로 무전공 입학생 관리를 위한 인력 충원만 하거나 학부대학 내에 따로 관리조직을 신설하기도 한다. 전공자율선택제를 도입하면서 무전공 입학생을 소속시키기 위해 학부대학을 신설하거나 자유(율)전공학부에 소속시키는 대학은 대부분 별도로 관리조직을 신설한다. 그 이유는 학부대학이나 자유전공학부는 타 단과대학이나 학부처럼 학사 조직의 역할에 충실하고 무전공 입학생을 포함하여 신입생 대상 교육 프로그램이나 행사 운영은 행정조직이 담당하는 것이 효율적이라 판단한 것이다. '학생성공지원센터' '전공설계지원센터' '전공진로 설계케어센터' '신입생역량강화센터' 등의 이름으로 교무처, 교육혁신처, 학생처 내에 설치하고 있다. 관리조직 신설 대신 기존 부서에 역할을 부여하는 대학도 있긴 하지만 전공자율선택제 시행 초기인 만큼 기존 하던 일에 일 하나, 사람 하나를 더 주는 것보다는 이 일에만 집중해서 잘해 나가라고 하는 것이 나을 것 같다.

4) 공간 배정

학생처에서는 학생 자치 기구인 학생회를 관리하고 이들이 머물고 활동하는 공간인 학생회실이나 (학)과방을 지원한다. 자유전공학부 학생들이 절대 적지 않은 숫자이므로 총학생회와 협력하여 학생회 결성도 할 수 있게 지원한다. 더불어 학생회실이나 (학)과방도 단독으로는 확보하지 못하더라도 공동으로 사용할 수 있는 공간은 제공한다. 즉, 자유전공학부, ○○ 대학 자유전공학부 등 따로 공간을 주지 못해도 전체 무전공 입학생이 공동으로 사용할 수 있는 공간은 제공한다.

자유전공 라운지와 같은 커뮤니티 공간을 구축해서 제공하는 대학도 있다. 무전공 입학생 소속 학사조직이나 관리조직과 가까운 곳에 해당 소속 학생들이 자유롭게 전공이나 진로에 대해 탐색하고 상호 교류할 수 있는 공간을 제공한다. 멘토링, 전공 및 진로상담, 튜터링, 스터디, 프로젝트까지 할 수 있게 요일별로 이용 목적을 다르게 두기도 한다. 50~60평 정도의 공간에 스터디, 멘토링, 상담 등을 할 수 있는 독립공간과 함께 커다란 라운지로 구성한다. 전공 소개, 학사 안내, 전공 진로 로드맵 등 전공 탐색과 진로 설계에 도움을 주기 위해 제작한 각종 안내서를 비치하고 5대 내외의 컴퓨터를 이용해 정보검색 및 학습도 가능하다.

신입생 커뮤니티 라운지

5) 통합정보 플랫폼

　요즘 학생들은 전공 설명회나 전공 박람회에 직접 찾아가서 정보를 얻는 것에 적극적이라기보다는 스마트폰이나 태블릿을 통해 정보를 취득하는 데 익숙하다. 따라서 이들에게 필요한 정보는 학교 홈페이지보다 별도의 플랫폼에서 제공하는 것이 낫다. 한곳에서 얻고자 하는 모든 정보를 얻을 수 있으니 편리할 것이고, 편리한만큼 많이 이용한다. 학생들은 전공에서 무엇을 공부하고 어떤 분야로 진출할 수 있는지 매우 궁금할 것이다. 그러니 전공 소개와 함께 4년간 배우는 과목들로 구성된 교과과정, 이 과목에서 무엇을 배우게 되는지 알 수 있는 교과목 개요, 학위를 받아 진출할 수 있는 진로 분야와 그 분야로 진출하기 위해 어떤 준비를 해야 하고 어떤 과목을 꼭 들어야 하는지를 소개하는 진로 로드맵에 대한 정보는 반드시 필요하다. 전공이나 교과목 소개는 추상적이고 막연한 단어로 나열하지 말고 구체적이고 이해하기 쉬운 단어를 이용하여 작성한다. 텍스트만으로 소개하면 잘 안읽을 수도 있으니 전공소개 동영상도 제작해서 제공한다. 이 동영상을 주로 보는 사람들은 대입을 준비하는 고등학교 3학년과 아직 전공을 결정하지 못한 신입생일테니 재학생들에게 상금을 걸고 공모전을 열어 만들어 보게 한다.

6) 전공에 대한 정보 제공

전공 결정에 필요한 정보로 전공 자체에서 지원하는 장학금, 동아리 활동, 비교과 교육 등도 필요하다. 교수들이 십시일반 모아서 지급하는 장학금이 있다던가 학습에 도움을 주는 사제동행 동아리 활동, 취업을 지원하는 비교과 프로그램이 있다면 적극 소개하여 학과의 경쟁력을 표출한다. 또 하나, 무전공 입학생이나 학과 입학생 모두가 알고 싶어하는 정보는 우리 학과의 취업률과 졸업한 선배들이 진출한 분야이다. 취업 담당 부서와 협력하여 최근 3년간 학과 취업률과 졸업한 선배들이 소속되어 있는 분야, 회사명을 잘 정리해서 제공한다.

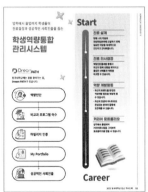

전공 안내서

전공 진로 로드맵

5. 대학별 사례 요약

위와 같은 사례들을 교과, 비교과, 학사지도, 인프라로 구분하여 요약하면 다음과 같다.

☐ **대학별 사례 요약**

대학명	교과	비교과	학사지도	인프라
가천대	• 전공 탐색 인성 세미나 • 전공 탐색 세미나	• 선배 멘토링 • 전공 탐색 학습 공동체 튜터링 • 진로적성검사 • 진로 워크숍 • 대인관계 워크숍	• AA 20명 • 지도교수 • 진로 컨설턴트	• 전공진로 설계케어센터 • 전공 가이드북 • 전공 로드맵 • 멘토링라운지
가톨릭대	• 명저읽기 토론 • 전공 탐색 프로젝트 • 명사 강의 • 진로 설계 프로젝트	• 선배 멘토링	• 대학 생활 적응 및 진로 설계 지도교수	• AI스마트 통합지원 시스템
경남대	• 전공 • 주제탐구세미나 • 창의융합세미나 • 교양 • 대학 생활과 진로 탐색 • 소계열 진로 탐색 • 한마드림하이 • 한마드림로드	• 다면적 진로 탐색검사	• 위촉 AA • 진로 지도교수	• 전공설계지원센터
광운대	• 전공 탐색 세미나	• 선배 멘토링 • 기초학력 강화 • 신입생 OT학기제	• AA 10명 • 전공 탐색 지도교수 24명	• 교양대학

국민대	• 전공 탐색 세미나 • 전공 탐색 프로 젝트	• 선배 멘토링 • 전공 탐색 동아리 • 진로 설계 동아리 • 전공 박람회 • 전공소개 특강	• 전공 선택 지도관 (AA)	• 전공상담센터 • 학생 맞춤형 통 합정보시스템 • 스마트 학습 · 소 통공간
부경대	• 대학 생활과 진로 설계 • 전공 탐색과 진로 설계 • 전공 개론 및 이해	• 진로적성진단 • 전공 탐색 주간 • 전공 동아리 • 전공 경험 프로 젝트 경진대회		• AI기반 지능형 교육지원시스템 • 전공 정보 통합 검색
서울과기대	• Stella A(전공) • Stella B(진로) • Stella C(멘토링) • Stella D(대학원)		• 지도교수 32명	• 추진단
서울대	• 전공설계 I • 전공설계 II • 주제탐구세미나	• Majors Fair • 전공설계 간담회 (동문 초청) • 다전공 수기 공 모전	• 객원교수 AA 3명 • 전임교수 11명	• 자유전공학부
세종대	• 진로 설계 • 전공 탐색	• peer 멘토링 • 기초학력 증진 • 예비대학 • 재학생−졸업생 만남	• JA활용 AA • 평생지도교수	• 전공설계지원 센터 • 감성복합문과 공간 • 온라인학습플 랫폼
이화여대	• 호크마세미나 • 전공 탐색	• 선배 멘토링 • 전공 박람회 • 경력설계세미나 • 전공 톡톡 • 전공 체험	• 소규모 분반 지 도교수	
전북대	• 대학 생활과 진로 설계 • 전공 탐색 • 전공 공통기초	• 선배 멘토링 • 전공 탐색 박람회 • 전공소개주간 • 전공 동아리	• 평생지도교수 • AI 멘토	• 진로 설계 지원 센터 • 전공소개 영상 • 전공 가이드북

충북대	• 전공 • 전공 탐색A • 전공 탐색B • 전공 탐색 심화 • 교양 • 의사소통 • 디지털 리터러시	• 학과 탐방 • 홈커밍데이	• JA활용 AA 42명	• 학생성공지원 본부 • 학생성공디자인 콤플렉스 • 크리에이티브라 운지 • AI기반 맞춤형 학습지원시스템
포항공대	• 대학 생활과 미래 설계 • 전공 탐색과 개 별방문 • 학과 입문 • 새내기 연구참여	• 선배 멘토링	• AA • 학습 어드바이저	
한동대	• 진로 탐색	• 선배 멘토링 • RC제도 • 전공 설명회 • 진로 캠프	• 팀 담임교수 • 전공교수 • AA & e-AA	• 진로 탐색 및 경 력개발 시스템
한서대	• 전공설계 Ⅰ • 전공설계 Ⅱ			• 글로벌라운지 • 스마트강의실
홍익대	• 전공 탐색		• 계열 주임교수 • 지도교수(학과장)	• 자율전공지원 본부

부록 2 ┆┆ 미국 Liberal Art College의 자유전공 사례

미국 대학의 자유전공(undeclared major)은 학생이 특정 전공을 선택하지 않은 상태로 입학하거나, 전공을 결정하지 않고 학업을 진행하는 것을 의미한다. 자유전공제를 운영하는 이유는 전공 선택의 유연성을 제공하기 위한 것이다. 자유전공 학생은 입학 후 일정 기간 동안 다양한 과목을 수강하면서 자신의 관심사와 적성을 찾아보고 자신에게 적합한 적합한 전공을 찾는 기회를 가질 수 있다.

미국 대학의 자유전공에서 학생을 모집하는 방법은 우리나라와 유사하다. 자유교양교육을 지향하는 학부교육중심대학들과 같이 대학 전체를 자유전공으로 모집하는 경우, 별도의 전형이나 계열별로 자유전공을 모집하는 경우, 특정 단과대학(주로 인문대학) 내 조직이나 별도 조직으로 전공을 탐색하는 학부를 두어 모집하는 경우 등 대학의 특성을 반영하여 다양한 형태로 이루어지고 있다.

대학에서는 1~2년 동안 전공을 결정할 기회를 주며, 학생들은 교양교육과정을 이수한다. 이 기간 동안 학생들은 수학, 과학, 인문학, 사회과학 등의 기초 과목들을 배우게 되며, 이를 통해 다양한 분야를 접하면서 자신에게 맞는 전공을 선택할 수 있다. 또한, 학생들의 전공 선택을 지원하기 위해 상담을 비롯한 다양한 지원이 이루어진다.

이러한 자유전공은 자신이 어떤 분야에 종사하고 싶은지 확실하지 않아 진로 결정을 하지 않은 학생, 특정 분야에 국한되지 않고 다양한 과목을 배우고 싶은 학생, 특정 전공에 대한 확신이 부족한 학생 등에게 적합하다. 그러나 학생은 계획적으로 시간을 관리하고 진로에 대한 고민을 충분히 해야 하며, 주어진 기간 내에 전공을 선택해야 하는 압박감도 있으며, 무엇보다 인기있는 전공은 경쟁이 매우 치열하기 때문에 입학 후 해당 전공 진입을 위한 노력을 게을리할 수 없다는 어려움도 있다.

여기에서는 미국 자유교양교육의 우수 사례로 국내에 많이 소개되고 있는 학부교육중심대학인 해밀턴대학(Hamilton College)과 그린넬대학(Hamilton College),

그리고 종합대학인 브라운대학교(Brown University)의 사례를 소개한다. 교육과 정을 중심으로 교육과정 운영을 지원하는 다양한 지원체제를 동시에 살펴본다. 자유교양교육으로 잘 알려진 3개 대학의 사례는 해당 대학의 홈페이지에 소개된 각종 문서들을 참고하였다.

1. 해밀턴대학(Hamilton College)

1) 대학 소개

해밀턴대학은 1793년에 설립된 미국 뉴욕주 클린턴 지역에 있는 사립 자유교 양대학이다. 전교생 인원 2,000명 정도의 소규모 학부교육중심대학이며 교수 대 학생의 비율은 9:1 정도이다. 해밀턴대학은 44개 전공을 포함하여 57개 연구 영 역과 학제 간 집중 과정을 제공하고 있는데 인문사회 분야의 전공이 대부분이며 자연과학 분야 및 예술 분야의 전공을 일부 제공하고 있다. 해밀턴대학은 개방형 교육과정(open curriculum)을 갖춘 몇 안 되는 미국 대학들 중 하나로, 이는 학생 들은 관심 있는 과목을 선택할 수 있는 자유를 누리면서도 자유교양 전반에 걸쳐 광범위하게 공부해야 한다는 교수진의 기대에 부응할 수 있다는 것을 의미한다.

2) 개방형 교육과정

해밀턴대학은 개방형 교육과정이라는 교육과정 체제를 운영하고 있다. 개방형 교육과정은 학생이 자신의 관심사와 보유한 능력(skill)에 따라 과목을 선택할 수 있게 한다. 대부분의 대학에는 핵심 커리큘럼(core curriculum)이나 전공별 요건 이 있지만 해밀턴대학에는 없다. 해밀턴대학이 필수적으로 이수를 요구하는 것 은 글쓰기, 통계를 비롯한 수학과 추론, 체육교육이다. 학생들은 2학년 2학기(봄 시즌) 초에 전공을 선택(미국의 대학들은 홈페이지에 전공을 선언한다라고 표현하고 있는데, 이하에서는 우리나라 상황에 맞추어 선택한다라고 기술함)하며 복수전공이나, 전공+부전공을 선택하게 된다.

해밀턴대학은 명확하고 체계적이며 효과적인 방식으로 소통하는 능력을 개발하는 것이 자유교양교육의 핵심 목표이고 성공적인 커리어를 위한 전제 조건으로 간주하며, 이러한 역량을 배양하기 위해 글쓰기와 말하기 센터를 운영하고 있다. 각 전공에는 상급 프로젝트(senior project)를 포함하고 있다.

학생들은 학기 당 최소 3개 과목을 이수하며 평균적으로 4과목 정도를 이수하고 있다. 5과목을 이수하는 것은 과부하를 불러오기 때문에 대학에서 권장하지 않는다. 학생들은 1학년 기간 동안 학기당 전공과목을 2과목 정도 이수하며 2학년 2학기에 자신의 전공을 선택하게 된다. 1학년 교육과정의 핵심은 교수 자문가들과 함께 자신의 강점과 약점을 이해하고, 대학의 목적과 목표 그리고 교육과정 및 학사제도를 이해하며, 재학 중 그리고 졸업 후 개인 목표를 설정하는 데 있다.

3) 학생 지원: ALEX

해밀턴대학은 학생에게 다양한 지원을 제공하는데 이를 ALEX라고 한다. ALEX는 조언(Advise), 학습(Learn), 경험(EXperience)의 3개 분야로 구분된다.

조언(Advise)은 교수 자문가(faculty advisor), 진로 자문가(career advisor), 그리고 알렉스 자문가(ALEX advisor)를 통해 제공된다. 교수 자문가는 학업 프로그램에 집중하고 학생이 자신의 관심사, 강점 및 목표에 맞는 교육 계획을 수립할 수 있도록 학생과 긴밀히 협력한다. 진로 자문가는 학생이 자신의 능력과 관심사를 파악하고, 진로 옵션을 탐색하며, 취업 또는 인턴십 기회를 위해 동문과 연결하도록 도와준다. 또한 진로 자문가는 캠퍼스 외부 학습, 체험 학습 및 삶의 균형 찾기와 같은 분야에서 다양한 자원, 서비스 및 프로그램을 학생과 연결해 준다.

학생들의 학업을 조언하는 교수 자문가는 다양한 학문 분야에 대한 신중한 탐구 지침을 제공하고 전공 선택 및 전공 완료를 위한 목표 설정을 돕는다. 또한 학생들이 학생처 및 기타 기관에서 이용 가능한 지원 서비스를 이해하도록 돕고 학생들이 의미 있고 목적 있는 삶과 적극적인 시민으로서의 역할을 준비할 수 있도록 진로센터 상담자와 연계시키는 역할을 수행한다.

진로 자문가는 진로센터(Career Center)에 있으며 모든 학생에게 전환적 경험(transformative experience)을 제공하고, 최고의 경력 자원, 개별 지원 및 역동적인 전문가 네트워크를 제공한다. 이들은 경력 공동체(career community)를 운영하며 이곳을 통해 학생들이 경력과 관련된 궁금점 및 관심사와 목표를 중심으로 다양한 자원, 기회, 그리고 동료 및 동문 커뮤니티에 연결할 수 있도록 돕는다. 또한 진로센터는 이력서 및 자기소개 작성, 구인/인턴십 검색 전략을 제공하며 학생을 위한 다양한 네트워킹(동문, 지역, 기업 등)을 제공한다.

ALEX자문가는 8명 내외이며 학생별로 담당 자문가가 지정되어 있다. 이들은 학생들에게 필요한 프로그램, 서비스 및 자원들을 연결해 주고, 학생들의 경험을 향상시키며, 대학에서 보내는 시간을 최대한 활용할 수 있는 다양한 도구들을 제공한다. 학생들은 이들 자문가들의 사무실을 방문하여 조언을 구할 수 있으며 Zoom을 이용하여 온라인으로 조언을 구할 수도 있다.

학습(Learn)은 개방형 교육과정과 해밀턴대학의 학업 프로그램을 지원하는 것으로 4개의 주요한 센터를 통해 이루어진다. 학생들의 말하기 능력 개발을 지원하는 구술 소통 센터(Oral Communication Center), 효과적 의사소통 능력 개발을 지원하는 언어 센터(Language Center), 학생들의 작문 능력 개발을 지원하는 글쓰기 센터(Writing Center), 교과과정 전반에서 정량적 자료의 추론에 대한 튜터링을 제공하는 정량적 및 상징적 추론 센터(Quantitative & Symbolic Reasoning Center)가 학생들을 지원한다.

경험(EXperience)은 다양한 프로그램과 기회를 통해 학생들의 지식과 기술을 향상시킬 수 있도록 지원하는 것이다. 공동체 봉사 프로젝트를 통해 학생과 직원을 지역 비영리 기관과 연결하여 지역 사회 파트너에게 긍정적인 변화를 일으키고 학생들을 위한 교육 경험을 제공한다. 글로벌 학습을 위해 다양한 해외 유학 프로그램을 제공하고 지원한다. 현장 학습, 학회, 국내 학습 프로그램, 여름 연구 등의 경험학습을 통해 교실 학습을 강화한다. 레빗 공공정책 센터(Levitt Public

Affairs Center)를 통해 지속적인 사회 문제를 혁신적이고 효과적이며 윤리적인 방식으로 이해하고 해결하는 데 필요한 지식과 기술을 개발하고자 하는 학생들을 지원한다.

2. 그린넬대학(Grinnell College)

1) 대학 소개

그린넬대학은 1846년에 설립되었으며, 아이오와주 그리넬에 있는 사립, 남녀공학, 기숙형 자유교양대학이다. 그린넬대학은 크게 인문학부, 사회학부, 과학부로 구성되어 있고 17개 전공을 운영 중이며 28개 전공 학위를 제공한다. 교수-학생 비율은 1:9이며 강좌당 학생 수는 20명 이내이다.

2) 개방형 교육과정

그린넬대학은 학생들이 반드시 수강해야 하는 수업을 지정하지 않기 때문에 자유롭게 학업의 여정을 설계할 수 있다. 학생들은 2년 동안 지도교수의 자문을 통해 자유교양교육, 전공 및 졸업 요건을 완료하는 방법, 그린넬대학의 다양한 교육과정이 제공하는 기회를 가장 잘 탐색하는 방법을 이해하게 된다.

학생이 전공을 선택하기까지 중요한 역할을 하는 과정은 튜토리얼과정이다. 튜토리얼에서 모든 입학생은 소규모 그룹, 토론 중심 환경에서 학생과 강사에게 관심 있는 주제를 탐구하게 된다. 튜토리얼의 강사는 튜터로서 학생들이 전공 분야를 선택할 때까지 지도 학생에게 조언자 역할을 하며, 학생들의 학문적 관심사, 적성과 관련한 지도를 제공한다.

튜토리얼의 목적은 주제를 포괄적으로 다루는 것이 아니라 탐구 방법을 학습하는 것이며, 특히 쓰기, 비판적 독해 및 의사소통에 중점을 둔다. 튜토리얼 과목에서 학생은 C학점 이상을 획득해야 하며 그렇지 못할 경우 '집중적인 글쓰기' 과정을 거치도록 한다. 2024년~2025년 튜토리얼 과정 과목의 예로는 '기계가 생각할 수 있을까?' '마음챙김: 삶에 긍정적인 변화를 가져오다' '페르소나' '유령 이야기' '학생 참여란 무엇인가?' '패션의 시작: 유럽과 아시아의 역사적 직물' '사운드 스토리: 영화 음악의 세계' 등 다양한 분야를 아우르고 있다. 튜토리얼은 그린넬대학에서 유일한 필수과목으로 이 과목을 이수하는 과정에서 교수들은 학생들의 관심사를 확인하고 적절한 멘토링을 제공하게 된다. 강좌 당 학생 수는 12명으로 제한된다.

그린넬대학은 자유교양을 지향하는 대학으로 비판적 사고, 자기 반성, 발견과 창조의 프로젝트 설계, 차이점에 대한 직면, 아이디어 교환, 윤리적 판단을 강조하고 있다. 이를 위해 기본적으로 자유교양의 기반이 되는 7자유과(문법, 논리, 수사학으로 구성된 연역적 추론의 3과목과 기하학, 천문학, 산수, 음악을 포함하는 양적 추론의 4과목)을 중요시한다. 그린넬대학은 이들 7자유과를 6개 분야로 재구성하고 있으며 학생들이 교과과정 이수 계획을 세울 때 지침으로 활용하도록 한다. 6개 분야는 언어(읽기, 생각하기, 쓰기 등), 외국어, 자연과학(생물학, 화학, 물리학, 심리학 등), 양적 추론(통계학, 컴퓨터 과학 등), 인간 행동과 사회(인류학, 경제학, 교육학, 역사, 철학, 정치학, 종교학, 사회학 등), 창의적 표현(문학, 음악, 연극, 무용, 시각 예술 등)으로 구성되며 특히 인문학을 전공하는 학생들은 4년 동안의 학업 계획을 설계할 때 이러한 6개 분야의 체계를 지적 발견과 개인적 발견을 위한 프레임으로 삼도록 강조하고 있다.

학생은 5학기 사전 등록 전에 전공을 선택하고 모든 전공 요건을 준수해야 한다. 전공을 선택하면 전공의 학과장 또는 지정된 교수가 학생 자문가(지도교수)가 된다. 대부분의 학생은 단일 학과 또는 학과 간 전공을 선택하지만 복수 전공을 이수하거나 독립 전공의 형태인 특별 프로그램(자율설계전공으로 높은 성취도를 보이는 학생에게 제한적으로 허용)을 이수할 수 있다. 전공을 획득하기 위해서는 최소 32학점을 이수하여야 한다.

3) 교수 · 학습 지원

그린넬대학의 학생들은 교실 안팎에서 다양한 방식으로 학습한다. 그들은 강의실에서의 학습만이 아니라 운동과 예술 활동, 대중 발표와 공연, 실험 수행 또는 청중을 위한 글쓰기 등 실천을 통해서도 학습한다. 대학은 학생들이 주제, 다양한 학습 스타일 및 능력과 관심사에 맞는 적절한 학업 경험을 할 수 있도록 다양한 교수법을 개발한다. 수업에서 활용되는 자료는 단순히 교과서에만 의존하지 않고 다양한 독서 자료, 대학 도서관, 실험실, 음악 스튜디오, 미술관, IT 등을 통한 자료, 그리고 현장을 활용한 자료와 활동을 포함한다.

그린넬대학은 경험을 통한 학습을 강조한다. 대부분의 교육과정에서 학생들은 활동적인 경험에 기반한 교육을 받는다. 예를 들어, 과학 수업은 입문 수준에서도 발견 기반 학습으로 진행되며, 미술의 각 분야는 역사, 이론 및 형식적 분석 연구와 함께 창의적인 연습의 기회를 제공한다.

그린넬대학은 학생이 주체가 되어 자신의 교육에 대한 책임감을 가지도록 하는 목적에서 학생 스스로 수행하는 독립 연구(independent study)를 제공하며 다양한 형태를 띠고 있다. 가이드 독서, 독립 프로젝트, 멘토링 기반 여름 연구, 기존 과정에 학점을 추가하는 과정 연계 프로젝트 등이 대표적이다. 독립 연구의 예로 plus-2제도는 독립 연구 구성 요소를 선택한 후 이를 완수하면 정규 과정에 2학점을 추가할 수 있도록 한다. 가이드 독서는 지도교수와의 협의를 통해 특정 분야의 독서활동을 하고 주 1회 지도교수와 토론을 해야 하며, 독립 프로젝트는 학생이 독립적으로 연구를 하고 주 1회 책임 교수의 지도를 받으며 최종적인 결과물(논문, 실험 보고서, 예술 작품 등)을 산출해야 한다. 이러한 과정은 일정한 학년, 선발 과정 등의 조건을 통해 일정 능력 이상의 학생들에게 주어진다.

3. 브라운대학교(Brown University)

1) 대학 소개

브라운대학교는 미국의 사립연구중심대학으로 아이비리그에 속하는 대학이다. 브라운대학교는 인문학, 사회과학, 자연과학, 공학, 예술 등 다양한 분야의 전공으로 구성된 종합대학으로 다양한 전공 학제간 프로그램도 제공하고 있다. 브라운대학교는 예술 및 인문학 프로그램들은 세계적으로 인정받고 있다. 브라운대학교는 학문적 자유를 중시하는 대학으로 그 중심에는 개방형 교육과정(open curriculum)이 있다.

2) 개방형 교육과정

개방형 교육과정은 1969년에 도입된 제도로 "학생은 자기가 선택한 공부를 할 자유가 있다"는 이 대학 4대 총장인 프란시스 웨이랜드(Francis Wayland, 1796~1866)의 말에 잘 나타나 있다. 개방형 교육과정은 학생의 자율성을 최대한 허용하는 특징이 있다. 교육과정에서 필수가 없고 학생들 모두 각자의 연구 프로그램을 수행해야 한다. 교양과정에 필수가 없으며, 학생들은 자신의 관심과 열정을 바탕으로 자유롭게 수강 과목을 선택할 수 있다. 학생들은 자유롭게 전공을 바꿀 수 있으며 개강 후에는 3주간의 shopping period를 통해 원하는 수업을 참관할 수 있는 시스템도 운영하고 있다.

브라운대학교는 다학제적 접근을 통해 학생들의 경쟁력을 높이고 있다. 대학은 학생들이 공학을 인문학, 사회과학과 결합하여 학습할 수 있도록 지원한다. 예를 들어, 컴퓨터학과는 인공지능(AI), 데이터 과학, 생물정보학 등에서 우수한 결과를 보이고 있는데 이를 인문학적 관점과 융합하여 새로운 통찰을 제공하고자 노력한다. 또한 인지과학, 신경과학, 심리학을 통합한 학제간 프로그램인 심리학과 뇌 과학 프로그램을 운영하고 있다.

학생들은 4학기 중반까지 자신의 전공을 선택해야 하며 이를 Advising Sidekick(ASK)에 온라인으로 입력해야 한다. 편입생인 경우 브라운대학교에서 첫 학기에 전공을 선택해야 한다. 전공을 선택하면 해당 전공에서 조언자가 지정되며 이들은 학생과 함께 향후 학업계획에 대해 협의하고 조정한다. 3학년, 4학년 때 각각 최소 1회 이상의 학업계획에 대한 조언과 업데이트가 이루어진다.

복수 전공은 7학기까지 신청해야 하는데 표준 8학기 기간 동안 두 개 학위를 모두 완료할 수 있는 경우에 한해 허용되며, 모든 학생에게 장려하기보다는 지적 탐구심이 높고 역량이 뛰어난 학생들에게 권하는 사항으로 약 20%의 학생들이 이를 선택하고 있다. 브라운대학교는 다전공이 직업이나 진학에 유리한 것은 아니며, 직업이나 진학에서 유리하기 위해서는 자신의 전공에서 뛰어난 성과를 보이고 새로운 변화를 반영하는 추가 학습을 통해 보완하는 것이 좋다고 조언하고 있다.

브라운대학교 교육과정의 특징은 자유로운 학습(liberal learning), 말하기와 쓰기 교육(work on speaking and writing), 조언과 평가(advising and assessment)에 있다. 브라운대학교는 교양과정에 필수 이수 교과가 없으며 학생들이 자신의 흥미와 적성에 따라 자유롭게 교과목을 이수하도록 장려하고 있다. 학생들의 선택권을 위해 매년 11월과 4월에 진행되는 사전 등록 기간을 통해 재학생은 미리 계획하고 다음 학기 수업 선택에 대한 조언을 받을 수 있다. 학생이 학위를 취득하려면 전공의 요구 사항을 충족하고 글쓰기 능력을 입증해야 하며, 8학기에 해당하는 정규 수업을 수강해야 한다. 학부생들의 80%는 단일 전공학위로 졸업하며 약 20%의 학생들이 복수학위를 취득하고 있다.

브라운대학교의 학생평가는 상대평가와 절대평가를 혼용하고 있다. 학생은 과목을 등록할 때 학점(ABC/NC) 또는 만족/불합격(S/NC) 중 하나를 선택해야 하며 4주 동안은 온라인으로 변경이 가능하다. 개방형 교육과정의 정신에 따라 학생들의 학점 평균은 계산하지 않는다. 의대 편입이나 대학원 진학 등 입학시 학점이 요구되는 분야로 진입하고자 하는 학생들은 학점을 선택하게 된다.

3) 의사 소통 교육

　말하기와 쓰기는 효과적인 의사소통을 위해 필수적인 요소로 브라운대학교의 자유로운 학습에서 매우 중요한 요소이다. 이에 대해 2009년 브라운대학교의 교육과정 위원회는 다음과 같이 선언하고 있다.

　"학사 학위를 획득하기 위해 모든 브라운대학교의 학생들은 훌륭한 글쓰기 능력이 있다는 것을 보여야 한다. 왜 훌륭한 글쓰기 능력이 학습을 위한 핵심이 되어야 하는가? 학문, 학자, 교수자, 학생들은 아이디어를 탐색하고, 생각의 뉘앙스를 드러내며, 지식을 발전시키기 위해서 글을 쓴다. 글쓰기는 우리가 의사소통하고 설득하는 과정의 매개체일뿐만 아니라 명확하게 사고하는 능력을 확장하는 수단이다."

　글쓰기는 단지 일회성 프로그램으로 끝나지 않고 재학 기간 전체에서 강조된다. 브라운대학교의 교육과정 중 300여개를 상회하는 코스에서 글쓰기와 관련된 내용을 루브릭에 포함하고 있다. 브라운대학교 개방형 교육과정의 바탕에는 창의적 글쓰기, 문학, 역사, 철학 등 인문학 분야의 우수한 교수진과 연구진 및 우수한 교육 프로그램이 있다.

4) 학생 지원

　브라운대학교는 개방형 교육과정이 작동하기 위한 조언 시스템을 뒷받침하고 있다. 학생이 전공을 선택하면 전공의 조언가로부터 학업 계획과 관련된 조언과 함께 학업계획을 설계한다. 우리나라의 비교과에 해당할 수 있는 프로그램으로 브라운대학교의 대표적인 조언 시스템 중 하나는 교육과정 자원센터(Curriculum Resources Center: CRC)로 학생들이 학업과 개방형 교육과정에 참여할 수 있도록 지원하는 동료 및 전임 자문가, 코치, 멘토, 교육자로 구성되어 있다. CRC는 학업 코칭, 전공 학생간 커뮤니티(Departmental Undergraduate Groups: DUGs), 학생설계전공, 독립 연구(independent study), 휴복학생 지원, 전공 선택기에 있는 2학년생을 위한 상급생의 멘토링 프로그램, 이론을 봉사나 다양한 활동으로 구현하는 행동 이론 심포지움(Theories in Action: TiA) 등 다양한 지원을 제공하고 있다.

4. 시사점

이상에서 살펴본 3개 대학들의 사례를 통해 다음과 같은 특징들을 도출할 수 있다.

개방형 교육과정(open curriculum)이라는 용어를 사용하고 있다. 전공자율선택제가 학생들의 선택권에 중점을 둔 용어라면 개방형 교육과정은 교육과정의 개방성, 유연성에 중점을 둔 용어라고 볼 수 있다. 사례로 제시된 3개 대학은 대학 전체 또는 대부분의 인원을 자유전공으로 모집하고 있으므로 교육과정에 중점을 두고 자신들의 제도를 설명하고 있다.

학생의 선택은 자유롭지만 선택에 따른 책임을 강조한다. 학생들은 자유롭게 전공을 탐색할 수 있고 전공 변경의 기회가 주어지며 다각적으로 학생의 전공 선택을 지원한다. 그러나 전공을 선택하면 전공교육과정에서 요구하는 엄격한 요건들을 준수하여야 한다.

모든 학생들은 1, 2학년 과정에서 인문, 사회, 자연과학, 예체능 분야의 교과목들을 균형있게 이수한다. 우리나라의 경우 균형교양 등을 통해 다양한 학문 분야를 접하고 있으나 위 사례에서 살펴본 대학들의 경우 2년 과정에 걸쳐 다양한 학문 분야를 더 깊이있게 탐색할 수 있다.

개방형 교육과정은 주로 인문, 사회, 자연과학 분야를 중심으로 시행되고 있다. 자유교양대학의 경우 이들 분야를 중심으로 구성되어 있으며, 종합대학인 브라운대학은 공학 등의 분야에서도 시행되나 주로 인문, 사회, 자연과학 분야를 중심으로 활성화되어 있다.

글쓰기 교육을 강조한다. 글쓰기 교육은 읽기, 쓰기, 표현하기 등을 통해 이루어지며, 이 과정에서 토론, 발표, 세미나 등 실질적인 역량을 함양하는 데 중점을 둔 프로그램을 운영하고 있다. 교양의 경우 필수 지정을 최소화하고 있는데 글쓰기는 필수로 지정하고 있다. 전공에서도 별도의 글쓰기 교육을 하지는 않지만 토론, 발표, 세미나 등을 통해 글쓰기 역량 함양에 중점을 둔다.

다전공을 적극 권장하지는 않는다. 융합은 융합전공으로 이수하며 융합전공은 단일 전공으로 간주된다. 다전공을 이수했다고 해서 융합이 되는 것은 아니다. 다전공은 일정 능력 이상을 갖춘 학생들에게 권장되며 하나의 전공을 이수하는 한편 해당 전공과 관련한 최신 지식을 심화하도록 권장한다.

체계적인 맞춤형 학생 지원이 뒷받침한다. 전공 선택 이전, 전공 선택 이후 각각 해당 과정에 적합한 지원을 제공한다. 학업, 진로, 대학 생활 등과 관련한 체계적인 지원과 전공 탐색 등을 위한 다양한 비교과 프로그램을 제공한다.

학생의 자기주도적 학습을 강조하며 무엇이 아니라 방법을 가르치는 데 중점을 둔다. 또한 학생의 자기주도적 학업을 지원하는 방법으로 프로젝트, 개인 연구, 활동, 토론, 세미나 등 수행, 실행을 활용한다.

참고문헌

강원대학교(2021. 11. 18.). 강원대학교 자유전공학부 운영 규정.

경희대학교(2020. 3. 1.). 경희대학교 자율전공학과 운영 내규.

고려대학교(2022). 2022학년도 자유전공학부 제1전공 배정 기준(안).

고은선(2024). 대학생의 전공선택 탐색 및 새로운 학사제도에 대한 인식. 종교교육학연구, 77, 121-136.

교육부(2016. 12. 9.). 창의혁신인재 양성을 위한 대학 학사제도 개선방안.

교육부(2020). 대학 학사제도 유연화 길라잡이.

교육부(2022. 12. 9.). 대학생들의 다양한 학습 기회 확대를 위해 소단위 학위과정 도입한다-「고등교육법 시행령」 일부개정령안 입법예고.

교육부(2024). 2024년 국립대학 육성사업 기본계획. 교육부.

교육부(2024). 2024년 대학혁신지원사업(일반재정지원) 기본계획. 교육부.

교육부(2024. 1. 24.). 2024년 교육부 주요정책 추진계획. 교육부.

교육부(2024. 3.). 2024년 첨단분야 혁신융합대학 사업 추진계획.

교육부, 한국연구재단(2024). 전공자율선택제 포럼-1차 자료집.

교육부, 한국연구재단(2024). 전공자율선택제 포럼-2차 자료집.

교육부, 한국연구재단(2024). 전공자율선택제 포럼-3차 자료집.

국립목포대학교(2024. 6. 7.) 국립목포대학교 자율전공학부 운영 규정.

국립창원대학교(2024. 9.). 국립창원대학교 자율전공학부 운영 규정 제정 규정(안).

권정현, 김해숙(2024). 무전공 입학 대학생들의 자율전공학부 대학생활에 대한 질적사례연구. 인하교육연구, 30(4), 303-324.

김선영, 윤승준, 김인영, 홍수진(2023). 한국 대학의 교양 기초 교육과정 구성과 운영 실태. 한국대학교육협의회.

김은영, 장연주(2022). 대학생의 학업 저성취 원인과 극복 경험 분석: A대학 사례를 중심으로. 대학 교수-학습 연구, 15(2), 1-26.

김정은(2022). 한국 대학생의 자기주도학습 준비도의 특성과 구성 요인 분석. 인문사회21, 13(5), 119-134.

대학교육연구소(2024). '무전공제' 운영 대학-컴퓨터공학, 경영학 쏠림 극심.

대학저널(2021). https://m.dhnews.co.kr/news/view/179521857044688

대한민국정부(2022. 7.). 윤석열정부 120대 국정과제.

민윤경(2022). 미국과 한국 대학의 전공 자유선택 제도 비교 분석. 비교교육연구, 32(1).

박경수(2024). 가천대학교 인재양성의 혁신: 전공자율선택제. 전공자율선택제 포럼-2차 자료집.

박선희, 박현주(2009). 대학생의 진로스트레스와 대처방식이 진로결정수준에 미치는 영향. 한국심리학회지 상담 및 심리치료, 6(1), 67-81.

박우정(2018). 대학생들의 전공 선택 동기에 따른 전공만족도, 중도탈락의도, 대학 생활 적응, 학업성취도 차이. 한국기술교육대학교 대학원 석사학위논문.

배정섭(2024). 전공의 벽을 허물다: 4차 산업시대에서 한국 대학의 무전공제도 정착을 위한 근거이론적 접근. 한국웰니스학회지, 19(3), 119-125.

백지연(2024). 전공자율선택제 운영사례: 이화여자대학교. 전공자율선택제 포럼-2차 자료집.

서울대학교(2024. 12. 11.). 전공설계지원센터 홈페이지 https://advising.snu.ac.kr.

서울시립대학교(2024. 7. 3.). 서울시립대학교 자유융합대학 규정.

서울신문(2024. 2. 4.). 무전공 늘린다는데…"서울 대학들 '무전공' 중도 탈락, 평균의 2~5배". https://www.seoul.co.kr/news/society/education-news/2024/02/04/20240204500055

송윤정(2014). 대학생의 전공선택동기, 전공만족도, 교수-학생 상호작용이 대학생활적응에 미치는 영향. 동아대학교 대학원 박사학위논문.

송진열(2017). 대학생의 대인관계와 사회적지지가 대학생활적응에 미치는 영향. 한국산학기술학회논문지, 18(12), 335-345.

송홍준(2018). 대학생용 의사소통역량 측정도구 개발. Global Creative Leader, 8(3), 126-148.

에듀플러스(2024. 3. 8.). 자유전공학부는 왜 '실패한 제도'가 됐나. https://www.eduplusnews.com/news/articleView.html?idxno=10969

원광대학교(2023. 2. 24.). 원광대학교 자율전공학부 운영에 관한 시행세칙.

윤옥한(2024). 전공 자율 선택(무전공) 입학제도 정착 방안 탐색. 한국콘텐츠학회논문지, 24(6), 461-471.

이수정(2024). 교육학자가 바라본 전공자율선택제 도입 과제. 한국대학교육협의회 Weekly News, Vol.995, 22-29.

이훈병(2020). 국내·외 대학 교육과정 혁신 사례와 발전 방향. 2020 고등교육현안 정책자문 자료집. 한국대학교육협의회.

임이랑(2020). 대학생의 자기주도성 향상 학업코칭 프로그램 개발 및 효과성 검증. 교양교육연구, 14(2), 297-309.

전남대학교(2023. 11. 25.). 전남대학교 자율전공학부 운영 규정.

전종희(2023). 국내 국·공립대학교의 교양교육 체계 및 전공 자유 선택 제도 탐색 연구. 문화와 융합, 45(8).

전종희(2024). 자율전공선택제('무전공' 제도)의 주요 내용과 방안 연구. 문화교류와 다문화교육, 13(3), 511-543.

전현정(2018). 청소년기 진로 관련 대화 상대 및 빈도에 따른 전공 선택 요인이 전공만족도에 미치는 영향. 한국청소년 연구, 29(1), 265-294.

정연재, 주소영, 이승엽(2023). 자유전공학부 운영 현황 및 학생 특성 분석에 관한 연구. Culture and Convergence, 45(12), 1227-1241.

정연재, 주소영, 이승엽(2023). 자유전공학부 운영 현황 및 학생 특성 분석에 관한 연구. 문화와 융합, 45(12).

조선일보(2024. 2. 5.). 서울 주요대 무전공 입학생 중도 탈락률 최고 5배 높아. https://www.chosun.com/national/

education/2024/02/05/OZZPYPX6RNDC3L7EKE5DDBAWKE/

조옥경, 임후남, 최정윤, 김미란, 서영인, 강충서(2022). 대학의 학사제도 유연화 실태와 과제. 한국교육개발원.

조혜숙, 권동욱, 강유진, 박종석, 손정우, 남정희(2018). 협력적 문제해결(CoProC) 전략을 통한 중학생의 실천적 인성 역량 및 협력적 문제해결력의 함양. 한국교육과학회지, 38(5), 681-691.

주삼환(2007). 한국 대학행정. 시그마프레스.

중앙대학교(2018. 12.). 전공개방모집 운영지침.

중앙대학교(2024. 12. 12.). 전공진로가이던스센터 홈페이지.

지은림(2018). 대학의 입장에서 바라본 대학 학사제도 개편의 명암. 대학교육, 201, 26-31.

채재은, 이인서(2023). 대학간 교육과정 공유 관련 학사제도 운영의 저해요인 분석. 고등교육, 6(1), 69-98.

충북대학교(2024. 6. 28.). 충북대학교 무전공입학생의 학과(부) 또는 전공 배정 지침.

포항공과대학교(2023). 글로컬대학 실행계획서. 교육부.

하연섭 등(2024). 대학전공자율선택 확대 및 교육의 질 제고방안 연구. 교육부 정책연구.

학사행정전문가협의회(2024). 전국대학학사행정전문가협의회 워크숍 자료집.

한국교통대학교(2016. 5. 12.). 한국교통대학교 자유전공학부 학과배정 지침.

한국대학교육협의회(2024). 2025학년도 전공자율선택 모집단위 운영 계획.

한국항공대학교(2023. 12. 18.). 자유전공학부 운영에 관한 규정.

한서대학교(2024. 10. 22.). 자유전공학부 운영 규정 개정(안).

한양대학교(2024. 11.) 2024-2학기 다전공 신청/포기 가이드 학생용.

한주리, 남궁은정(2008). 커뮤니케이션 능력 및 의사소통의 양과 질에 따른 대학생의 스트레스와 스트레스 대처의 차이. 아동학회지, 29(1), 325-337.

EBS뉴스(2024. 4. 19.). 무전공 확대에 학교별 '진통'…학생 점거 농성까지. https://news.ebs.co.kr/ebsnews/allView/60468688/N

강원대학교 다전공 홈페이지 https://multimajor.kangwon.ac.kr/

그린넬대학 https://catalog.grinnell.edu/index.php

그린넬대학 학술카탈로그 https://www.grinnell.edu/about/leadership/offices-services/academic-advising/resources/new-student-planning/first-steps

머레이주립대학교 https://www.murraystate.edu/about/administration/StudentAffairs/departments/success/undeclared.aspx

미주리주립대학교 https://www.missouristate.edu/Advising/UndeclaredExploratory.htm

브라운대학교 https://college.brown.edu/design-your-education/explore-open-curriculum

사우스캐롤라이나대학교 https://sc.edu/about/offices_and_divisions/advising/undeclared/index.php

유타대학교 https://advising.utah.edu/map/undeclared.php

한성대학교 교육정보 홈페이지 https://www.hansung.ac.kr/eduinfo

해밀턴대학 https://www.hamilton.edu/academics/open-curriculum

찾아보기

저자 소개

이석열(Lee, Suk Yeol)
충남대학교 대학원 교육행정 전공(교육학 박사)
대학기관평가인증 평가위원
남서울대학교 교육혁신원 원장
현 남서울대학교 교양대학 교수
    한국대학평가원 원장

〈대표 저서〉
학생 성공을 위한 대학교육 성과관리(공저, 학지사, 2020)
대학 발전계획의 이해와 실제(공저, 학지사, 2024) 외 다수

김누리(Kim, Nooree)
숙명여자대학교 대학원 교육심리 전공(교육학 박사)
대학기관평가인증 평가위원
광주대학교 아동학과, 국립목포해양대학교 교양과정부 교수
현 국립목포대학교 교육학과 교수

〈대표 저서〉
학생 성공을 위한 대학교육 성과관리(공저, 학지사, 2020)
대학 발전계획의 이해와 실제(공저, 학지사, 2024) 외 다수

신재영(Shin, Jai Young)
중앙대학교 대학원 행정학 전공(행정학 박사)
대학기관평가인증 평가위원
교육부 대학규제개혁협의회 위원
전국대학교 기획관리자협의회 회장
전국대학평가협의회 회장
현 중앙대학교 기획처 대학성과혁신센터장

〈대표 저서〉
학생 성공을 위한 대학교육 성과관리(공저, 학지사, 2020)
대학 발전계획의 이해와 실제(공저, 학지사, 2024) 외 다수

오세원(Oh, Sewon)
숭실대학교 대학원 평생교육 전공(교육학 박사수료)
한국대학신문 집필위원(2018~현재)
현 숭실대학교 기획조정실 전략기획센터장(기획팀, 평가감사팀)

〈대표 저서〉
학생 성공을 위한 대학교육 성과관리(공저, 학지사, 2020)
대학 발전계획의 이해와 실제(공저, 학지사, 2024) 외 다수

육진경(Youk, Jinkyoung)
숙명여자대학교 대학원 교육심리 전공(교육학 박사)
현 루터대학교 휴먼케어서비스학부 교수 및 기획조정처장, 대학혁신지원사업단장

〈대표 저서〉
교육심리학(공저, 2019, 휴먼북스)
대학 발전계획의 이해와 실제(공저, 학지사, 2024) 외 다수

이영학(Lee, Young Hwak)
중앙대학교 대학원 교육심리학 전공(교육학 박사)
한국대학교육협의회 책임연구원
동의대학교 교육혁신처장
현 동의대학교 교직학부 교수 및 자율전공학부장

〈대표 저서〉
학생 성공을 위한 대학교육 성과관리(공저, 학지사, 2020)
여행의 이해(위키독스, 2023) 외 다수

이인서(Lee, Inseo)
연세대학교 대학원 교육행정 및 고등교육 전공(교육학 박사)
현 한라대학교 교직과정부 교수 및 자유전공학부장

〈대표 저서〉
대학 발전계획의 이해와 실제(공저, 학지사, 2024)
교육공정성(공저, 학지사, 2025) 외 다수

이종일(Lee, Jong Il)
경기대학교 경영학과(경영학사)
현 서울여자대학교 학사지원팀장
     전국대학교학사행정관리자협의회장

〈대표 저서〉
학생 성공을 위한 대학교육 성과관리(공저, 학지사, 2020)
대학 발전계획의 이해와 실제(공저, 학지사, 2024) 외 다수

이훈병(Lee, Hun Byoung)
성균관대학교 대학원 교육과정 전공(교육학 박사)
안양대학교 교육혁신원장
안양대학교 ACE+사업단장
안양대학교 대학혁신지원사업단장
현 안양대학교 아리교양대학 교수

〈대표 저서〉
학생 성공을 위한 대학교육 성과관리(공저, 학지사, 2020)
대학 발전계획의 이해와 실제(공저, 학지사, 2024) 외 다수

최현준(Choi, Hyun Jun)
광운대학교 대학원 전자재료공학 전공(공학박사)
대학기관평가인증 평가위원
국립목포해양대학교 기획처장
현 국립목포해양대학교 해양메카트로닉스학부 교수 및 LINC3.0 사업단장

〈대표 저서〉
대학 발전계획의 이해와 실제(공저, 학지사, 2024)

대학 전공자율선택제의 이해와 실천

Understanding and Practice of University Autonomous Major Selection System

2025년 3월 1일 1판 1쇄 인쇄
2025년 3월 5일 1판 1쇄 발행

지은이 • 이석열 · 김누리 · 신재영 · 오세원 · 육진경
　　　　이영학 · 이인서 · 이종일 · 이훈병 · 최현준

펴낸이 • 김진환

펴낸곳 • (주) **학지사**

　　　04031 서울특별시 마포구 양화로 15길 20 마인드월드빌딩

대표전화 • 02)330-5114　　　　팩스 • 02)324-2345

등록번호 • 제313-2006-000265호

홈페이지 • http://www.hakjisa.co.kr

인스타그램 • https://www.instagram.com/hakjisabook

ISBN 978-89-997-3381-9 93370

정가 24,000원

∎ 출판미디어기업 **학지사**

간호보건의학출판 **학지사메디컬** www.hakjisamd.co.kr
심리검사연구소 **인싸이트** www.inpsyt.co.kr
학술논문서비스 **뉴논문** www.newnonmun.com
교육연수원 **카운피아** www.counpia.com
대학교재전자책플랫폼 **캠퍼스북** www.campusbook.co.kr